文物工作研究

——聚焦 2015

刘曙光　柴晓明　主编

文物出版社

图书在版编目（CIP）数据

文物工作研究：聚焦2015／刘曙光、柴晓明主编．
—北京：文物出版社，2017.2
ISBN 978－7－5010－4892－2

Ⅰ．①文… Ⅱ．①刘… ②柴… Ⅲ．①文物工作－概况－中国 Ⅳ．①K87

中国版本图书馆CIP数据核字（2017）第001035号

文物工作研究——聚焦2015

主　　编：刘曙光　柴晓明

责任编辑：许海意
责任印制：张道奇

出版发行：文物出版社
社　　址：北京市东直门内北小街2号楼
邮　　编：100007
网　　址：http：//www.wenwu.com
邮　　箱：web@wenwu.com
经　　销：新华书店
印　　刷：北京京都六环印刷厂
开　　本：710mm×1000mm　1/16
印　　张：17.25
版　　次：2017年2月第1版
印　　次：2017年2月第1次印刷
书　　号：ISBN 978－7－5010－4892－2
定　　价：80.00元

本书版权独家所有，非经授权，不得复制翻印

《文物工作研究》编委会

主　编　　刘曙光　柴晓明
副主编　　刘爱河　于　冰
编写组　　（以姓氏笔画为序）
　　　　　于　冰　王　毅　吕　舟　刘爱河
　　　　　安　磊　杜　骞　杨爱英　李大伟
　　　　　何　流　张　可　郑子良　赵　云
　　　　　姜　波　徐琪歆　彭　蕾　詹长法
　　　　　燕海鸣
审　稿　　李耀申　乔　梁　岳志勇

▲千手观音修复前，1985年

▲千手观音局部修复前后对比图

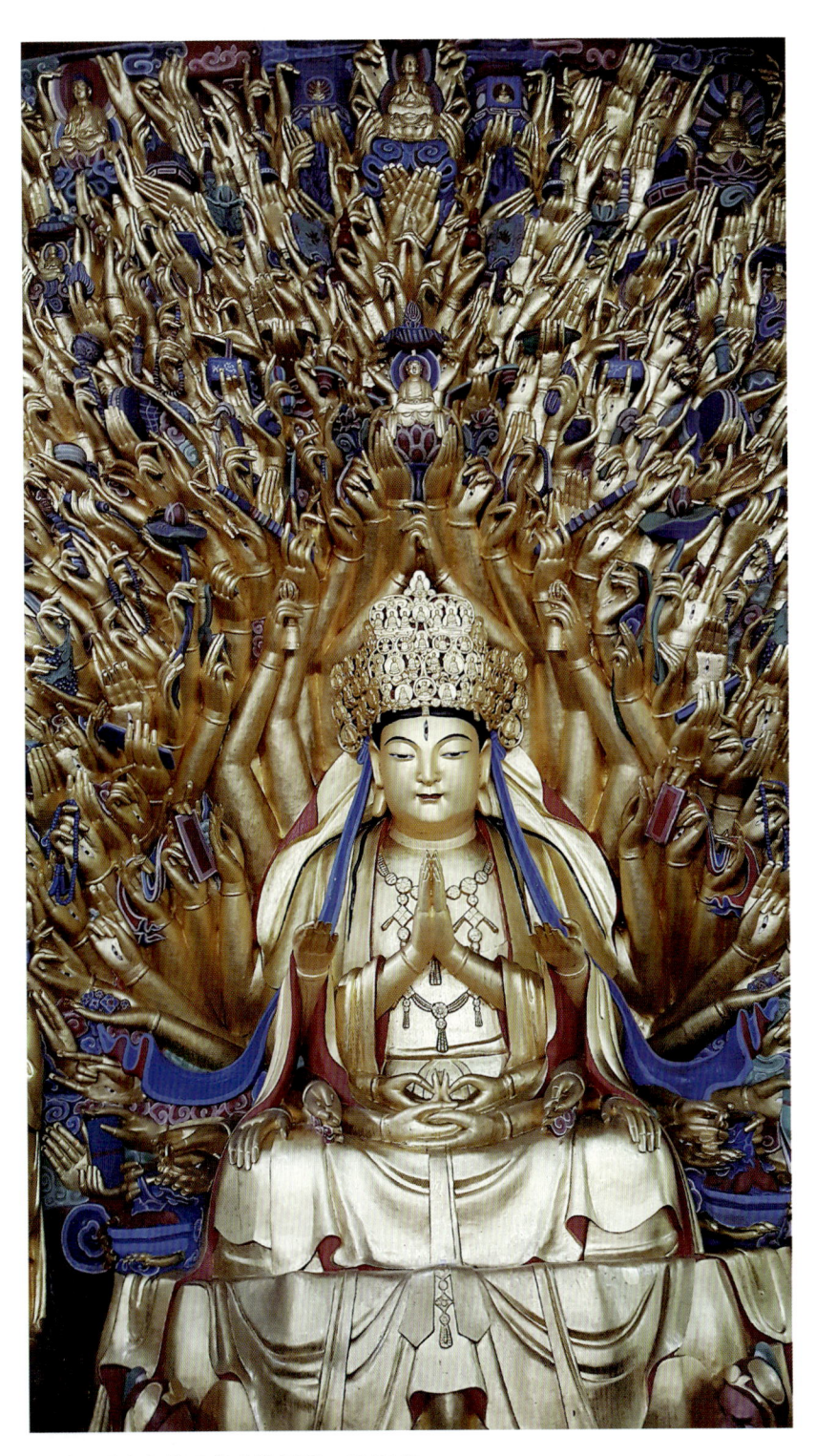

▲千手观音主尊及背光修复后，2015 年

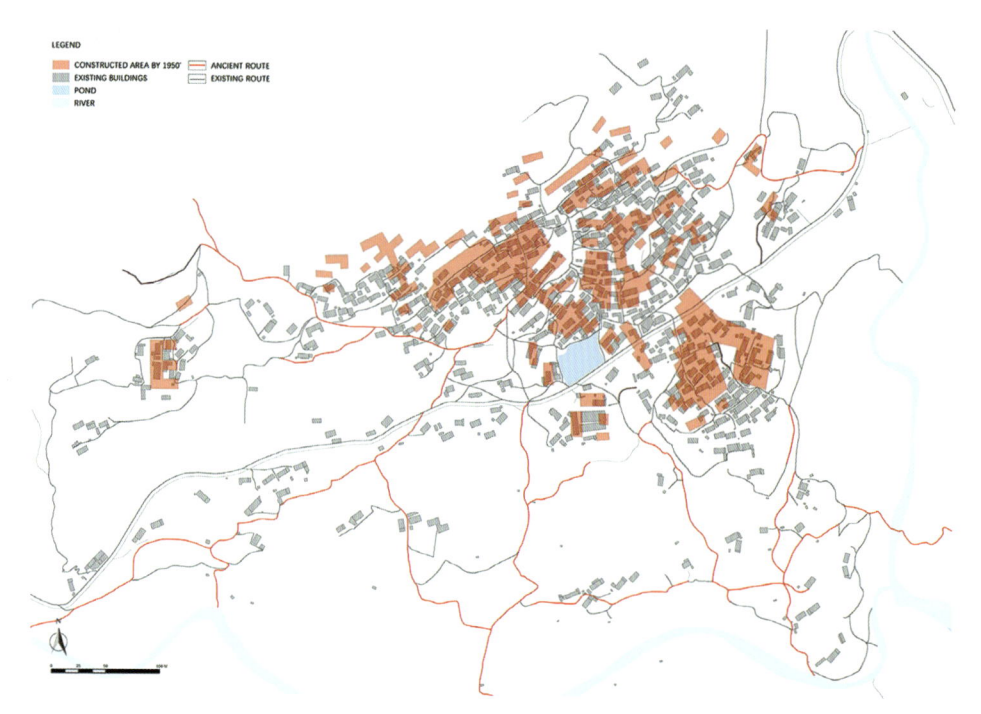

▲ 贵州塘都村1950年测绘图与2012年测绘图叠加（红色：1950建设区域；灰色：现有建筑）

▲ 贵州塘都村中心水塘及部分传统建筑，2015年

▲贵州海龙屯遗址飞龙关，2015 年

▲贵州海龙屯遗址飞虎关，2015 年

▲青海省长城保护工作检查评估，2015年

▲青海贵德段明长城，2015年

序　言

这是中国文化遗产研究院关于文物工作系列研究的第二部成果,上一部是《文物工作研究——聚焦2012》。

对文物工作来说,2015年是不平凡的一年,党和国家领导人对文物工作给予高度重视。习近平总书记2月份在陕西省考察调研时指出,要保护好文物,要让人们通过文物承载的历史信息记得起历史沧桑,看得见岁月留痕,留得住文明根脉。要保护好历史文化遗产、民族文化风格、传统风貌,不能随意占用和损坏,不能以保护为名大拆大建,在这方面要有严格的制度,严格把关。李克强总理主持召开国务院常务会议,审议通过《博物馆条例(草案)》,规范了博物馆的设立、变更和终止程序,在设立条件、税收优惠等方面对国有和非国有博物馆一视同仁。《博物馆条例》于2月9日正式公布,自2015年3月20日起施行。

根据中央领导批示和国务院部署,国家文物局启动了全国文物工作会和国务院关于加强文物工作的规范性文件筹备工作,"一会一文件"成为2015年文物局重中之重的工作。

文物工作涉及面广,是一个复杂的系统工程,需要多层次、多视角、全方位予以审视。通过长期关注和系统回顾,可以积微成著,使文物工作的研究在深度和广度上得到延伸。本期聚焦在对2015年文物工作进行全面系统梳理的基础上,重点围绕本年度的热点、焦点和社会关注度高的问题展开研究,既有对事业发展的宏观展望,也有对专题问题的深入探讨;既有理论分析,也有个案剖析;既有定性分析,也有定量分析,其中不乏真知灼见和诤言良策,无论对政府决策、学者研究还是对公众认知,都有所启发、有所裨益。

本书由上篇、下篇和附录三部分组成。

上篇为工作述评,主要对2015年度的文物工作从中央、地方、社会三个层面做了回顾总结,反映了文物工作的新进展和新成就。通过2012年和2015年的数据对比,也可以看出文物事业的发展变化趋势。

下篇为专题探讨,围绕《国家文物事业发展"十三五"规划》编制、

《博物馆条例》发布、《中国文物古迹保护准则》修订、世界文化遗产监测、长城保护、大足石刻千手观音造像保护修复、"石渠宝笈特展"、海上丝绸之路申遗、传统村落保护等问题展开深入调查研究，坚持问题导向，用事实和数据说话，兼顾理论性和实证性，着力解决实践层面的问题。

附录部分收录了2015年全国文物业的机构与人员，文物保护资质，不可移动文物和可移动文物，国家级历史文化名城、名镇、名村，文物保护相关法律法规及标准等基本情况数据。数据是精准管理的重要前提，通过长期的累积，可以逐步形成结构化、可比较的数据资料，既能建立起坚实的基准坐标框架，也能反映文物事业的发展轨迹，为文物行业的"软"科学研究打下"硬"基础，也为相关政策制度的出台提供有力的数据支撑。

与《文物工作研究——聚焦2012》相比，这本《聚焦2015》的选题，更多地与中国文化遗产研究院的重点工作关联在一起。这在某种程度上反映出文研院在人才、项目等方面与文物工作实际和实践的密切关系。

文物工作研究不仅需要深厚的理论功底和丰富的实践经验，而且需要敏锐的学术眼光和深厚的人文情怀，将文物工作置于中华民族伟大复兴的中国梦、全面建成小康社会的进程中来看待，还需要将文物工作置于国际文化遗产工作的大背景下来看待，及时跟踪世界前沿动态，从塑造文明大国和文化遗产大国形象的角度展开研究。由于我们能力和资料的欠缺，《聚焦2015》不可能面面俱到，观点也只是一家之言，还存在着诸多不足，需要不断深化。相信随着大家的广泛关注和积极参与，我们的研究团队会越来越健全，视野会越来越开阔，研究成果也会越来越深入。

2016年3月，国务院发布《关于进一步加强文物工作的指导意见》。4月，全国文物工作会在北京召开，习近平总书记和李克强总理对此次会议高度重视，专门作出重要指示批示。习近平总书记要求各级文物部门要不辱使命，守土尽责，提高素质能力和依法管理水平，广泛动员社会力量参与，努力走出一条符合国情的文物保护利用之路。作为国家级的文物保护科研机构，中国文化遗产研究院将围绕文物工作中亟需解决的重大问题展开持续研究，努力发挥智库作用，为探索符合国情的文物保护利用之路做出应有贡献。

刘曙光　柴晓明
2016年11月

目 录

上篇　2015年工作述评

2015年文物工作综述 ……………………………………………… 3
 一、深入学习贯彻习近平总书记关于文物保护重要论述 ……… 4
 二、深化改革，科学谋划"十三五"时期文物事业发展 ………… 5
 三、数字中的文物工作 …………………………………………… 6
 四、不断夯实文物工作基础 ……………………………………… 9
 五、全面推进文物保护重点工作 ………………………………… 13
 六、文物宣传和对外交流取得明显成效 ………………………… 20

地方文物工作的创新与实践 ……………………………………… 23
 一、河北、内蒙古、甘肃出台硬性措施加强长城保护工作 …… 24
 二、山东、山西、青海扎实推进可移动文物普查工作 ………… 26
 三、北京、江苏、浙江、安徽、陕西完善文物安全防范体系 … 27
 四、吉林、黑龙江、江苏、河南、江西、湖南、新疆加大违法案件督办
   力度 ……………………………………………………………… 28
 五、河北、湖南、天津、山东多措并举让文物"活"起来 ……… 28

社会力量参与文物保护的有益探索 ……………………………… 31
 一、政府鼓励引导社会力量参与文物保护 ……………………… 32
 二、志愿者的非凡举措 …………………………………………… 33

下 篇　专题探讨

《国家文物事业发展"十三五"规划》编制的相关思考 ………… 39
 一、"十二五"时期文物事业发展回顾 …………………………… 40

  二、规划编制方法探讨 …………………………………… 43
  三、"十三五"时期文物事业发展面临的形势 …………… 45
  四、文物事业发展的基本理念 …………………………… 49
  五、"十三五"规划结构布局 ……………………………… 50

简论《博物馆条例》的立法意义和执法难点 …………………… 53
  一、《博物馆条例》的立法意义 …………………………… 54
  二、《博物馆条例》主要条款略述 ………………………… 60
  三、《博物馆条例》的执法困境与对策 …………………… 67

《中国文物古迹保护准则》修订版的创新与发展 ……………… 77
  一、保护对象 ………………………………………………… 79
  二、价值认识 ………………………………………………… 80
  三、社会参与 ………………………………………………… 83
  四、保护原则 ………………………………………………… 85
  五、文物古迹管理 …………………………………………… 89
  六、传统类型保护对象的保护 ……………………………… 91
  七、新类型保护对象的保护 ………………………………… 94
  八、合理利用 ………………………………………………… 96

中国世界文化遗产监测工作的探索与思考 ……………………… 101
  一、中国世界文化遗产监测工作的总体情况 …………… 102
  二、世界文化遗产地监测工作的成果 …………………… 104
  三、目前存在的问题 ……………………………………… 107
  四、对策与建议 …………………………………………… 112

政府主导下的长城保护实践与探索 ……………………………… 119
  一、长城保护历程回顾 …………………………………… 120
  二、政府主导下的"长城保护工程（2005～2014年）" …… 122
  三、问题与反思 …………………………………………… 132
  四、对策与建议 …………………………………………… 137

时代的审视：大足石刻千手观音造像的保护与修复 143
一、大足石刻的重要价值 144
二、千手观音造像修复工程概况 148
三、质疑与回应 155
四、"一号工程"的总结与探索 161

从"石渠宝笈特展"看博物馆公共文化服务的"供"与"需" 169
一、"石渠宝笈特展"概况 170
二、关于"石渠宝笈特展"的观点摘录 172
三、从"石渠宝笈特展"看博物馆公共文化服务的改革与发展 180

海上丝绸之路申遗进程与展望 195
一、海上丝绸之路的学术解读 196
二、中国海上丝绸之路遗址构成 198
三、海上丝绸之路申报世界遗产状况 200
四、中国有关海上丝绸之路申遗工作进程 203
五、海上丝绸之路申遗策略与展望 205

传统村落的保护与发展——以贵州塘都村为例 207
一、传统村落的困境与保护 208
二、贵州少数民族传统村落保护发展模式 211
三、塘都村文化与社会现状调查 214
四、传统村落保护与发展的主要困境与解决策略 243

附录：全国文物业基本情况调查数据汇总 249

后 记 260

国家文物局援助的蒙古国科伦巴尔古塔施工现场　中国文化遗产研究院供图

上 篇
2015年工作述评

聚焦

- 全国文物系统深入学习贯彻习近平总书记系列重要论述和讲话精神
- 《博物馆条例》颁布实施
- 刘延东副总理带队调研长城保护并主持召开专题会议
- 国家文物局组织编制文物事业发展"十三五"规划
- 国家文物局文物违法举报中心成立,开通"12359"文物违法举报热线
- 9个文博行业职业纳入新修订职业大典
- 第一次全国可移动文物普查取得重要阶段性成果
- 全国博物馆达到4692家
- 土司遗址申遗成功,我国世界遗产达48项,稳居世界第二位
- "国家石质文物保护一号工程"——大足石刻千手观音造像保护工程竣工
- "丹东一号"水下考古取得重要发现
- 河北、内蒙古、甘肃全面加强长城保护
- 山西在第一次全国可移动文物普查中实行四个"一"的普查办法
- 江苏启动文物行政执法监控平台建设
- 陕西文物与公安部门启动文物安全大防控体系建设
- 安徽文物部门加强与公安部门的协作联动
- 广东、上海加大对社会力量举办博物馆的扶持力度
- 《陕西省群众依法保护文物奖励办法》颁布实施
- 广东对文物保护社会组织进行培训
- 拾穗者举办"保护文化遗产十年成果展"
- 天津市建筑遗产保护志愿者团队推动"文化遗产课堂"开课
- 长城小站通过资助长城沿线学校进行长城保护与文化宣传

2015年文物工作综述

广西花山岩画局部　中国文化遗产研究院供图

2015年是"十二五"的收官之年,是全面推进依法治国的开局之年,也是全国文物系统认真贯彻落实党的十八大和十八届三中、四中、五中全会精神,以及习近平总书记系列重要论述和讲话精神,统筹推进文物保护利用各项工作,着力推动"十二五"规划任务全面完成的一年。

一、深入学习贯彻习近平总书记关于文物保护重要论述

党的十八大以来,习近平总书记站在实现中华民族伟大复兴中国梦的战略高度,在国际国内不同场合就传承中华优秀传统文化、加强文物保护发表了系列重要论述,多次作出重要指示批示,深刻阐明了中华优秀传统文化在建设社会主义核心价值观、促进当代社会发展中的历史使命和时代价值;深刻阐明了文物工作的重要地位和作用,文物保护的正确理念,合理利用的科学途径。全国文物系统迅速掀起学习热潮。国家文物局精心组织、周密部署,局机关、直属单位、各级文博单位通过组织专题报告、座谈交流、专家研讨等多种形式,认真学习、深入领会习近平总书记系列重要论述的精神实质,密切联系文物工作实际,不断提高认识、明晰思路,既增强了对文物保护的责任感和使命感,也对如何做好文物工作有了更具体、更深刻的认识。通过学习,深感做好文物工作,必须深入研究文物的重要价值和深刻内涵,秉持正确的保护理念;做好文物工作,必须处理好文物保护与城乡建设的关系,处理好文物保护与群众生产生活的关系;做好文物工作,必须促进文物的合理利用,让文物资源活起来;做好文物工作,必须全面深化文物系统改革,推进文物法治建设,实现文物治理体系和治理能力现代化。深感文物工作必须服务大局、服务文化强国建设,必须深化改革,在保护中发展,在发展中保护,努力传承弘扬优秀传统文化,为实现中华民族伟大复兴的中国梦贡献精神力量。

认真贯彻落实习近平总书记关于长城保护等重要指示批示。刘延东副总理带队到河北、内蒙古调研,8月在鄂尔多斯主持召开长城保护工作座谈会,研究部署当前和今后一个时期的长城保护工作,要求各地各部门本着对历史负责、对人民负责的态度,完善政策举措,加大工作力度,提升管理水平,切实保护好长城这一中华民族的精神象征。会议明确了长城保护的基本要求和主要任务,提出了完善长城保护管理、科学实施长城保护、服务长城沿线经济社会发展、传承弘扬长城文化的具体措施。国家文物局认真贯彻落实,实地调研冀、蒙、甘、青、宁等地长城保护状况,督促长城沿线地方政府落实保护责任,开展长城全线巡查,指导河北文物、公安部门开展打击盗卖长城文字砖专项行动。加快推进一批中央财政支持的长城保护重点工程,部署实施重点段落安全防护工程,起草《长城执法巡查办法》《长城保护员管理办法》细则,组织中央媒体开展长城保护实地采访报道,举办小学生长城文化遗产公开课,开展"长城卫士"新媒体征文活动。

习近平总书记关心的一批重点文物保护项目取得显著成果。辽宁阜新万人坑死难矿工遗址修缮完毕,纪念馆新馆落成开放并举行隆重公祭仪式。侵华日军第七三一部队旧址保护修缮工作全面完工,罪证陈列馆正式开馆并对外开放。央地共同推进河北正定古城保护,正定古城墙保护、隆兴寺环境整治、开元寺历史格局恢复等十大工程进展顺利。武汉中共中央机关旧址保护利用工程全面启动。

习近平总书记关于文物工作的重要指示批示,为文物事业发展指明了方向,提供了遵循,极大地激发了广大文物工作者的热情。

二、深化改革,科学谋划"十三五"时期文物事业发展

积极推进"放管服"改革。按照国务院简政放权要求,清理中央指定地方实施的116项文物行政审批事项,取消"馆藏文物拍摄许可""文物商店销售文物的售前审核""制作考古发掘现场专题类、直播类节目审批""文物保护单位拍摄许可"等4项行政审批事项。清理规范中介服务事项,取消"全国重点文物保护单位修缮方案编制""建设单位在省级和全国重点文物保护范围内作业需委托开展的考古勘探发掘""建设单位在全国重点文物保护单位控制地带内进行建设工程的考古发掘"等3项中介服务事项。取消考古发掘领队、文物进出境责任鉴定员等2项职业资格。认真做好取消和下放管理层级行政审批项目等事项的落实和衔接工作,由事前审批更多转为事中事后监管,实行"宽进严管",推动文物行政部门由管理型向服务型转变。

组织编制文物事业发展"十三五"规划。"十三五"时期是我国全面建成小康社会的决胜阶段,也是文物事业发展的关键时期。为深入贯彻落实习近平总书记系列重要讲话精神,全面提升文物保护管理水平,建设文化遗产强国，按照国务院统一部署，在深入调查研究的基础上，国家文物局认真组织开展了《国家文物事业发展"十三五"规划》，以及《古建筑、石窟寺及石刻保护"十三五"规划》《大遗址保护"十三五"专项规划》《近现代重要史迹和代表性建筑保护"十三五"规划》等专项规划的编制工作，编制过程中多次征求国家文物局各司室和直属单位、华东五省、西南五省、业内外专家学者的意见建议，积极参加中宣部文化改革发展"十三五"规划纲要、文化部文化事业发展规划的编制工作，做好规划间的衔接，确保规划的前瞻性、科学性和可行性。"十三五"规划的编制是总结过去、深化未来的过程，也是贯彻落实国务院决策部署的过程，对于全面推进"十三五"时期文物事业发展意义深远。

三、数字中的文物工作

与2012年相比，2015年的文物机构和人员，不可移动文物保护相关资质，历史文化名城、名镇、名村，法规标准等数量均有所增长（表1，图1-7）。

文物机构和从业人员均有较大幅度增长，增长比例分别为38%和20%。文物保护工程勘察设计甲级资质、文物保护工程施工一级资质、文物保护工程监理甲级资质数量均有增长。但可移动文物保护设计甲级资质、可移动文物修复一级资质已于2014年取消，是落实国务院简政放权部署的措施之一。随着第七批全国重点文物保护单位的公布，全国重点文物保护单位由原来的2 352处增长到4 296处，增幅为82.7%。省级文物保护单位和市县级文物保护单位也都有所增长，增幅分别为7.5%和19.1%。更多不可移动文物纳入法律保护范畴。文物藏品数量有较大幅度增长，增幅为37.1%，其中一级文物增长29.5%。历史文化名城、名镇、名村也都有不同程度的增长，增幅分别为8.4%、39.2%、63.3%。行政法规由4项增加到6项，部门规章由9项增加到11项，文物保护国家标准由6项增加到15项，文物法制和标准化建设的步伐有所加快。

表1　2012年和2015年全国文物业基本情况对比①

	2012	2015
文物机构	7 105	9 803

---

① 2012年数据主要来源于《文物工作研究——聚焦2012》，2015年详细数据见本书附录。

续表

	2012	2015
从业人员	133 841	160 574
文物保护工程勘察设计甲级资质	80	106
文物保护工程施工一级资质	148	183
文物保护工程监理甲级资质	34	36
可移动文物保护设计甲级资质	44	–
可移动文物修复一级资质	56	–
不可移动文物（处）	766 722	766 722
其中：全国重点文物保护单位	2 352	4 296
省级文物保护单位	14 816	17 116
市县级文物保护单位	98 316	11 7128
文物藏品（件/套）	30 185 363	41 388 558
其中：一级文物	83 939	108 692
二级文物	793 091	715 367
三级文物	3 133 952	3 884 591
历史文化名城（个）	119	129
历史文化名镇（个）	181	252
历史文化名村（个）	169	276
法律	1	1
行政法规	4	6
部门规章	9	11
文物保护国家标准	6	15
我国签署的国际公约	4	4

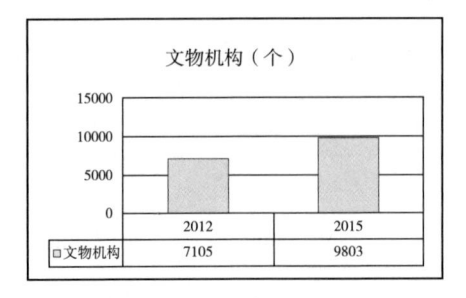

图1 2012年和2015年文物业机构对比

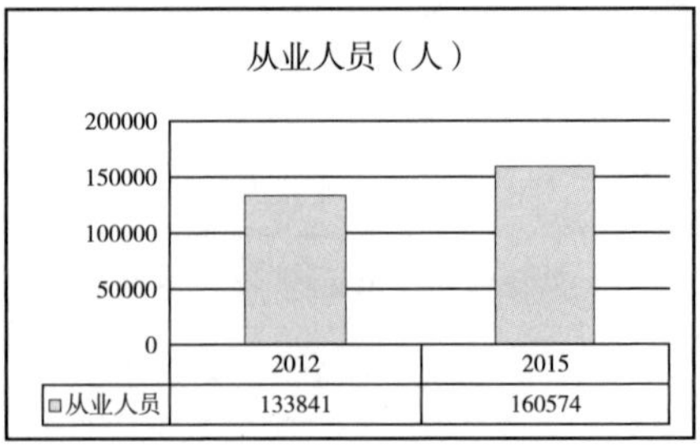

	2012	2015
文物机构	7105	9803

图2 2012年和2015年文物业从业人员对比

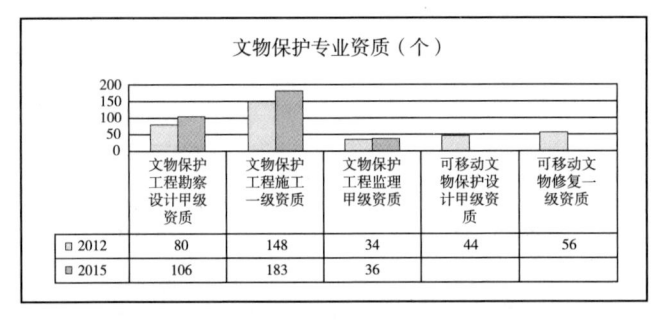

	2012	2015
从业人员	133841	160574

图3 2012年和2015年文物保护专业资质对比

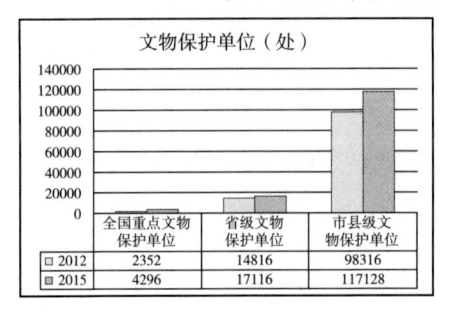

	文物保护工程勘察设计甲级资质	文物保护工程施工一级资质	文物保护工程监理甲级资质	可移动文物保护设计甲级资质	可移动文物修复一级资质
2012	80	148	34	44	56
2015	106	183	36		

图4 2012年和2015年文物保护单位对比

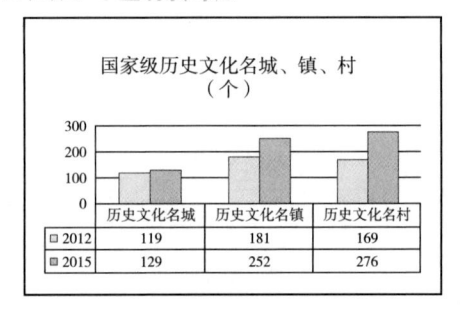

	全国重点文物保护单位	省级文物保护单位	市县级文物保护单位
2012	2352	14816	98316
2015	4296	17116	117128

图5 2012年和2015年国家级历史文化名城、镇、村对比

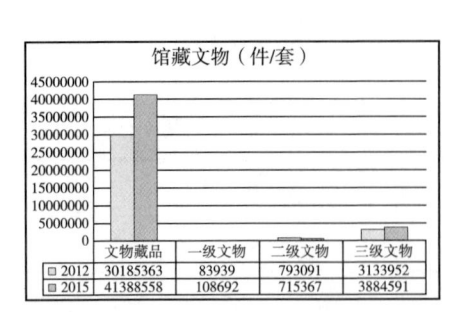

	历史文化名城	历史文化名镇	历史文化名村
2012	119	181	169
2015	129	252	276

图6 2012年和2015年馆藏文物对比

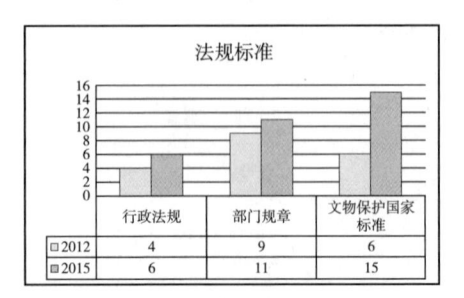

	文物藏品	一级文物	二级文物	三级文物
2012	30185363	83939	793091	3133952
2015	41388558	108692	715367	3884591

图7 2012年和2015年法规标准对比

	行政法规	部门规章	文物保护国家标准
2012	4	9	6
2015	6	11	15

四、不断夯实文物工作基础

(一) 文物法治建设和标准体系建设

《文物保护法》修订扎实推进。在充分调查研究和广泛听取意见的基础上，起草完成了《文物保护法》修订草案（送审稿），经文化部党组审议后上报国务院，国务院法制办已将该草案公开向社会征求意见。

《博物馆条例》颁布实施。这是国务院发布的我国博物馆行业第一部全国性法规文件，为破解当前博物馆行业面临的一系列亟待解决的问题提供了遵循，为博物馆事业全面深化改革指明了方向。国家文物局召开全国文物系统电视电话会议，发布《关于贯彻执行〈博物馆条例〉的实施意见》，组织专家进行专业解读，组织编写《博物馆条例释义》，开展以《博物馆条例》为主题的专题培训班，通过多种措施加大学习宣传和贯彻落实力度，确保各地文物主管部门第一时间领会立法精神、掌握法规要义，在实践中准确无误地依法施政。

推动最高法、最高检联合公布《关于办理妨害文物管理等刑事案件适用法律若干问题的解释》，贯彻从严打击文物犯罪的原则，进一步明确和细化涉文物犯罪案件的量刑标准。

《中国文物古迹保护准则》修订发布。修订过程中广泛吸收了十多年来我国文物保护理论和实践发展的成果，充分体现了当前我国文物保护的最新理念，具有更强的针对性、前瞻性、指导性和权威性。

行业标准化工作不断推进。2015年共发布《大遗址保护规划规范》《石质文物保护工程勘察规范》《砖石质文物吸水性能测定表面毛细吸收曲线法》《馆藏文物防震规范》等10项行业标准，行业标准总量达到72项，标准数量和质量均有了显著提升。2015年9月，国家标准化管理委员会批复同意成立全国文物保护标准化技术委员会文物保护专用设施分技术委员会，分委会主要负责文物调查与考古发掘、文物保护、文物修复、文物风险管理、文物展陈、文物传承利用等专用工具、装具、装备及系统等领域的国家标准和行业标准制修订工作，将有利于推动文物保护装备行业的健康发展。

在全面推进依法治国的今天，文物法治建设显得更为重要，也更为迫切。多年来的文物保护实践表明，只有坚持法治思维，增强法治意识，全面加强立法、执法和司法，做到有法可依、有法必依、执法必严、违法必究，文物保护才能获得最为坚实的制度保障。

（二）文物资源调查

第一次全国可移动文物普查取得重要阶段性成果。在普查领导小组成员单位和中央有关单位积极支持下，第一次全国可移动文物普查工作稳步推进。北京、山东、山西、辽宁等省市政府与各地市签订责任书，将普查工作情况纳入年度考核指标；浙江、江苏、湖北、四川等省文物与教育部门联合建立教育系统普查工作机制；青海、西藏等地通过普查将宗教场所收藏保管的文物纳入文物保护管理体系。在文物信息采集登录方面，截至2015年12月24日，统一平台登录国有收藏单位11 601家，其中8 301家单位完成登录任务，共登录文物4 203万件（合1 548万件/套）。山东、北京、湖北、内蒙古、陕西登录文物数量居全国前五位，山东、新疆基本完成普查任务。在普查质量控制方面，国家文物局印发《第一次全国可移动文物普查数据审核工作管理办法》和《关于做好第一次全国可移动文物普查信息登录审核工作的通知》，统一工作要求，规范工作流程。省级普查办按照分级审核原则，加强数据审核，严把质量关。国家文物局普查办对部分省份进行抽样审核，90%以上数据质量为优。在可移动文物资源管理和利用方面，建立全国统一的文物资源大数据库和数字藏品档案系统，制定"文物身份证"管理体系，每件登录文物按照22位数字代码统一编号登记，支持14项指标的实时查询和动态管理；普查社会服务平台进入试运行，提供收藏单位、展览、藏品等多角度的信息检索，促进普查成果惠及民生。部分省（区、市）在普查基础上，结合文物资源特点开展专项调查，重庆市集中开展抗战文物专项调查，河南省对田野零散石刻进行集中保管，山东省加强对甲骨、简牍类文物的系统整理和研究。

第三次全国文物普查后续文物保护基础管理工作进一步加强。为进一步加强不可移动文物保护工作，特别是第三次全国文物普查登录文物点的保护工作，国家文物局印发《关于进一步加强不可移动文物基础工作的通知》，部署核实县域单元第三次文物普查登记文物名录的公布情况，推动国保单位建立记录档案、划定公布保护区划，研究制定未定级不可移动文物保护管理导则和相关规范，加大文物保护维修力度，统筹考虑展示利用项目。各地已经按照国家文物局部署完成第六、七批国保单位记录档案建立备案工作。

分门别类开展文物保存状况调查。为进一步提升古建筑保护、管理和展示利用水平，首次组织对古建筑类全国重点文物保护单位保存现状进行专项调查，重点了解其重大险情状况，以便及时采取有效措施排除安全隐患。完成全国壁画彩塑现状调查,基本掌握第一至六批国保单位中壁画彩塑的情况,为进一步改善壁画彩塑保护状况提供了重要的基础数据。完成全国抗战文物资源调研,基本摸清保护利用现状,有利于下一步更好地开展保护、管理和展示利用。制定流失海外文物信息指标体系,开展流失海外中国文物专项调查,流失海外中国文物调查项目数据库进一步得到完善。

全方位的资源调查有利于全面掌握和科学评价我国文物资源情况及其价值,对下一步制定切实有效的保护措施,促进文物资源的整合利用等起着不可估量的作用。

(三) 文物安全工作

文物安全督察力度全面加大。制定《文物违法案件督察督办管理办法》,加大文物违法案件督察力度,全年直接督办文物违法事项120余件,重点督察甘肃景泰明长城索桥堡段损毁案、山东青岛即墨古城改造违法建设案、河南登封嵩山"天地之中"古建筑群缓冲区违法建设案、河北遵化清东陵建设控制地带违法建设案等重大案件,约谈地方党政主要领导,严肃处理违法单位和责任人。实地督察郑州上街区、福州仓山区等地不可移动文物消失情况,在安徽黄山、河南洛阳两市12个区县开展不可移动文物遥感执法监测,核查不可移动文物变化情况,检查全国重点文物保护单位保护范围、建设控制地带内违法建设情况,核查结果反馈市县两级政府,督促完善保护管理措施。开展"传统村落文物保护专项督察",对270处传统村落中的不可移动文物进行全面执法检查,查处破坏文物本体违法行为,查找整治火灾隐患。设立国家文物局文物违法举报中心,出台《文物违法案件举报受理办法(试行)》,开通"12359"文物违法举报热线、网站,开展文物违法社会监督员制度建设试点。

文物安全工作进一步强化。推动公安部将文物建筑消防列为夏季消防检查三项重点任务之一,联合印发《文物建筑消防安全十项规定》,开展文物建筑消防安全专项检查。对河北等6省54处文物建筑消防安全进行暗访检查,督促整改10处较为严重的安全隐患。加快推进"平安故宫"工程,会同公安部开展故宫消防安全评估。全面部署100处国保单位中文物建筑集中分布的古城镇、古村寨、古建筑群消防工程建设,基本完成文博单位安防系统监管平台试点。跟踪督办云南巍山拱辰楼火灾、重庆黄山抗战遗址草亭火灾等重大文物安全案件。云南省首次安排省级文物保护单位消防专项经费2 000万元,组织编制280处省级文物保护单位"一项一策"文物消防安全制度。

联合打击文物违法犯罪。与公安部联合印发《关于加强打击和防范文物犯罪工作的通知》，重点督办辽宁朝阳公安、文物部门破获"11·26"盗掘古文化遗址古墓葬案，抓获犯罪嫌疑人217名，收缴涉案文物1 901件（其中一级文物222件，二级文物137件套，三级文物244件套），对办案机关和人员进行表彰；破获河北定州特大文物盗窃案，追回全部6件被盗文物（其中一级文物4件），抓获13名犯罪嫌疑人。与中国海警局联合起草《我国管辖海域内文物执法工作办法及操作规程》，落实沿海重要水下遗址纳入海警日常执法巡航范围，推进南海海域文物执法专项巡查前期工作，指导沿海省份文物、海洋等部门持续开展水下文化遗产执法巡查。山东设立管辖海域文化遗产保护联合执法办公室，开展"水下文化遗产保护和执法演练活动"。

加强地方文物执法队伍建设。为推动各地落实文物行政执法职责，开展"省级文物行政执法评估"工作。建立文物行政执法人员数据库，在全国范围采集文物行政执法人员信息，统一换发执法证件，实现文物行政执法人员动态管理与持证上岗。选择执法能力薄弱的福建、吉林、四川、广西四省区，开展文物行政执法人员培训，培训基层执法骨干500余人。同时，推动文物执法基础好、人员队伍相对健全的部分省市，建立"苏浙沪"等文物行政执法协作片区，开展区域性文物执法交流与合作，组织进行交叉检查。

文物安全是文物得以有效保护和有序传承的基石，是文物事业健康有序发展的重要基础性工作。当前，文物安全形势依然严峻，文物博物馆单位安全管理工作尚需加强，相关部门联合执法机制尚需进一步完善，地方政府应给予足够重视文物，牢固树立依法保护意识，进一步完善文物保护和执法机制，充实人员力量，加大经费投入，切实保证文物安全。

（四）文博队伍建设

9个文博行业职业纳入新修订职业大典。考古专业人员、可移动文物保护专业人员、不可移动文物保护专业人员、文物藏品专业人员、讲解员、考古探掘工、文物修复师、古建琉璃工、古建筑工等9个文博行业职业纳入新修订的《中华人民共和国职业分类大典》。与1999版大典相比，新版大典中的表述更加准确、专业和规范，适应了社会发展的新形势和文博行业的特点，为今后文博行业队伍建设和文博相关高等教育、职业教育和培训的开展提供了重要的参考依据。

人才培训工作持续推进。圆满完成为期5年累计25期的全国县级文物行政部门负责人培训项目，累计培训2 716人，覆盖全国31个省区市和新疆生产建设兵团，为全国县级文物行政部门培训了管理人才。全年举办博物馆条例、"十三五"规划编制等50多个培训班，培训人员3 000余名。全面落实《全国文博人才发展中长期规划纲要（2014～2020年）》和《"金鼎工程"实施方案》要求，遵循人才成长规律，以人才能力建设为核心，以人才队伍结构调整为重点，不断加大投入力度，推动建立多样化的人才培养格局，分步分类推进"金鼎工程"实施。

探索人才培养新模式。中国文化遗产研究院、故宫博物院等9家单位作为国家文物局文博人才培训示范基地（试点单位），积极发挥自身特色和优势领域，形成各自的人才培养重点方向，促进文博人才培养的专业化、规范化。为进一步提高文博干部队伍整体素质，培养一批适应文博行业发展需要的高素质人才，2015年8月，国家文物局与西北大学、北京建筑大学合作实施"高层次文博行业人才提升计划"，探索学历教育和人才质量提升结合的新型培养方式。成立新一届文物保护职业教育教学指导委员会，推进文博行业职业教育工作，修订《高等职业学校专业目录》文物保护相关专业及简介。推进全国文博网络学院一期项目建设，充分发挥远程网络视听教育的独特优势，形成线下培训和网络学习相结合的培训形式。开展文物修复人员职业现状调研，探索建立文物修复师职业资格制度。

人才匮乏一直是制约文物事业发展的重要瓶颈，近年来对人才培养的重视程度明显提升，也取得了一定效果。人才培养是一个系统工程，还需要继续加大支持力度，加强与人力资源与社会保障、教育等部门的沟通与协调，为文博人才培养与队伍建设创造良好的外部环境。通过搭建平台、拓宽途径等多种方式，建立健全科学合理的人才培养机制，培养和造就一支素质优良、充满活力的文博人才队伍，不断为文物事业发展注入新的活力。

五、全面推进文物保护重点工作

（一）重大文物保护工程

文物保护重点工程成效显著。历时8年、被誉为"国家石质文物保护一号工程"的重庆大足石刻千手观音造像保护修复工作于2015年"文化遗产日"全面竣工。截至2015年，山西南部早期建筑保护工程中的105处文物维修工程已完工95处，应县木塔保护工程进入专业施工阶段。西藏"十二五"重点文物保护工程22个古建筑维修项目全部完工，四川芦山地震灾后文物抢救保护工程 130 个项目全部开工，延安革命旧址 22 个灾后文保项目基本完成，赣南等原中央苏区革命旧址保护利用工程启动 150 项。文物保护样板工程一期工程已经顺利完成，目前正在有序推进二期工程并完成了后续项目储备工作及保护利用实施规划论证工作，工程整体进展顺利。

传统村落整体保护项目扎实推进。全面推进首批 51 个全国重点文物保护单位、省级文物保护单位集中成片传统村落整体保护利用项目，16 个村落的文保工程完工，35 个村落完成 28%。按照"成熟一个、申报一个、实施一个"的原则，启动第二批 100 个传统村落整体保护利用项目。确定浙江松阳县为国家文物局传统村落保护利用试验区，推进县域传统村落整体保护利用。联合住建部、文化部、财政部等 7 部门开展传统村落保护专项督查。

抗战文物保护利用得到重视。实施 40 个抗战类全国重点文物保护单位维修项目，文物系统管理的 113 处抗战类国保单位在 2015 年 8 月底前全面实现开放，抗战文物保护整体提速，展示利用也呈现多样化趋势。吉林、辽宁、黑龙江三省 110 家抗战遗迹管理单位联合成立东北抗战遗迹联盟，旨在加强东北地区抗战遗迹保护工作，开展东北抗战史研究、展示和宣传等工作。黑龙江 49 家抗战类遗址遗迹、博物馆、纪念馆成立抗战文物单位联盟，旨在加强抗战类博物馆的业务沟通，有效整合全省抗战文物资源，因地制宜地开展相关纪念活动，进一步提升博物馆影响力。

历史文化名城名镇名村保护取得成效。联合住建部完成对瑞金、温州等 4 城市申报历史文化名城考察，国务院公布新增常州、瑞金、惠州为历史文化名城。联合住建部公布首批中国历史文化街区 30 个，历史文化遗产保护体系进一步完善。

馆藏文物保护修复力度进一步加大。全年组织实施保护项目 284 项，针对 95 家博物馆藏品开展预防性保护工作，积极改善馆藏文物保存环境，减缓文物腐蚀。针对纺织品、漆木器、青铜器等腐蚀损失严重的珍贵文物，抢救修复 8000 余件。

重大文物保护工程是文物工作的重要抓手。在各级文物部门和广大从业人员的努力下，文物保护工程取得长足发展，但还存在着文物保护工程管理法规制度和标准规范不够完善、保护与利用脱节等问题，迫切需要建立科学完善的文物保护工程管理体系，切实提高工程管理水平，促进文物保护与利用有机结合，与经济社会发展和改善民生有机结合，不断提升文物保护工程水平，推动文物事业健康发展。

（二）水下文化遗产保护管理

机构建设进一步加强。国家级机构整合基本完成。原设于国家博物馆的水下考古职能、人员、资产整体划转至国家文物局水下文化遗产保护中心，通过整合，进一步加强了国家层面的专业机构建设，巩固了"国家主导"的工作方针，长期困扰水下文化遗产事业发展的机构难题有了重大突破。地方基地建设取得进展。北海基地开工建设，宁波基地、福建基地、武汉基地职能进一步明确，能够发挥各自所长，起到了重要的辐射带动作用。山东省水下考古研究中心正式挂牌成立，河北省建立了省水下文化遗产保护黄骅工作站，这是继辽宁绥中、浙江舟山之后，我国的第三处省级水下文化遗产保护工作站。国家主导、地方参与，以沿海海域为主、兼顾内陆水域的水下文化遗产保护新格局正在形成。

重大考古项目进展顺利。"南海Ⅰ号"发掘与保护项目有序推进，2015年进一步揭示了古船的船体结构，基本搞清了古船的年代问题，出土了大量文物，进一步展示了其重大价值和独特魅力。"丹东一号"重点调查项目取得重要阶段性成果，出水了证明沉舰身份的文物，经专家论证，确认其为1894年甲午海战中北洋舰队的"致远舰"，得到主流媒体和社会各界的高度关注，被评为"2015年中国六大考古新发现"之一。西沙群岛水下考古发掘项目取得重要收获，为认识南海地区的历史提供了重要的实物资料，有力推动了南海水下考古工作的进一步深入。

国家"建设海洋强国"和"一带一路"战略为水下文化遗产保护事业的发展提供了难得的机遇，2015年，国家文物局水下文化遗产保护中心自身建设取得重大进展，有效发挥了总平台和主阵地作用，坚持全国一盘棋，拓展了水下文化遗产保护工作的深度和广度。工作重点进一步明确，围绕、配合国家战略，在科研和项目安排上进一步把重点放在"海上丝绸之路"文化遗产的研究和保护、沿海水下文化遗产调查上，为水下文化遗产事业的未来发展提供了更大的空间。

（三）考古工作和大遗址保护

考古工作稳步推进。国家文物局印发《关于做好当前基本建设考古工作、保障重大建设项目顺利实施的通知》，不断加强对国家原油及成品油管网建设、高速公路、铁路等国家重大基本建设工程，以及各地城市建设中的考古项目审批和指导，确保工程建设和文物保护工作双利双赢。2015年共审批基本建设考古发掘项目500余项。结合行政审批改革，完善基本建设考古工作的行政许可指南和工作流程制定。组织开展2014年度主动性考古发掘项目评估工作，对208项审批开展的发掘项目进行审查、评估，总结经验，分析问题，对加强主动性考古项目的事中事后管理，促进考古项目管理科学化有着重要的推动作用。三峡文物保护工程专项验收全面完成，终验报告通过三峡移民验收委员会审议，标志着持续20多年的三峡文物保护工程圆满结束。组织全国专业力量对南昌西汉海昏侯墓考古发掘和文物保护进行现场指导，获得一系列重要发现。专家们一致认为，南昌西汉海昏侯墓具有独一无二的价值，考古发掘具有先进的理念、科学的方法，取得丰硕成果，属于重大发现，价值十分重大。

大遗址保护及国家考古遗址公园建设持续推进。实施了景德镇御窑厂遗址保护、洛阳二里头遗址博物馆建设等一批大遗址保护展示重点工程，并对山东曲阜鲁国故城、江苏扬州城遗址、安徽凌家滩遗址等8处大遗址的综合效益进行评估。经过多年的实践和探索，大遗址保护的综合效益逐步显现，在促进遗址保护和展示利用水平提升的同时，也促进了城乡环境的整治、经济社会的发展和当地群众生活的改善。

（四）世界遗产申报与管理

世界遗产申报和保护管理再创佳绩。湖北、湖南、贵州三省土司遗址成功列入《世界遗产名录》，成为我国第34项世界文化遗产，我国世界遗产数量达48项，稳居世界第二。左江花山岩画文化景观、厦门鼓浪屿申遗项目准备工作进展顺利。海上丝绸之路申遗前期工作加紧推进，前期研究和申遗点申报遴选工作有序展开。

为更好地促进我国世界文化遗产的保护和管理，2015年1月，国家文物局同意中国文化遗产研究院中国世界文化遗产监测中心更名为"中国世界文化遗产中心"，标志着我国的世界文化遗产保护管理工作迈入新的阶段。目前已经建立起监测预警总平台，为各遗产地监测工作提供技术指导和专业咨询。已经完成中国世界文化遗产基础数据库建设一期、二期项目，研究制定基础数据库相关技术规范，初步基础数据库框架搭建、基础数据库系统建设及系统提升工作，全面采集了各世界文化遗产地基础数据，完成部分遗产地基础地图制作等工作。三期项目也已经启动。为进一步提升我国各世界文化遗产地监测工作质量，开展了"中国世界文化遗产地监测预警体系建设评估（一期）"项目，对周口店北京人遗址、丽江古城、苏州古典园林、大足石刻、高句丽王城王陵及贵族墓葬、杭州西湖文化景观、莫高窟等等监测试点单位进行了评估。

当今的世界，文化软实力越来越成为国家核心竞争力的重要因素，各国都高度重视世界遗产的申报工作，世界遗产已经成为衡量一个国家对人类文明做出的贡献以及当代社会文明素质和综合国力高低的标尺。我国在世界遗产保护和申报方面取得的成绩，不仅体现了我国作为文明古国和文化遗产大国的责任担当，也体现了中国在国际文化遗产领域地位和影响力的提升。

（五）博物馆建设与管理

博物馆法制建设和管理体系不断健全。《博物馆条例》（以下简称《条例》）颁布实施，这是我国博物馆行业第一部全国性法规文件。《条例》不仅为规范和促进博物馆建设发展、健全和完善博物馆管理，有效发挥博物馆社会功能，提供了强大的法律保障，也为破解当前博物馆行业所面临的一系列亟待解决的重大问题提供了遵循，为博物馆事业全面深化改革指明了方向。

博物馆建设保持高速增态势长。截至 2015 年底，全国登记注册的博物馆已达到 4 692 家，其中国有博物馆 3 582 家，非国有博物馆 1 110 家，国有和非国有博物馆分别占全国博物馆总数的 76.3% 和 23.7%。全国共有 4 013 家博物馆向社会免费开放，占全国博物馆总数的 85.5%。博物馆总量比 2014 年增加 182 家，其中，128 家为非国有博物馆，非国有博物馆发展迅猛。

博物馆展览质量持续提升。发布《关于提升博物馆陈列展览质量的指导意见》，对博物馆陈列展览策划人员进行专业培训。持续开展"全国博物馆十大陈列展览精品推介"活动，"大汉绝唱——满城汉墓""真彩秦俑"等一批精品陈列入选。继续开展"弘扬优秀传统文化、培育社会主义核心价值观"主题展览评选，重点推介天津博物馆"器与道"等 12 项展览。首次举办"全国博物馆展览季"活动，28 个省份的 259 项展览列入年度推介目录。博物馆展览学术研究水平和社会影响力不断提升，汇集九省精品文物的海上丝绸之路特展完成九省巡展，并在中国丝绸博物馆举办专题展。故宫博物院为建院 90 周年筹办的"石渠宝笈特展"盛况空前，成为瞩目的年度热点事件。

抗战文物展览展示是 2015 年的一个亮点。为纪念中国人民抗日战争胜利 70 周年，充分发挥文物工作在"围绕中心、服务大局"中的作用，国家文物局面向全国征集了抗战文物专题陈列展 333 个，从中遴选 93 个予以重点宣传推介。侵华日军南京大屠杀遇难同胞纪念馆新馆对外开放，展馆主题定位为"胜利"，共展出图片 1 100 余幅、文物 6 000 余件（套）。至此，侵华日军南京大屠杀遇难同胞纪念馆已拥有"历史""和平""胜利"三大主题馆区。四川建川博物馆与美国海外抗日战争纪念馆合作举办"尊重历史 珍惜和平"展,此次展览是我国在海外举办的规模最大的纪念抗日战争胜利70周年主题展览,展览内容丰富,展品种类多样,较为真实和全面地向美国民众展示了中华民族抗战史和为世界反法西斯战争胜利所做的重要贡献。

开展经济社会发展变迁物证征藏试点工作。为配合新型城镇化建设,保存1949年以来特别是改革开放以来中国社会经济发展的相关实物物证,"为明天收藏今天",拓展博物馆职能和藏品体系,国家文物局启动了"经济社会发展变迁物证征藏工作"试点工作,遴选北京、山西、山东、四川、广东5省市和北京鲁迅博物馆进行试点,积极开展入藏门类、入选标准、征藏范围、工作机制等方面的研究。山东省将新中国成立以来农村经济社会发展变迁情况作为征藏试点,制定13大类数百项物品的征藏标准和程序,开展资源调查和征集工作,丰富拓展了博物馆藏品体系。

继续促进博物馆教育功能的有效发挥。为更好地引导广大中小学生了解中华优秀传统文化,积极践行社会主义核心价值观,实现博物馆青少年教育资源与学校教育的有效衔接,探索构建具有均等性、广覆盖的中小学生利用博物馆学习的机制,与教育部联合发布《关于加强文教结合,完善博物馆青少年教育功能的指导意见》明确了指导思想、实施原则、主要任务和保障措施。北京、内蒙古等10个试点工作完成情况较好的省级行政区继续开展2015年度试点工作,取得较好效果。北京市40余家博物馆策划百余项青少年教育项目,主动向社会推介。中国国家博物馆开发主题教育课程265课时并被纳入北京市教委课程评价体系,全年接待上课中小学生18万人次。四川省7家国家一级博物馆建立起10余套不同方法的青少年参观博物馆长效机制,设计教育项目29个、活动内容100余项,建立体验区16个,编制科普读物11册,制作视频6套。

加快推进博物馆文化创意产品开发。依据《全国博物馆文化产品示范单位推介办法(试行)》和《全国博物馆文化产品示范单位推介参考标准(试行)》,从研发条件、专业团队、策划创意水平、市场开拓与宣传推广能力、持续稳定性、对机构的贡献率、知识产权保护等方面进行严格的审核评估,确定了中国国家博物馆、文化部恭王府管理中心、上海博物馆等10家单位为首批"全国博物馆文化产品示范单位"。举办"国际文物博物馆版权交易博览会",推广博物馆文化产品开发成果。

近年来，全国博物馆每年的观众量约7亿人次，博物馆在社会生活中的作用越来越突出，在国民教育中肩负的责任也越来越重大，博物馆逐渐成为促进文化发展的重要推动力，成为改善民生的重要阵地，成为推动经济社会发展的积极力量。尤其是非国有博物馆发展迅猛，已占全国博物馆的近四分之一，博物馆事业呈现快速社会化趋势。在数量增长的同时，如何提升博物馆的质量，显得尤为重要，通过举办高质量的展览，开展丰富多彩寓教于乐的公共文化服务，让博物馆的文物真正"活"起来，是博物馆今后发展的一个重要方向。利用博物馆的文化资源和技术优势进行文化产品开发，是利用好、发挥好博物馆资源，将资源转化成为生产力，拓展博物馆文化传播渠道的重要手段，也是博物馆增强自身造血功能、提升公共服务水平的重要途径，对于满足人民群众日益增长的多样化文化需求，推动优秀传统文化与现代社会相协调具有重要意义。

（六）社会文物管理

文物流通管理服务水平不断提升。国家文物局创新文物拍卖市场监管方式，研究制定文物拍卖企业经营评估方案和评估标准体系，对8省38个文物拍卖企业进行重点抽样评估。改进文物拍卖标的审核备案工作，取消文物拍卖标的拍前复核程序，研究制订《文物拍卖标的审核办法》和《文物拍卖标的审核标准》。通过总结民间收藏文物鉴定试点工作经验，探索建立鉴定人员、程序、标准、结论的科学管理模式。深入调研文物科技鉴定现状，指导有关单位推进文物年代测定、成分分析、工艺检测的研究与应用。会同国家新闻出版广电总局健全文物鉴定类广播电视节目监管机制，培训节目主创人员，提升节目整体品质。完成中纪委、最高检、公安部、国管局等委托的多起涉案文物鉴定，指导各省开展文物司法鉴定工作。

文物进出境审核监管更加规范。为进一步健全文物进出境监管联合工作机制，2015年5月，国家文物局与海关总署签署了合作备忘录，进一步明确了国家文物局和海关总署开展合作的基本目标和主要任务，两部门将在文物进出境协同监管、打击文物走私、推动查扣罚没文物移交给国有公益性收藏单位、协调解决国有公益性收藏单位进口藏品免税、开展海关监管人员文物专业知识培训、重特大文物走私案件督办督察、查扣罚没文物鉴定保管、加强中国海关博物馆业务管理和人才培养等方面加强合作。国家文物局和海关总署还将建立文物保护信息交流机制，完善工作绩效评估和激励办法，联合表彰做出突出贡献的单位和个人，不断提高我国文物进出境监管工作水平。

与此同时，加强国家文物进出境审核管理处机构建设，指导新设立的内蒙古、西藏管理处开展工作，对上海等管理处机构建设中存在的问题进行督导。完善文物进出境责任鉴定员资格管理制度，试点运行文物进出境审核管理系统和电子标签。

针对文物流通领域中存在的问题，国家文物局及时研究出台文物拍卖、文物鉴定、宣传引导等方面的政策和措施，非常及时，也非常必要，为营造守信自律、健康繁荣的文物流通环境奠定了一个良好的基础，同时也有效地回应了社会关切。文物流通领域问题的存在是必然的，既有政策滞后、监管不到位的原因，也有思想认识偏差的原因，需要进一步加强宣传引导，制定切实可行的措施予以规范。

（七）文物保护科技创新

联合教育部等11部门和3省科技厅共同提出"一带一路"文化遗产保护与传承科技专项建议，并列入科技部专项规划。《文物保护与传承创新技术应用研究与示范》列入"十二五"国家科技支撑计划重点项目，获得经费支持1847万元。与国家自然科学基金委建立战略合作关系，在文物病害成因及劣化机理等5个领域形成首批32个项目建议。采取多种方式加快科研成果在文保项目中的转移扩散，"十一五"国家科技支撑计划项目94项应用技术类成果的转化率超过40％。推进精品文物、精品展览数字产品和智慧博物馆试点，各级文博单位全年主导和参与的智慧导览和文博APP产品首次超过5 000个。与工信部装备司形成"2015年文物保护装备产业化及应用示范项目重点方向"，文物专用高、超光谱成像设备等8个方向13个项目获准立项。会同工业和信息化部、重庆市启动国家文物保护装备产业基地建设，首个"国家文物保护装备产业基地在重庆落户，该基地将打造包括研发、应用、集成、展示、服务、交易等全产业链的文物保护装备产业集群，预计到2025年，实现文物保护装备产业销售收入超过300亿元的目标。

六、文物宣传和对外交流取得明显成效

文物宣传得到进一步加强。召开可移动文物普查、《博物馆条例》颁布实施、抗战文物保护利用等新闻发布会，组织中央媒体对河北幽居寺佛首金身合璧、甘肃大堡子山流失文物回归、辽宁朝阳古遗址盗窃盗掘大案告破、山西陶寺遗址考古等进行实地采访报道，引导公众理性看待社会热点问题，树立正确的文物保护意识。国家文物局官方微博运行良好，累计发

布超过 2 000 条，原创率超过 95%。加大文博舆情监测力度，畅通手机日常报、快报、专报渠道，针对云南巍山拱辰楼火灾、福建漳州章公祖师像追索、山西古建筑保护困境、长城近三成消失等重要舆情，采取各种形式积极应对，澄清事实，引导舆论。

主题宣传活动成效明显。在重庆成功举办主题为"保护成果　全民共享"的文化遗产日主场城市活动，推出全国"十二五"文物保护成果展，开展社会力量参与文物保护典型事例宣传推介，与中国摄影家协会联合征集传统村落摄影作品并举办专题展。通过展示和宣传引导、鼓励广大公众共同保护文化遗产，提高全社会的文物保护意识。在河北石家庄举办主题为"博物馆致力于社会的可持续发展"的国际博物馆日主场活动。活动期间，河北博物院推出"唐山皮影""蔚县剪纸""武强年画"三个特色展览，让观众领略到中国国家级非物质文化遗产的魅力。此外还推出"观我——时间都去哪儿了"图片展，展示清末至今百年来普通人的生活状态，以及"冰雪激情助力申奥——大好河山张家口冰雪摄影大展"，展现河北人民对冬奥会的憧憬，同时举办《博物馆条例》与文博事业可持续发展研讨会。

对外展览扩大中华文化影响力。11 月，习近平主席亲自为新加坡中国文化中心"文物带你看中国"3D 触摸屏作演示，并给予充分肯定，指出"通过这个（展示）方式使观众更加生动地观赏文物，也更便于研究"。配合李克强总理访问秘鲁，举办"天地之中——中华文明之源"文物图片展，展现自新石器时代晚期至秦汉王朝（约公元前 3500 年～公元 220 年），中华文明孕育、萌芽、生长、壮大的发展进程，李克强总理对策展团队给予高度评价。加强出入境文物展览管理，全年共收到出入境展览申报 62 项，其中出境展 41 项，入境展 21 项。

海外流失文物追索成果丰硕。根据中美两国政府关于对中国文物实施进口限制的谅解备忘录，美国政府向我国移交海关截获的 22 件流失文物和 1 件古生物化石。首次促成法国政府及原始捐赠人先后两次向我国返还 60 件甘肃大堡子山遗址流失金饰片文物，并在甘肃省博物馆举办特展。积极开展福建漳州章公祖师像追索，协调引导民间力量参与唐鸿胪井碑、圆明园流失文物返还工作。完成美国、瑞士、阿根廷、澳大利亚等国政府有关部门查扣疑似中国文物的鉴定评估。

政府间交流合作不断加强。与柬埔寨、尼泊尔、罗马尼亚签署打击走私文化财产双边协定，与中国签署协定的国家已达 19 个。与西班牙签署《关于促进文化遗产领域交流与合作的谅解备忘录》。与外交部、文化部、发改委、财政部等单位继续加强沟通，实质性参与中美、中俄、中欧、中法、中英高级别人文交流机制，作为中方成员单位参与中美、中欧投资贸易协定谈判，亚洲投资银行创始章程中增加"文化遗产"的表述和标准。

国际组织交流日益深化。出席联合国教科文组织《关于禁止和防止非法进出口文化财产和非法转让其所有权的方法的公约》（1970年公约）第三次缔约国大会，会上正式通过《公约操作指南》，有关条款充分吸收了第四届防止文化财产非法贩运国际专家会议《敦煌宣言》的内容。向联合国教科文组织世界遗产委员会发送2015年新修订出版的《中国文物古迹保护准则》和《红河哈尼梯田文化景观可持续发展国际研讨会论文集》。参加联合国教科文组织水下公约缔约国大会，介绍我国近年来水下文化遗产保护工作情况。履行与国际文化财产保护与修复研究中心（ICCROM）框架协议，成功举办博物馆库房重整培训班。

文物援外工作不断拓展。中国文化遗产研究院基本完成中国政府援助柬埔寨吴哥古迹茶胶寺保护修复主体工程，援助乌兹别克斯坦花剌子模州希瓦古城历史文化遗迹修复项目进展顺利，援助蒙古国科伦巴尔古塔抢险维修项目完成实地勘察、方案编制设计工作并开始施工。完成中国政府援助尼泊尔文物修复建议报告，加德满都杜巴广场9层神庙修复项目列入我国对尼震后重建重点项目。

"两岸三地"交流日益活跃。在台湾佛光山成功举行河北幽居寺释迦牟尼佛首捐赠仪式，实现佛像身首合璧。第二届海峡两岸及港澳地区文化遗产活化再利用研讨会在台湾成功举办，以"分享、交流、发展"为宗旨共同探讨文化遗产保护与合理利用的平衡发展之路，被称为两岸文化领域最为务实的交流活动，目前已成为文化遗产领域海峡两岸及港澳地区共同参与的机制性交流平台。成功举办赴港"汉武盛世：汉帝国的巩固和对外交流"大型汉代文物展和澳门历史城区申遗成功十周年文物保护成果展，广受港澳市民欢迎。

地方文物工作的创新与实践

吉林集安高句丽墓葬壁画表面微生物与水渍污染病害　中国文化遗产研究院供图

2015年，长城保护、可移动文物普查是全国文物工作中的重点任务，各地文物部门高度重视，认真落实，取得了明显成效。此外，在文物安全防范体系建设、文物违法案件督办、推动文物合理利用等方面也有一些新举措，呈现出诸多亮点，值得推广借鉴。

一、河北、内蒙古、甘肃出台硬性措施加强长城保护工作

2015年7月2日，习近平总书记对长城保护工作作出重要批示。国务院高度重视，及时研究部署长城保护工作。8月9日，刘延东副总理在内蒙古鄂尔多斯市主持召开长城保护工作座谈会，负有长城保护责任的各省、自治区、直辖市认真贯彻落实会议精神，履行政府主体责任，把长城保护纳入政府领导责任制，创新举措，落实责任，长城保护工作取得明显成效。

河北省完善法规、强化督查、加大投入。为深入贯彻落实中央领导和省领导关于长城保护工作的重要指示精神，2015年，省政府先后召开两次常务会研究长城保护工作，并组织召开了全省长城保护工作会议。编制完成明长城总体保护规划初稿，进入初审论证；山海关、金山岭、乌龙沟、紫荆关、大境门、九门口、万全右卫城等7处明长城重点地段长城保护规划的编制工作也在进行中。提请省人民政府将已认定、但尚未公布为省级文物保护单位的389处长城点段公布为河北省文物保护单位。完善制度法规建设，加快起草《河北省长城保护管理办法》，落实长城保护管理责任制。加强日常巡查，开展执法督查，会同省公安部门依法打击破坏长城的违法行为，会同省旅游部门规范长城旅游行为。加大投入力度，省政府设立了长城保护专项资金，用于日常维护、管理等工作。各项保护工程顺利开展，涞源乌龙沟长城（一期）完工并通过省级技术验收，金山岭长城、抚宁板厂峪长城（一期）、大境门城台及东侧部分长城修缮工程基本完工，山海关长城二期、迁西青山关长城、万全右卫城南北瓮城、紫荆关长城（三期）等保护维修工程正抓紧实施。长城保护区域合作不断加强，与北京市文物局、天津市文物局签订了《京津冀三地长城保护工作框架协议》。

内蒙古加大投入、强化机构、明确责任。巴特尔主持召开自治区政府常务会议，会议决定：2015年，从主席预备费列支1000万元作为"长城保护专项经费"。从 2016 年起，将长城保护经费纳入自治区本级财政预算。会议同意设立自治区长城保护管理机构，设立长城保护基金，原则同意《内蒙古自治区关于进一步加强长城保护工作的实施意见》。9 月 11 日，自治区人民政府在呼和浩特召开"全区长城保护工作会议"，刘新乐副主席部署了全区长城保护工作，与各盟市负责人签订了《长城保护责任状》。自治区人民政府要求各盟市及时召开长城保护工作会议，建立健全长城保护领导责任制，把长城保护的职责层层分解，把长城保护工作纳入年度考核责任目标。全区长城沿线各级政府、各有关部门要按照《长城保护条例》的要求，加大依法保护力度，坚决纠正破坏文物、违法建设、过度开发等违法行为，严肃处理涉案单位和责任人员。自治区文化厅、文物局计划尽快修订《内蒙古自治区关于加强长城保护工作的实施意见》，报请自治区人民政府审定实施。全区各级文物部门要积极配合公安部门开展涉及长城违法犯罪活动的专项整治，从严处理破坏长城的违法行为，对在长城保护和监督工作中做出突出贡献的集体和个人给予奖励，要扩大"马背文物保护队""草原神鹰"的经验和做法，形成长城保护的全覆盖。

甘肃省明确职责，完善法规，进一步加大长城保护管理力度。9 月 28 日，甘肃省副省长夏红民主持召开全省长城保护工作座谈会。会议强调，要依法落实长城保护管理的属地责任，明确保护职责，充实保护队伍，落实保护经费，强化工作措施，进一步加大长城保护管理力度，全面提升保护、管理、利用水平。会议要求，一是加强长城保护法规及制度建设，出台《甘肃省长城保护条例》和地方性长城保护专项办法，建立健全长城保护制度体系，强化检查巡查、执法督察和责任追究，保障经费，全面落实长城保护责任；二是进一步落实"四有"，加快保护规划编制进度，抓紧完成保护范围、建控地带划定公布和保护标志、界碑界桩树立工作，继续为重点长城段落安装防护围栏，加强长城保护机构队伍建设，全面夯实长城保护工作基础；三是加大保护利用力度，大力开展科研攻关，着力促进科研成果转化和应用，有针对性地开展长城保护维修工程、综合展示工程和保护性设施建设，促进与旅游的深度融合，推动产业发展，服务经济社会大局；四是加强宣传教育和政策引导，积极探索发展长城保护志愿者、设立公益基金、社会资金投入长城保护展示等方面的政策措施，激发社会各界参与长城保护的积极性，营造全社会关心支持长城保护的良好氛围。

二、山东、山西、青海扎实推进可移动文物普查工作

2015年是全国第一次可移动文物普查工作的关键一年。各省（自治区、直辖市）按照国家文物局普查办制定的工作计划，克服时间紧、任务重、人员少的现状，充分发挥主观能动性，积极推进普查工作，在普查工作中体现出各自的优势和特色。

山东省通过层层落实责任制，强力推进可移动文物普查。山东省委、省政府高度重视第一次可移动文物普查，通过签署政府责任书、充实机构、明确责任、强化督查等多种方式，狠抓普查责任的落实，取得丰硕成果。山东省普查工作还得到省文物保护委员会各成员单位以及其他有关职能部门的积极配合和支持。省委宣传部、省财政厅等有关职能部门为普查工作提供宣传和经费等服务保障。省文物局积极协调省教育厅、民政厅、国资委、银监局等系统联合下发通知，协作推进重点系统的普查工作。省文保委各成员单位分别成立普查工作小组，确定分管领导和普查联络员，积极做好本行业、本系统的普查工作。全省17市、157个县级行政单位均建立普查领导机构。17市政府均与下属各县（市、区）政府签订了《可移动文物普查政府责任书》。明确的目标和得力的措施确保了普查责任落实到位，普查进度一直名列前茅。

山西省实行四个"一"的普查办法，质量和效率双丰收。山西省将质量控制贯穿于可移动文物普查全过程，紧紧围绕普查质量控制这条主线开展工作，通过明晰的思路、可操作性强的做法、可靠的保障措施，搭建起较为完整的质量控制链，为普查工作打下较为坚实的基础。山西省提出"依靠优秀专家力量，严控普查质量，将质量控制贯穿于普查全过程"的工作思路，在方案制定、实施过程中处处留有质量控制的痕迹，将普遍采用的专家后置审核的做法改为专家前置介入，制定了"纠正计量、严控质量、把握规范、争议共商"的原则，实行"一次认定，一次登录，一次审核，一次上报"的办法，不仅提高了工作效率，而且体现出较强的专业性。为切实提高数据采集和报送质量，山西省普查办总结了数据中常见的问题并编订成册下发给基层普查队员，以便在数据采集和审核中参考。山西省普查办要求各地牢固树立质量第一的理念，而且要正确处理质量与进度的关系，坚决避免片面追求进度而牺牲质量的倾向。在普查工作的每一个环节都力求做到不虚报、不瞒报、不凑数。由于始终严把质量关，山西省的数据质量在全国处于领先水平，得到国家文物局普查办的认可。

青海省因地制宜，多管齐下，集中力量开展普查工作。为落实好国务院普查通知精神，青海省按照实施方案的要求，提前谋划，突出重点，积极作为，解决了时间紧、任务重、专业人员紧缺、普查环境艰苦等现实困难，大力推进宗教场所普查工作。以2015年年底为时间节点，精心测算工作量，进行任务倒排，制定出详细的、操作性强的《青海省第一次全国可移动文物普查工作计划》，为有力有序推进普查工作提供了保障。全省反馈有文物的收藏单位有388家，其中291家为县级以上文物保护单位的宗教活动场所，近50%的收藏单位在海拔3 500米以上，分布于交通不便、气候条件恶劣的地区。为使普查工作有序推进，青海省普查办成立了文物认定专家组、技术审核组、检查督导组、宣传组四个工作小组。此外，还聘请省外专家予以协助，并招募社会相关专业人员，充分调动一切可以调动的力量，组建起一支强有力的普查队伍，大力推进宗教场所的普查工作。工作组分赴各收藏单位开展普查工作，在工作难度大的地区，分组分片区开展普查。对于收藏量大的单位，由各市州普查办整合各县人员和设备力量，集中开展工作，取得较好效果。

三、北京、江苏、浙江、安徽、陕西完善文物安全防范体系

北京市文物及历史文化保护区专项资金中列支安防项目资金10.72亿元，开展148项安技防项目，用于提升安技防水平。江苏省启动文物行政执法监控平台建设，在全省遴选8个地区作为试点，启动文物行政执法监控平台建设，与省级平台实现端口对接，全省国保单位和省保单位地址及坐标均在平台内置地图上标注，便于及时掌握基层开展文物行政执法巡查和行政处罚工作情况，对基层开展文物行政执法巡查和违法案件的执法过程进行实时监控和指导，进一步整合执法资源，提升全省执法效能。浙江省加快推进"天地一体"预警系统研发工作，省级平台系统已初步形成，杭州、宁波、温州等部分试点单位也已启动相关工作。安徽省通过建立文物、公安部门安全防范管理协作机制，加强与公安部门的协作联动，及时通报文物保护单位相关信息，与公安机关联合开展安全隐患排查、整治活动。陕西省文物与公安部门启动文物安全大防控体系建设，省文物局、西安市文物局分别与省公安厅、西安市公安局签署了战略合作协议，为更好地提升文物部门和公安机关联合打击防范文物违法犯罪的能力和水平奠定了更为坚实的基础。陕西省文物局与各地

市及直属单位签订了安全责任书,落实了文物安全责任,部署了2015年度打击文物犯罪"雄鹰"专项行动。

四、吉林、黑龙江、江苏、河南、江西、湖南、新疆加大违法案件督办力度

吉林省督办了电力部门擅自在全国重点文物保护单位长春市双阳区五家子遗址保护范围内违法进行输线塔基施工建设案、全国重点文物保护单位四平市二龙湖古城遗址保护范围内违法施工破坏案、松原市级文物保护单位班德古城址建设粮库案、鹤大高速靖宇、抚松、敦化段擅自在文物保护单位保护范围和文物遗址内违法施工建设案。黑龙江省督办《关于北京园林古建有限公司破坏金长城的报告》的举报,责成齐齐哈尔市文广新局进行调查处理。江苏省重点督办了南京市保单位颜料坊49号被拆案、无锡横山草堂、敦睦中学被毁案、淮安省保单位甘罗城遗址上违法施工、南京明故宫遗址开发建设商业地产项目等案件。河南省督办了新郑市双洎河治理工程破坏郑韩故城东城墙、郑州上街区传统民居消失、洛阳隋唐城遗址保护范围内违章建设等重点案件。江西省督办了乐安县流坑古村中巷董洪志宅(中巷36-3号)失火案、赣州佛塔宝福院塔违法建设案等。山东省督办、查处了即墨市违法破坏拆除文物保护单位案、青岛湛山炮台旧址遭破坏案等重大文物违法案件。湖南省重点督办了益阳市全国重点文物保护单位羊舞岭窑址破坏案、郴州市永兴县板梁古建筑群刘邵苏宅失火案和保护范围内违建案、慈利县白公城遗址破坏案等文物安全案件。新疆维吾尔自治区重点督办了哈密阔克亚尔遗址被破坏、吐鲁番地区博物馆馆藏一级文物"元杭州泰和大楼某行铺招贴"丢失、托库孜萨来遗址被盗、在自治区文物保护单位可可沙炼铁遗址保护范围内进行违法建设、莎车县加满清真寺遭破坏情况等重点案件。通过系列重点案件的督办,有效遏制了文物违法犯罪案件多发态势。

五、河北、湖南、天津、山东多措并举让文物"活"起来

河北省搭建让文物"活"起来的平台。围绕"保平安,活起来",加强文物合理利用的理论研究和分类指导,把文物本体保护与展示利用统筹考虑,使具备开放条件的文物保护单位尽可能向公众开放;提高馆藏文物利用率,策划具有河北特色的精品展览;充分运用现代信息网络技术,逐步建立文物信息资源共享平台,提升展示利用水平。

湖南省对省级以上文物保护单位的保护与利用工作进行综合评估，开展绩效考核，促使提升有效保护率和合理利用率。全省全年各类文物开放单位共接待观众游客近 7 000 万人次，有效促进了省内文化旅游产业的融合发展，文物工作已经成为促进省内经济社会发展的积极力量、旅游发展的重要基础、发展民生的有效途径、宣传湖南的重要窗口。积极推进以文物保护为核心的文化遗产园区建设，让文物"活"起来。目前，韶山毛泽东故居及纪念馆、花明楼刘少奇故居及纪念馆、汨罗任弼时故居及纪念馆、湘潭彭德怀故居及纪念馆、衡东罗荣桓故居及纪念馆、桑植贺龙故居及纪念馆等革命名人纪念园区和长沙铜官窑、里耶古城等国家考古遗址公园的保护、建设、展示、宣传教育日臻完善，每年吸引大批国内外观众游客，产生了良好的社会效益和民生效益。

天津市的博物馆充分发挥文物传承历史文明、展示优秀文化的作用，通过举办特色展览，让文化遗产活起来。全市博物馆围绕中国人民抗日战争胜利 70 周年、"一带一路"战略等重大主题，或展示中外文化文物艺术精品；或挖掘文物资源蕴含的优秀传统和时代价值，弘扬优秀传统文化；或展示天津风貌；或展示奇趣自然，各具特色，题材丰富。共举办"丝绸之路文物精品大展""海上丝绸之路文物精品大展""笔墨真趣——'四王'及其传派绘画展""鹾之韵——长芦盐业与天津城市文化""江南双盛——金陵画派、新安画派绘画作品联展""寓教于像——杨柳青年画中的传统美德""为抗战呐喊——中国共产党与抗战文艺""海河之子——李叔同与天津历史主题展"等特色展览 180 余个，观众数达 900 余万人次。天津博物馆《鹾之韵——长芦盐业与天津城市文化》、李叔同（故居）纪念馆《海河之子——李叔同与天津》等十项展览入选 2015 年度全国博物馆展览季活动目录。

山东省提出"让馆藏文物活起来"的新举措。完善藏品入藏，藏品借用、调拨、交换，藏品修复、复制、拓印、拍摄、取样及藏品交流、合作展览与对口支援等全流程管理。积极推进馆藏及社会文物的认定、定级，为可移动文物分类管理，按照轻重缓急开展保护修复等提供依据。按照省委省政府纪念抗战胜利 70 周年重大活动部署，举办"山东抗日战争主题展"。展览整合全省馆藏抗战文物资源，共展出历史图片 625 幅、珍贵抗战文物 382 件，是迄今为止山东省举办的规模最大、最为系统的抗战主题展，引起强烈反响。山东省各地共推出 52 个抗战专题展览，隆重纪念中国人民抗日战争胜利 70 周年。整合山东省馆藏文物资源，着力打造 10 个精品文物巡回展览品牌在省内巡回展出，其中汇聚山东全省文物精品的"'齐鲁瑰宝'精品文物展"在山东博物馆完成首展后，已在德州等地博物馆巡回展览。"山东抗日战争主题展"在济宁市、威海市、高青、梁山、惠民等地展出。山东数字化博物馆一期上线以来，以精美的文物三维展示、翔实的文物故事、方便快捷的访问形式，累计吸引观众超过100万人次。

社会力量参与文物保护的有益探索

天津丁字沽小学文化遗产课堂 天津建筑遗产保护志愿者团队穆森供图

社会力量是文物工作不可或缺的主体。近年来，随着经济社会和文物事业的快速发展，社会力量参与文物工作的热情越来越高，形式越来越多样，各地也出台了相应的政策和措施积极引导支持，政府主导、社会参与的文物保护格局正在逐步形成。

一、政府鼓励引导社会力量参与文物保护

广东省开展国有博物馆与民办博物馆的对口帮扶活动。支持省内24家重点博物馆发展资金700万元，组织举办了首期全省民办博物馆馆长培训班。2015年年检合格的民办博物馆有63家，比2014年增加了19家。为了使民办博物馆的管理更加规范，广东省文物局组织省文物鉴定委员会专家集中对16家民办博物馆进行了巡回鉴定，并开展了三次专项督查。

上海市加大对社会力量举办博物馆的扶持力度。2015年度上海市划拨总额为1000万的扶持资金，对民办博物馆的优秀项目进行资助。上海市文物局对《上海市社会力量举办博物馆扶持资金使用管理办法》作进一步修订，规范扶持资金的使用管理。2015年共收到52家场馆的89项申请，其中包括38个优秀原创展览申报项目、19个社会教育活动申报项目以及32个免费开放申报项目，经过评审，共有24个场馆的32个申请项目获得扶持。

陕西省颁布实施《陕西省群众依法保护文物奖励办法》。《办法》将奖励分为精神鼓励与物质奖励两种，并明确精神奖励和物质奖励的范围和具体操作办法。《办法》还明确提出，按当地经济发展水平作为奖励系数；全省各级人民政府、各级文物行政部门、国有文物收藏单位应对公民依法保护文物先进事迹进行宣传；文物收藏单位应妥善保管、合理利用所接收的公民上交文物，并接受上交者和有关部门的监督，不得随意处置。这些举措为提高社会公众保护文物的积极性营造了良好的氛围。

北京市广泛动员社会力量参与文物安全与执法工作。针对北京辖区内不可移动文物点多面广、文化价值高以及近年来严峻的文物安全形势，2014年4月，北京市文物局与北京市慈善义工协会共同开展了"北京市文物安全保护志愿服务行动"，旨在发动全社会的力量，提高全社会"保护文物人人有责"的责任意识，对现有文物进行寻访、巡查、保护、应急救援等相关内容发挥积极作用，实现"保与报"的目的。一年来，实际到岗志愿者有536人，全市3 840处不可移动文物中有866处文物点被分批分次成功认领。据不完全统计，文保志愿服务行动时长约4 285小时。北京市充分借助社会力量辅助文物安全与执法工作，形成文物保护工作亮点，为维护全市文物安全发挥了积极作用。

上海市动员社会力量参与博物馆文化创意产品设计。为引导和鼓励全市博物馆和社会力量充分利用丰富多彩的博物馆文化元素，加强博物馆文化产品的创意设计，开发一批兼具创新性和实用性，适应市场趋向和公众需求的博物馆文化产品，上海市文化广播影视管理局和上海市文物局组织开展了"2015年上海市博物馆文创设计大赛"。大赛通过设计作品征集、系列讲座、作品展评，进一步挖掘了全市博物馆藏品的文化内涵，丰富了博物馆文创产品设计的创意。

广东省大力推广政府向社会购买服务。为引导和动员社会力量参与文物改革发展，广东省对文物保护社会组织进行培训，提高社会组织参与文物保护的能力和水平。广东省还创新运作模式，激发社会参与文物保护，特别是活化建筑遗产的热情。如采取政府搭台、社会化管理运作的方式，多方共建、协力发展，破解建筑遗产再利用的难题。

二、志愿者的非凡举措

湖北省襄阳市，有一群知名的文保志愿者，他们多年来行走在襄汉大地上，细致观察、忠实记录、潜心研究，一直为襄阳的文化遗产保护奔走呼吁，他们就是拾穗者民间文化工作群。在他们的努力下，2015年，湖北省唯一保持传统造纸工艺的漳纸工坊被南漳县政府公布为县级文物保护单位。漳河源造纸作坊位于薛坪镇龙王冲村，建于清代时期，海拔500~1188米，分布在漳河源地区上场、中场和下场。造纸作坊为陈氏家族鼎盛时所建。现保存造纸作坊3处，传统民居3处，为砖、石、木、土混合结构，建筑工艺精湛。漳纸工坊位于漳河源造纸作坊中场。被公布为县级文物保护单位将有利于彰纸工坊得到更好的保护和传承。2015年，拾穗者联合湖北文理学院建筑工程学院，实地调研了南漳东巩镇麻城河古村落的历史沿革、村落环境、公共设施、碑刻、古树名木，对现存秦家老屋、李家老屋、王家老屋等古民居进行测绘，并对村落保护与发展提出意见和建议。文化遗产日期间，襄阳博物馆举办"拾穗十年——拾穗者保护文化遗产成果展"，介绍了拾穗者十年来保护文化遗产的足迹。漳纸工坊传承人现场为观众展示漳纸制作技艺。他们还受襄阳古城管委会邀请，为襄阳市七中学生宣讲襄阳历史文化，让学生们了解襄阳、热爱襄阳。2015年，拾穗者成果颇丰，他们编著的《拾穗二集》《拾穗十年》《纸物语》等相继出版，他们的研究成果《襄阳历史人物研究》《岘山文化研究》《襄阳构建三国历史文化名城研究》也相继出版，其中《岘山文化研究》获得襄阳市社会科学成果一等奖。拾穗者获得"2015年爱故乡特殊贡献人物"称号，被襄阳市委、市政府授予"2014感动襄阳十大人物"提名奖。

天津市建筑遗产保护志愿者团队是活跃在天津地区的一支文物保护志愿者团队，多年来为建筑遗产保护做了大量工作，其发起人穆森一直倡导、呼吁、践行文化遗产保护。走过十余年的文保实践之路，他越来越觉得公众参与的基础必须通过常识教育来完成。公众参与的蓬勃发展已经遇到无法回避的瓶颈，如何构建全民文保观才是当务之急。2015年起，他走访调研教育、文博、戏剧、文史、民俗等各界人士，提出要在基础教育阶段摸索行之有效的文化遗产教育，不是进课堂，而是建课堂，得到各界专家和很多中小学校的赞同和响应。4月，初步确定将天津市红桥区丁字沽小学作为"文化遗产课堂"试点。第一步是组建跨专业专家组指导课程建设，召集了教育、文博考古、历史和戏剧等领域的国家督学、政府参事、文史馆员、大学教授、政协委员等各界人士，确立了为教育甘当义工，为文保播撒希望的宗旨；第二步是深入学校、深入课堂、深入师生，全面了解小教规律，找好文保与教育的结合点；第三步是确立发展规划，从研究校史入手，编制文化遗产课堂教材《我们学校的故事》、《文物与非物质文化遗产》（尝试将小学语文课本中相关文化遗产知识提炼，延伸成课）、《文化遗产三字经》，实现从教育遗产走向遗产教育。11月5日，"文化遗产课堂"正式开课，这是国内第一所小学正式开设的文化遗产课，是致力于探索建设成中小学教育体系中的一门独立课程。为了让孩子们更好地接受文化遗产教育，楼道内长期布置专题展览，介绍党和国家领导人关心文物保护工作的故事，请博物馆流动展进校园。利用博物馆、文保单位积极开展校外实践活动，构建全方位的"文化遗产课堂"校本课程体系。同时，穆森团队还参与地方政协文史委相关文保调研，提出棚户区改造应注意保护文化遗产，保护历史传承，延续历史地名等相关建议；穆森在地方广播电视台持续主持"温情邻友会"栏目，累计完成50期相关节目，积极普及宣传地方历史文化和文保知识。

长城小站是由长城爱好者与志愿者自发组建的公益性网站，于1999年5月8日开通，基于"热爱长城、热爱生活"的宗旨，通过网络和影像力量来促进长城知识整理、传播、分享，促进长城的保护。十几年来，长城小站策划实施或协助举办了 40 余场影展，举办近百场各类讲座、文化沙龙，组织、协助、参与出版了长城主题的出版物十多种，为长城文化传播做出了突出贡献。2015 年是长城小站成立的第 16 个年头，志愿者们继续努力行走在长城保护与文化建设的道路上。在长城基础资料的建设和整理上，协助中国文化遗产研究院长城项目组在互联网上发布"长城十年保护民间工作征询表"等调研表格，并协助完成一批数据的收集整理调研工作。《中国长城文献库》更新数据一批，以更好地服务民间长城爱好者和志愿者。"家住长城边"是长城小站 2004 年起发起的长城沿线长城宣传保护活动，在实践中逐渐转型并确立为致力于通过长城沿线学校助学来进行长城保护与文化宣传的长期项目，目前在长城沿线长期维护有十余所小学。2015 年为河北金山岭长城脚下何邓好希望小学建设了一个水木清食堂，解决了 80 多个孩子和老师的吃饭问题。清明节期间，受厂桥小学部分家委会委托，小站派出多位志愿者带领厂桥小学前往古北口进行"访长城、祭芳古"活动，祭拜长城抗战烈士、在战场遗址介绍长城抗战过程，在长城上通过游戏带领孩子们理解与学习长城知识。"五一"假期，小站协助启发出版社组织金山岭长城观星活动，辅助台湾来的老师组织观星拍摄，并为参加活动的孩子与家长们讲解长城知识，带领孩子们清理长城沿路垃圾。2015 年暑假，继续协助联合国教科文组织 2015 年世界遗产志愿者长城营活动，策划并组织包括长城知识讲座、长城现场勘察、战场遗址辨识和老照片寻找、长城边新农村考察和农业实践等活动项目。小站举办侠客行宁夏游学活动，带领小朋友们认识宁夏山川地理，沿长城徒步锻炼意志体魄。小站还协助中国长城学会《万里长城》杂志编辑出版《中国人民抗日战争暨世界反法西斯战争胜利 70 周年专刊》，为凤凰电视台《寻找雷烨》纪录片、CCTV9《长城：中国的故事》、CCTV4《远方的家　长城内外》等多部纪录片拍摄提供支持。小站志愿者通过讲座等多种形式宣传长城保护知识，唤醒公众的长城保护意识。经过多年讨论，2015 年底，小站志愿者修订了《人人能为长城做的五件事》并联合 34 家单位向公众发布。人人能为长城做的五件事，从普通公民角度入手，告诉人们保护长城保护文物可从身边做起、可从小事做起、可从改变自身观念做起、可以快乐地做起；我们的力量可以积小成大，磨杵成针，只要绵绵不绝，即可源远流长。

（上篇执笔人：刘爱河、于冰）

内蒙古乌拉特前旗秦汉长城实地检查评估　中国文化遗产研究院供图

下 篇
专题探讨

聚焦

- 从《国家文物事业发展"十三五"规划》编制看文物事业的总体定位和发展理念
- 从《博物馆条例》出台看中国博物馆事业的发展
- 从《中国文物古迹保护准则》修订看文物保护理念的创新与发展
- 从监测看中国世界文化遗产的保护和管理
- 从十年工程看长城保护的成就和问题
- 从"千手观音"修复看宗教文物的修复理念
- 从"石渠宝笈特展"看博物馆的公共文化服务
- 从海上丝绸之路申遗看水下文化遗产的研究和保护
- 从贵州塘都村看传统村落的困境和出路

《国家文物事业发展"十三五"规划》编制的相关思考

柱头径向水平智能拉杆

径向斜木撑杆

槽环向斜木撑杆

柱脚径向水平智能拉杆

环向智能斜拉杆

水平智能拉杆

环向斜木撑杆

智能斜拉杆

二层加固整体结构剖面图

山西应县木塔加固系统结构剖面图　中国文化遗产研究院供图

事业发展，规划先行。准确把握文物事业发展面临国内外形势，明确"十三五"时期文物事业发展规划的总体定位和发展理念，运用科学的规划编制方法合理布局，这些都需要在规划编制中认真思考。

"十三五"时期是我国全面建成小康社会的决胜阶段，也是文物事业发展的关键时期。科学编制和有效实施"十三五"规划，对于促进"十三五"期间国家文物事业持续、快速、健康、全面发展具有重大意义。按照国务院统一部署，2015年初，国家文物局启动了文物事业"十三五"规划编制工作。

一、"十二五"时期文物事业发展回顾

（一）突出成就

"十二五"时期，在党中央、国务院的高度重视下，文物事业得到快速发展，特别是在中央财政的大力支持下（"十二五"期间，中央财政投入从每年50亿增加到100多亿元），一大批重大文物保护工程顺利实施（"十二五"期间安排实施文物保护工程、安消防工程6 000多个），整个行业呈现出蓬勃发展的态势。至于"十二五"成就，国家文物局相关总结材料较多，在此不赘。[①] 笔者认为，"十二五"文物事业发展的突出成就在以下几方面：

一是保护重点不断扩大，保护的对象从主要关注于全国重点文物保护单位和馆藏珍贵文物，逐步扩大至一般不可移动文物和馆藏文物，在本体保护、安全防护等方面关注度和投资力度不断加大，相关的保护手段和技术水平得到提高。

二是保护方式更加多元，从一味注重抢救保护，向预防性保护、日常保养并重转变，"文物保护逐步呈现出由抢救性保护为主向抢救性保护与预防性保护并重转变，由注重单体文物保护向注重集中连片和整体环境风貌保护

---

① 可参考《刘玉珠就"十二五"时期文物事业发展成就答记者问》，《中国文物报》2015年12月31日第1版。荣启涵、姜潇：《"十二五"时期我国文物事业发展成果综述》，新华社2016年4月11日。

转变"。① 通过不懈努力，全国重点文物保护单位、省市级文物保护单位重大险情得到有效排除，馆藏珍贵文物保存环境明显改善。

三是社会参与度不断增强，文物工作（包括保护、利用等方面）进一步向社会公众开放。博物馆深入融入公共文化服务体系，承担教育功能日益显现；社会力量参与文物保护的渠道多样，非国有博物馆发展迅猛，社会收藏与鉴赏文物的热情高涨，"一个以保障公民公共文化鉴赏权益、以博物馆免费开放为核心内容的博物馆公共文化服务体系初见成效"。②

四是管理手段和方式逐步完善，以《文物保护法》为核心的法律制度不断完善，执法力度不断加强。

上述四方面发展态势，表明文物保护、管理与利用工作正朝着一个较好的方向良性发展，而这也是在今后事业发展中必须进一步坚持的。

（二）制约发展的薄弱环节

随着我国经济社会的快速发展和深刻变革，文物工作明显存在一些不适应的地方，尚有不少短板。③ 笔者认为，其中尤为突出的问题有：

一是人才队伍紧缺且素质参差不齐。从管理队伍来看，目前全国文物行政管理人员不足万人，70%以上省级文物行政部门管理层级不规范、内设机构不健全；75%以上市、县政府未设置文物行政机构，45%以上的市、县无文物行政编制。但迫在眉睫的问题是技术人员异常匮乏。据2010年统计，我国目前从事专业文物修复的人才不到500人，技术成熟的文物修复专家也就400人左右。④ 国家文物局发布的《全国文博人才发展中长期规划纲要（2014～2020

---

① 参见《励小捷：保护 利用 传承 发展——国家文物局党组书记、局长励小捷答本报记者问》，《学习时报》2015年9月28日第2版。

② 参见《励小捷：保护 利用 传承 发展——国家文物局党组书记、局长励小捷答本报记者问》，《学习时报》2015年9月28日第2版。

③ 根据国家文物局归纳，其突出问题主要在五方面：一是各类文物违法案件多发、火灾事故频发，二是法人违法高发频发，三是低级别文物特别是一般文物消失加快，四是文物流通市场乱象丛生，五是社会力量参与文物保护的机制尚未形成，政府、社会、公民在文物保护方面还没有形成合力。并认为主要原因在于：一是文物系统行政管理机构和人员严重不足，难以适应新形势下对文物工作的要求；二是文物行政执法队伍严重不足参见《在新的历史起点上进一步推进文物事业改革与发展——国家文物局学习思彻〈国务院关于进一步加强文物工作的指导意见〉座谈会发言摘编》，国家文物局：http://www.sach.gov.cn/art/2016/3/17/art_722-129219.html. 访问日期：2016年3月17日。

④ 吴春龙：《对文博修复人才短缺的思考》，《中国文物报》2010年6月10日第4版。

年)》指出,人才总量短缺,队伍结构不合理,人才素质偏低,特别是高层次领军人才、科技型专业技术人才、技能型职业技术人才、复合型管理人才严重匮乏。

二是文物事业内部发展不均衡,文物被消失、被破坏的被动局面得不到根本扭转。发展不均衡体现在:在不可移动文物中,全国重点文物保护单位保护工作普遍受到重视,相关利用措施也比较到位,而市县级文物保护单位和尚未列入文物保护单位的文物点,重视程度明显不够,保护状况堪忧,特别是尚未列入文物保护单位的文物点消失过快,已经引起中央领导的高度重视;根据国家文物局 2009 年"文物保护单位管理体制调研"工作收集的资料,"无人使用"的文物保护单位比例在五分之一以上。① 在可移动文物中,知名的大型博物馆目前在藏品保护、研究、管理、展示和服务水平上都有明显提高,丰富的展品和展示手段成为吸引更多观众、更好发挥社会教育功能的有力保障,国家级和省级博物馆等重点博物馆保管的珍贵文物保护的整体状况,远远好于地市级博物馆保管的文物,基层博物馆馆藏文物损毁问题较为突出。据调查,我国三分之二博物馆面临生存困难,而这些绝大部分都是中小型博物馆。② 据有关统计,全国博物馆中 98%~99% 属于的中小型博物馆,规模较小,藏品较少,条件较差。③

三是开放性和服务社会、服务大众的能力不足。不仅社会力量的重视与吸收程度不够,甚至行业内部的相关衔接和沟通也不充分。相关衔接问题主要突出表现在文物保护规划与文物保护工程实施并没有实现无缝对接,考古工作与规划编制工作配合、沟通不够等等。这些问题表明目前在管理手段和方法上比较粗放,科学化、现代化、精准化管理还远远谈不上。此外,相当一批从业者囿于传统的、狭隘的专业、技术范畴,对文物保护、服务社会经济发展、服务大众精神文化需要的根本使命认识不清、行动不力。

---

① 金瑞国、刘赪娜:《文物保护单位管理体制调研与分析》,中国文物信息咨询中心:http://www.cchicc.org.cn/tabid/81/InfoID/76/Default.aspx. 访问日期:2011 年 3 月 23 日。

② 翟群:《博物馆开发文化创意产品:"小商店"如何做出"大产业"》,《中国文化报》2013 年 6 月 20 日第 2 版。

③ 王学涛、刘怀丕:《博物馆:春天里的烦恼》,半月谈网:http://www.banyuetan.org/chcontent/gjgn/sz/201359/2367.html,访问日期:2013 年 5 月 10 日。

二、规划编制方法探讨

(一)对《国家文物博物馆事业发展"十二五"规划》的认识

《国家文物博物馆事业发展"十二五"规划》是国家文物局全面开展研究编制的第一个规划。国家文物局委托专业科研机构开展了大量研究工作,在行业规划编制方面探索了较多经验。

另外,国家文物局也组织北京化工大学作为第三方机构,对规划实施效果进行评估。从规划实施情况的总体状况来看,主要目标实现程度良好:5个约束性发展指标(6个考察项)基本达到或超过规划中期预期,[①] 10个预期性发展指标(40个考察项)88%达到或超过规划中期预期;[②] 各项主要任务和重大工程稳步推进,20项主要任务和23个重大工程(208个考察项)96%达到或超过规划中期预期。[③] 同时,在评估中,对规划实施中的突出问题也进行了剖析,主要问题有:一些开创性、探索性工作,如文物保护技术创新联盟组建、国家文物安全综合试验区(示范单位)建设等推进缓慢;未纳入中央财政补助范围的项目,如县级文物管理所建设工程、考古现场文物保护移动实验室建设等,进展迟缓;地方性投入差异较大,任务完成不均衡,特别在地市级博物馆库房和区域文物中心库房建设,市级、县级博物馆建设等方面尤为明显;保障规划实施的政策措施,如文物保护法修订,文物保护、利用、管理体系、制度体系、标准化体系的建立健全,文物博物馆教育纳入

---

① 世界文化遗产保护规划编制启动率达到80%;150处大遗址保护规划编制启动率达到82%;国有博物馆一级文物的建账建档率达到100%;文物博物馆一级风险单位中文物收藏单位的防火、防盗设施达标率为92%;每个地级市以上中心城市拥有1个功能健全的博物馆进展接近预期。

② 全国博物馆总数超过规划预期(3 500个),达到3 866个;免费开放博物馆、纪念馆总数接近规划预期(2 500个),达到2 417个;全国博物馆年均举办陈列展览个数超过规划预期(1万个以上),达到20 115个;全国文博单位年接待观众数量超过规划预期(5亿人次以上),达到5.64亿人次;文物保护工程勘察设计甲级资质、施工一级资质和监理甲级资质单位接近规划预期(300家),达到243家;省级文物行政执法机构建成率接近规划预期(70%),达到62%;国家一级博物馆的文物安全监测平台建设率接近规划预期(100%),达到92%;完成了三年一轮的世界文化遗产监测巡视工作;全国文物博物馆干部培训人次接近规划预期(15 000人次),达到11 000人次。

③ 文物普查登录制度建设,文物博物馆法制、标准化建设,文物保护、管理体系建设,不可移动文物、可移动文物保护、文物安全、博物馆建设、社会文物管理、人才建设和对外交流等方面进行分析。

国民教育体系和义务教育体系政策制度的建立，博物馆法人治理结构建设等都亟需深入研究，有待加强完善①。

通过规划评估，可以看出，文物行业规划编制工作有一些值得反思的地方：

首先是对规划本身的定位，究竟是称为文物事业规划？还是文物与博物馆事业规划？目前在整个行业中这两个概念都在使用，并没有做明确区分。在规划定名的分歧中，可以反映出博物馆工作在文物事业中的地位及其与其他文物工作的关系并不是很明晰。

二是相关任务的提法，"十二五"规划多次提到要建成各种体系（据统计，共有11个），②要搭建各种平台（如文物安全监测平台、文物保护科技基础条件共享平台、文物预防性保护信息平台、文物博物馆公共服务平台等等）。这些体系和平台如何才算建成，并无科学的标准或具体指标，为此在规划评估时，这些内容都比较难以评估。

三是规划各部分内容的关联度的考量不够充分，在主要任务、主要目标的表述上都不够统一。

四是重心不够突出，到底哪些问题是核心问题，针对这些问题、薄弱环节，有没有提出有效的解决方案，计划用五年的时间能够实现怎样的扭转或改变等等，都缺乏明确的表述。

（二）国家关于规划编制的新要求

事业发展，规划先行。党中央、国务院高度重视"十三五"规划的编制工作。十八届五中全会通过了《中共中央关于制定国民经济和社会发展第十三个五年规划的建议》，为整体提供了指南。李克强总理高度重视规划编制工作，对规划编制提出系列具体要求，强调要在转变发展方式、破解深层次矛盾上奋发有为，更加注重以解决长远问题的办法来应对当前挑战，强调既要以五年为主，衔接2020年全面建成小康社会各项目标，又要考虑更长时期的远景发展。特别要重视研究一批对经济发展和结构调整全局带动性强的重

---

① 参见《国家文物博物馆事业发展"十二五"规划 实施中期评估报告》，《中国文物报》2014年3月29日。

② 它们分别为文物保护体系、文物博物馆理论体系、文物博物馆法律体系、文物博物馆管理体系、文物博物馆安全体系、博物馆体系、文物博物馆公共文化服务体系、文物博物馆人才队伍体系、文物博物馆科技创新体系、文物博物馆社会参与体系、文物博物馆传播体系。

大工程，对推进社会建设、生态环保、改善民生作用显著的重大项目，对解决突出矛盾、增进公平效率有力有效的重大政策。

为此，研究编制好文物事业发展"十三五"规划，既要深入贯彻落实党中央、国务院关于文物工作总体部署，同时也要落实编制的具体要求，科学论证"十三五"时期的发展方向、目标任务、实现路径和重大举措，更加注重抓主抓重，把着力点放在关键目标和主要任务上，使规划切实能"落地"。

三、"十三五"时期文物事业发展面临的形势

（一）国内综合发展形势

"十三五"时期，世界多极化、经济全球化、文化多样化、社会信息化深入发展，我国进入实现全面建成小康社会宏伟目标的决胜阶段。党中央、国务院对文化、文物事业发展提出新要求。文物事业在弘扬社会主义核心价值观、传承中华优秀传统文化、满足人民群众基本文化需求的地位和作用越来越突出，在促进经济社会发展，推进新型城镇化建设和公共文化服务体系建设，助力国家"一带一路"战略，扩大中华文化国际影响力等方面肩负日趋重要的时代使命。

从经济形势来看，我国经济社会发展将全面进入"新常态"，工业化、信息化、城镇化、农业现代化同步深入发展，经济增速从高速增长转向中高速增长。对于文物事业发展来说，能继续得到国家财政的大力支持，但"十二五"期间投入井喷式增长的可能性不大，同时在支出比例和绩效要求方面会提出更严格的要求。另外，人民生活水平和质量普遍提高，居民收入持续增长，教育、文化等公共服务体系更加健全，人民群众精神文化需求也将快速增长，全社会参与文物保护利用的诉求将持续高涨，特别是文物鉴赏需求及非国有博物馆建设等应会有更高的需求。此外，在经济持续增长过程中，城市化进程也不断加速，因城市扩大、人口扩张而造成的文物保护与城市建设之间的冲突会日益加剧，对文物保护工作带来更加严峻的挑战。

从文化事业发展环境来看，公共文化服务体系基本建成，文化产业成为国民经济支柱性产业，中华文化影响持续扩大，特别是《国民经济和社会发展第十三个五年规划纲要》中对文化文物事业的宏观概述和重大工程的设计，为文物事业的快速发展描绘了蓝图。为此，文物事业如何在公共文化服务体系建设中发挥更大作用，如何助力于文化产业成为国民经济支柱性产业，这既给文物事业带来机遇，同时也带来巨大考验。

从科技创新来看,"十三五"时期是我国迈向创新型国家和人才强国行列的关键时期,重点领域和关键环节核心技术将取得重大突破,科技成果转化会有新的提高。这些都对文物保护技术水平的提升有巨大促进作用,促进文物保护在技术水平、科研成果的转化和应用方面会有新的提升,尤其是国家对"工匠精神"的高度重视,将极大促进文物保护传统技艺的发掘和传扬。同时中国制造2025、"互联网+"等国家战略实施,一批重点国家实验室的建设,均会极大助力文物科技事业的发展,成为文物事业发展的强大科技支撑。

随着经济社会的快速发展和深刻变革,文物工作也出现了一些新情况、新问题。特别是随着文物类别的拓展,被纳入保护的文物资源数量成倍增长,保护的范围大幅度拓展。[①] 文物数量的倍增意味着保护任务的倍增,保护的质量要求越来越高,保护管理的任务更加艰巨。目前全国文物专业人员严重不足,文物专业人才、专项经费"倒三角"现象明显,各类文物违法案件多发,火灾事故频发,文物流通市场乱象丛生,文物保护和利用的科技水平急待提高,文物工作人员队伍力量薄弱,保护管理的能力建设亟待加强。所以,从总体上看,文物事业发展既有历史机遇,也面临巨大的挑战。全面深化文物事业改革,努力加强宏观管理,积极推进文物事业治理体系和治理能力现代化建设,促进文物工作能力进一步提升,提高文物资源的社会效益,打造开放型文物工作的新格局,既是"十三五"期间文物事业的必然要求,也是广大文物工作者的职责与使命所在。

(二) 世界文化遗产保护的新趋势

纵观世界各国文化遗产保护的理论和实践,可以看出世界文化遗产保护呈现出鲜明的发展趋势:

一是文化遗产保护成为国际社会的共同道德准则。2001年,联合国教科文组织世界遗产委员会通过了《世界文化多样性宣言》。《宣言》赋予遗产以文化的价值与意义,并以之作为对未来、可持续发展的世界整体建构的重要依据。2005年,联合国教科文组织第33届大会通过的《保护文化内容和艺术表现形式多样化公约》,正式将文化多样性原则纳入国际法律文书。2015年,联合国教科文组织总干事博科娃在第39届世界遗产大会开幕式上的致辞

---

① 我国不可移动文物数量十年间从约40万处增加到76万处,增加近一倍;全国重点文物保护单位一至六批共有2 352处,第七批公布后达到4 296处,增加近一倍;馆藏文物十年间从1 000多万件(套),增加到3 000多万件(套),增加近3倍。

指出,对世界遗产的破坏是人道主义危机和安全危机关键的一部分,保护世界遗产与保护人类的生命安全密不可分。①

二是对文化遗产价值认识逐步深化,遗产类型不断丰富。2005 年 ICOMOS 出台的《世界遗产名录:填补空缺——一个未来的行动计划》研究报告,提出世界文化遗产的遗产类型、文明的时代和区域、文化主题三种框架体系,特别是后两种框架超出了从 1972 年《世界遗产公约》关于由纪念物、建筑群和遗址所构成的文化遗产的概念和《实施世界遗产公约指南》中 6 条标准所构成的遗产内容。目前世界遗产的外延从"历史古迹"(Historic Monument)转变为"文化意义"(Cultural Significance),涉及遗产新类型包括了水下遗产、乡土遗产、遗产环境、文化线路、场所精神、遗产价值的场所、工业遗产等。除了水下遗产、乡土遗产和工业遗产之外,其余均是以"文化(Cultural)"为基础建立的复合的文化遗产类型。2008 年 ICOMOS 出台的《世界遗产名录:什么是突出普遍价值?世界文化遗产属性的突出普遍价值定义》研究报告。报告中探讨了突出普遍价值属性下的《操作指南》的 7 项标准建立的过程、原因以及使用条件,从而建立了一个完整的、可操作的价值评估体系。因此,该报告被视为新的世界遗产保护理念的成型标志。② 美国盖蒂保护研究所自 20 世纪 90 年代起进行的遗产价值研究及其"基于价值/以价值为核心的保护规划"已经成为国际文化遗产保护领域的重要方法。

三是保护内容逐步拓展,保护模式从"技术核心"拓展到"综合管理"。早期的保护建立在修复的基础之上,而现在遗产保护不再局限于修复的范围,更多地与预防结合在一起,保护的内容包括了预防、治理和修缮等各方面,可以说极大地丰富了文化遗产保护的内容。在保护模式上,将文化遗产保护视为公共政策的重要内容。1990 年之前的文件中,"保护和修复"是建筑遗产保护的核心措施。③ ICOMOS 的纲领性文件《威尼斯宪章》的基础就是"绝对有必要为完全保护和修复古建筑建立国际公认的原则,每个国家有义

---

① 《第 39 届世界遗产大会在波恩开幕》,新华网 http://news.xinhuanet.com/2015-06/29/c_1115748239.htm,访问日期:2015 年 6 月 29 日。
② 史晨暄:《世界遗产"突出的普遍价值"评价标准的演变》,清华大学 2008 年博士论文,第 72 页;徐知兰:《UNESCO 文化多样性理念对世界遗产体系的影响》,清华大学 2012 年博士论文,第 65~72 页。
③ 联合国教科文组织世界遗产中心等:《国际文化遗产保护文件选编》,文物出版社,2007 年,第 53 页。

务根据自己的文化和传统运用这些原则"。围绕这一概念展开的遗产保护模式以技术尤其是修复技术为核心，而管理与利用仅作为保障性和附属性的措施。1990年之后，利用和管理的作用受到越来越多的重视，文化遗产保护与社会、经济、文化发展的关系以及相关的管理问题成为保护的重要方面。利用与管理不仅是为保护行为提供保障性和附属性条件，更是调节保护与发展关系、实现"可持续发展"的重要内容之一。B. M. 费尔登和朱卡·朱可托合作撰写的《世界文化遗产地管理指南》，从相关信息获得、管理程序、专业服务、培训、文化遗产项目的保护规划和文化旅游活动等角度，阐述了文化遗产保护管理工作的各个方面，这对我们建立和完善我国相应的管理程序有重要的参考意义。① 2011年，UNESCO通过了《历史城市景观建议书》，提出了城市文化遗产保护的系统性方法，在联合国教科文组织的文化遗产文件中，这是首个国际法规层面的、以公共政策形式进行保护的建议性文件，而不是针对特定遗产类型或保护行为提出的建议或协议性文件。②

四是数字资源成为文化遗产的重要组成部分。2003年，基于信息和创造性表达的资源生产、传播、使用和保存越来越多地采用数字化形式的认识。联合国教科文组织颁布了《保护数字遗产的宪章》，从而催生了一种新的遗产类型，即数字遗产。数字遗产概念的提出，突破了关注于工艺和技术的传统遗产观念，认同遗产的形成是一种人类文化的发展过程。同时，各国纷纷开展以文化景观、历史古迹、珍贵文物和文献档案为主的文化资源的重新认知和价值挖掘，构建以国家记忆名录为主体的数字遗产。如美国国会图书馆自1994年开始实施"美国记忆"工程，旨在将国会图书馆最重要的馆藏历史、动态影像、录音资料、史料图片等珍贵藏品进行数字化，供人们学习利用。目前已经建成包括广告、非裔美国人历史、园艺与建设等18个门类的261个专题资源库。日本2015年启动"日本遗产"遴选工程，在现有世界遗产和既定文化财体系外，计划到2020年选出100件具有代表性的"日本遗产"，以提升文化遗产的魅力。2015年4月，日本已公布首批18件"日本遗产"，涵盖24府县的112个市町村。荷兰教育、文化与科技部于2000年启动

---

① 《世界文化遗产地管理指南》，刘永孜等译，同济大学出版社，2008年。
② 赵中枢：《文化景观的概念与世界遗产的保护》，《城市发展研究》1996年第1期；侯卫东：《从遗产中的"文化景观"到"文化景观"遗产》，《东南文化》2010年第3期。

"荷兰记忆"项目，由荷兰皇家图书馆牵头，旨在建立一个囊括100多家图书馆、博物馆、档案馆珍贵馆藏资源的图片资源库。目前，该项目已经建成133个专题资源库、涵盖833 928件馆藏，涉及历史与社会、艺术与文化、地理与环境、通讯与媒体四类主题。①

未来五年，国际文化遗产保护的发展更加快速，为此如何与国际"接轨"，加大对文化遗产保护传统技术的继承和新技术的引入，体现文化遗产的多样性，在国际舞台上展示文化遗产大国的形象，也是需要在"十三五"规划中得以统筹考虑并得到很好解决。

四、文物事业发展的基本理念

习近平总书记强调，发展理念是发展行动的先导，是管全局、管根本、管方向、管长远的东西，是发展思路、发展方向、发展着力点的集中体现。十八届五中全会提出了"创新、协调、绿色、开放、共享"五大发展理念，明确提出，坚持创新是引领发展第一动力的理念，必须把创新摆在国家发展全局的核心位置，不断推进理论创新、制度创新、科技创新、文化创新等各方面创新；坚持协调是持续健康发展的内在要求的新理念，正确处理发展中的重大关系，促进经济社会协调发展，促进城乡区域协调发展；坚持绿色就必须坚持节约资源和保护环境的基本国策，坚持可持续发展，加快建设资源节约型、环境友好型社会，推进美丽中国建设；坚持开放的新理念，注重解决发展内外联动问题，坚持引进来和走出去并重，积极参与全球经济治理和公共产品供给，提高我国在全球经济治理中的制度性话语权；坚持共享的理念，必须坚持发展为了人民、发展依靠人民、发展成果由人民共享，做出更有效的制度安排，使全体人民在共建共享中有更多获得感。② 在文物事业发展规划中，要破解发展难题，实现"十三五"时期发展目标，必须坚持用五大发展理念来引领和指导各项工作。

一是坚持创新理念，把改革创新作为推动文物事业发展的强大动力。积极推进体制机制创新，努力实现治理能力现代化。推进技术创新，促进文物

---

① 韩若画等：《国内外"记忆工程"实施现状综述》，《档案学通讯》2012年第3期；周耀林等：《"世界记忆工程"的发展现状及其推进策略》，《信息资源管理学报》2014年第2期。

② 《人民日报解读习近平五大发展观念》，《人民论坛》2016年第1期。

保护新技术、新装备的运用，充分发挥互联网+等现代信息技术在科技创新中引领作用，加强网络通信、云计算、大数据等信息技术在文物保护领域中的应用，推动文物保护与现代科技融合创新，形成文物行业技术创新体系。

二是坚持协调理念，着力促进文物保护与经济建设协调发展，与区域协调发展，与城乡建设协调发展，主动围绕国家大局，自觉服务大局，为传承中华优秀传统文化、弘扬社会主义核心价值观服务，为公共文化服务体系建设、新型城镇化建设服务，助力国家"一带一路"战略，为增强中华文化国际影响力服务。

三是坚持绿色发展理念，坚持文物保护与环境协调。鼓励文物保护与绿色产业相结合，推广资源节约、环保的文物保护方式，将文物资源区域打造成文化生态名片，着力优化城乡人文环境。增强文物保护可持续发展意识，维护文物资源共享代际公平，既关注当代人的民生需求，也保护后代人的利用权益，正确处理好城市改造开发和文物保护利用关系，传承历史文脉，切实做到在保护中发展，在发展中保护，实现文物长久保存、永续利用。

四是坚持开放发展理念，着力实现合作共赢。充分发挥文物资源作为公共文化资源的功能，面向社会，依靠社会力量，吸引社会力量参与文物保护；坚持"引进来""走出去"，打破行业垄断和地域局限，促进资源开放、科研开放、人才开放，大力吸收行业内外及海内外的人才与资金参与文物保护、管理与利用。

五是坚持共享发展理念，以保障和改善民生为重点，着力增进人民福祉。围绕全面建成小康社会的总体目标，把文物资源优势转化为经济社会发展优势。在保护好历史文化街区、古村落、古民居和传统建筑设施的基础上，实现文物保护与延续使用功能、改善居住条件相统一。发挥大遗址保护和考古遗址公园建设辐射作用，带动区域产业布局调整，改善居民生活环境和生活质量。完善文物博物馆单位公共文化服务功能，深化博物馆免费开放机制，引导推进非国有博物馆免费开放。扩大文物博物馆单位公共服务范围，推动文博公共文化服务向社区和农村延伸。积极拓展文物利用传承途径，使公众在文物保护利用中有更强的参与感和更多的获得感，实现文物保护利用成果人人共享。

五、"十三五"规划结构布局

（一）坚持把文物保护作为事业发展的基础和前提

文物保护历来是文物工作的核心，也是开展其他工作的前提和基础。随着中国城镇化的加速推进，给文物保护带来巨大压力，特别是尚未核定公布为文物保护单位的不可移动文物消失加快，成为整个行业必须认真面对的事实。为此，国务院在《关于进一步加强文物工作的指导意见》中充分分析了面对文物保护的严峻形势和突出问题，专立一部分"重在保护"，从健全国家文物登录制度、加强不可移动文物保护、加强城乡建设中的文物保护、加强文物保护规划编制实施、加强可移动文物保护、加强文物安全防护、制定鼓励社会参与文物保护的政策措施等七方面进行部署。为此，在"十三五"期间，应继续强调文物保护工作在整个行业中的基础和核心地位。同时，应转变保护理念，调整工作重点和工作布局。在保护理念方面，加大预防性保护的工作力度，有效发挥规划作用，力图实现保护方式上抢救性保护与预防性保护并重。在工作重点和工作布局上，应突出分类保护的原则，加大对一般文物的保护力度，对于不同类型、不同保存状况的文物有针对性采取不同的保护方式和措施。

（二）全面推进文物合理利用

加强文物合理适度利用，积极发挥文物资源在国民经济及社会发展中的重要作用，推动文博创意、旅游等产业发展，是国家对文物工作的总要求。国务院《关于进一步加强文物工作的指导意见》中也单辟一章"拓展利用"，要求文物工作为培育和弘扬社会主义核心价值观服务、为保障人民群众基本文化权益服务、为促进经济社会发展服务、为扩大中华文化影响力服务，并就发展文博创意产业、合理适度利用提出系列举措。为此，"十三五"期间，文物利用必须提到一个更新的高度，坚持以公益为主，着力在"让文物活起来"上做文章，积极发挥文物在"文化走出去"中的作用，实现文物资源与文化创意、旅游等产业有机结合，鼓励新技术、新手段在文物利用方面的尝试，打造系列文化品牌。在加强文物价值发掘的基础上，向社会、公众提供更多正能量的文化产品，更好履行为公众进行社会教育服务的责任，担负起更多社会教育的使命。

（三）加大法治建设力度

加强文物保护，从根本上讲，不能离开法治。随着我国文物保护事业逐步纳入法制轨道，以《文物保护法》为核心的法律体系日益完善，并对文物保护管理的法律化、规范化起到了重要作用，发挥了巨大的法律威力。然而，各类文物违法案件多发，法人违法高发频发，盗掘古遗址、古墓葬犯罪活动有愈演愈烈之势。上述问题一定程度上与法律规定不够严厉、执法不到位有关。十八届四中全会对于建设法治中国提出总体要求，国务院《关于进一步加强文物工作的指导意见》中也单辟"严格执法"一章，从完善文物保护法律法规、强化文物督察、严格责任追究、加大普法宣传力度等五方面提出具体要求。因此，"十三五"期间必须将加大法治建设作为重点，在依法行政、依法管理上下功夫，在执法督察和普法宣传上提出明确举措，在责任追究方面拿出具体行动，从而全面提升文物法治能力。

（四）提高科技创新与应用水平

十八届五中全会强调必须把创新摆在国家发展全局的核心位置，让创新贯穿党和国家一切工作，必须把发展基点放在创新上。习近平总书记在全国科技创新大会上强调，实现"两个一百年"奋斗目标，实现中华民族伟大复兴的中国梦，必须坚持走中国特色自主创新道路，加快各领域科技创新。国务院《关于进一步加强文物工作的指导意见》也就进一步提高文物保护的科技含量和装备水平提出具体要求。为此，"十三五"期间，必须进一步发挥科技创新的引领作用，加强传统工艺研究与传承，推动文物保护与现代科技融合创新，有效发挥科学技术对文物保护工程的重要支撑作用，通过系列科技攻关和科技示范工程，全面提升文物保护领域的科技创新实力。

（五）突出重大项目引领作用

项目是规划的重点，也是规划目标实现的着力点。培育和实施重大项目乃是规划实施的关键环节。可以说，规划目标实现与否，关键在于重大项目的设计和落实情况。《国民经济及社会发展第十三个五年规划》在"传统文化和自然遗产保护传承"部分列入文化重大工程中，国务院《关于进一步加强文物工作的指导意见》也提出实施"互联网＋中华文明"行动计划、实施人才培养"金鼎工程"等系列重大工程。为此，"十三五"期间，应把文物事业放在国家社会经济发展总体形势下系统谋划，以重大项目为抓手，建立并完善重大项目与工程的储备机制，凝练形成一批带有全局性、长远性、与地方上下呼应的重大项目、工程，与"十二五"期间正在实施的项目、已经部署的项目和新部署的项目实现无缝对接，发挥好重大项目的支撑引领作用。通过一大批具有重大影响和示范意义的文物保护重点项目的推进，实现文物保护与利用可持续发展。

（本部分执笔人：郑子良）

简论《博物馆条例》的立法意义和执法难点

云南省茶文化博物馆　云南省茶文化博物馆曾丽云供图

《博物馆条例》是在我国博物馆事业蓬勃发展的大形势下产生的，以行政法规的地位明确了博物馆的定义和范围、突显了博物馆的公共文化服务功能、优化了博物馆藏品管理制度、构建完善博物馆法人治理结构、鼓励增强博物馆发展能力。但是，在执法过程中，博物馆备案制度、理事会制度、资金问题、文创经营、藏品来源等方面都存在绕不开的执法困境和挑战，这些问题值得我们再次审视和反思。

　　2015年3月20日，国务院公布的我国博物馆行业第一部全国性法规文件《博物馆条例》（以下简称《条例》）正式施行。《条例》根据全面深化改革、全面依法治国的新要求和我国博物馆事业发展的实际，针对亟待解决的一些重要问题做出了明确规定，为规范博物馆监督管理、加强行政执法提供了法律依据，对于推动我国博物馆事业可持续健康发展具有重要意义。《博物馆条例》从起草到最终出台前后近十年时间，《条例》不断修正的历程，正是党和国家对公共文化服务体系建设深入思考，以及我国博物馆事业砥砺前行的见证和写照。《条例》将博物馆法治管理提到一个新的高度，也对我国文物保护法律体系的完善具有重要的促进作用。以下将围绕《条例》规定，结合当前博物馆事业发展和行业管理中存在的问题展开讨论，希望能引起读者一些思考。

一、《博物馆条例》的立法意义

（一）《博物馆条例》的出台背景

　　新中国成立以来，发展包括博物馆在内的文化事业，是国家进行社会主义文化建设的长期政策，并且在宪法中有明确规定。[①]《文物保护法》（2002）和《文物保护法实施条例》（2003）对馆藏文物的保护管理做出了明确的规定。我国也先后制定了一批博物馆方面专项法规规章，主要有：《省、市、

---

　　① 《中华人民共和国宪法》第二十二条："国家发展为人民服务、为社会主义服务的文学艺术事业、新闻广播电视事业、出版发行事业、图书馆博物馆文化馆和其他文化事业，开展群众性的文化活动。""国家保护名胜古迹、珍贵文物和其他重要历史文化遗产。"

自治区博物馆工作条例》（1979）、《博物馆安全保卫工作规定》（1985）、《博物馆藏品管理办法》（1986）、《美术馆工作暂行条例》（1986）（暂行条例第二条规定"美术馆是造型艺术的博物馆"）、《文物藏品定级标准》（2001）、《博物馆管理办法》（2005）等。

为了贯彻落实党中央、国务院有关指示精神，促进博物馆事业的发展，有效发挥博物馆功能，规范博物馆管理，国家文物局在总结部门规章《博物馆管理办法》实施经验情况的基础上，广泛征求省级文物部门、主要博物馆、部分专家以及国务院有关机构等多方面意见，形成《博物馆条例（送审稿）》（以下简称送审稿）。2007年12月24日，文化部部务会议上原则通过该稿，并于2008年1月11日报国务院法制办审议。[①]

但是，就在送审稿报送国务院法制办前后，国家对博物馆事业有了新认知、新要求，社会情势发生了重大的变化。送审稿报送法制办当月的23日，中共中央宣传部、财政部、文化部、国家文物局四部委即联合下发《关于全国博物馆、纪念馆免费开放的通知》（中宣发［2008］2号），要求"2009年，除文物建筑及遗址类博物馆外，全国各级文化文物部门归口管理的公共博物馆、纪念馆，全面爱国主义教育示范基地全部向社会免费开放"；2007年8月21日，中办、国办联合下发《中共中央办公厅、国务院办公厅关于加强公共文化服务体系建设的若干意见》（中办发［2007］21号）提出了建立覆盖全社会的公共文化服务体系的新要求；2011年3月23日，中共中央、国务院下发《关于分类推进事业单位分类改革的指导意见》，提出加强事业单位改革，建立健全法人治理结构。由于此前报送的草案中并没能体现上述社情、国情、政策的重大变化，由此导致送审稿一直处于不断修正完善过程中而难以最终出台。

近年来，我国博物馆事业驶入发展的快车道，截至2015年年底，全国博物馆总数达4 692家，其中国有博物馆3 582家，非国有博物馆1 110家；免费开放博物馆4 013家；平均29万人拥有1家博物馆。博物馆类型也从综合性、考古类博物馆占主体，发展到各专业门类博物馆琳琅满目。体制也更为灵活多样，从过去国有博物馆几乎一统天下，发展到目前非国有博物馆占据逾五分之一席位。形成中国特色博物馆体系新格局。尽管近年来我国博物馆

[①] 参见文化部《关于报送〈博物馆条例（送审稿）〉的请示》（文物报［2008］7号）。

建设取得了较大成效，但仍然应该看到，与当前经济社会发展水平和人民群众日益增长的精神文化需求相比，我国人均博物馆数量相对于发达国家仍然较少；博物馆管理运行整体还不够规范，尤其是非国有博物馆问题较多；博物馆的公共服务能力还不能完全适应社会需要；在引导社会参与、充分利用社会资金等方面，也存在比较突出的问题。博物馆数量逐年增加、类型日渐丰富、体制更为多元，与博物馆发展中多种问题并存的新形势，对博物馆法规建设提出了更高需求。

时代正在呼唤效力等级更高、内容更为丰富完善、更符合时宜的全新的博物馆法律规范。在促进文化大发展大繁荣、建立公共文化服务体系的大背景下，在中央依法治国的统一部署下，① 法制办主导修改，国家文物局配合，历经近十年打磨，《博物馆条例》终于在 2015 年 2 月 9 日得以正式公布，博物馆管理规范的效力等级提高到了行政法规层级。

《条例》之立，是"为了促进博物馆事业发展，发挥博物馆功能，满足公民精神文化需求，提高公民思想道德和科学文化素质"。《条例》第一条如果说一部法律是一张网，立法目的便是其纲。纲举则目张。立法目的不仅是永远都写在法律第一条的一句话，更是一部法律的灵魂，法律因为拥有明确的立法目的而面貌清晰，其后的条款才能因循展开。细观本条，不难看出，《条例》的直接立法目的是"发挥博物馆功能"，"满足公民精神文化需求，提高公民思想道德和科学文化素质"，这正是博物馆教育、研究、欣赏功能的体现；最终目的是为了"促进博物馆事业发展"。而"公民"二字体现了博物馆作为公共文化机构而为公众服务的功能。

《条例》适应了博物馆改革和发展的需要，进一步完善了博物馆管理制度体系，有利于发挥博物馆社会服务功能，对博物馆行业的规范有序、大繁荣大发展提供了有效法制保障。纵观《条例》全文，隐现历史印迹，折射时代特色，破解实际问题，以行政法规的较高效力层级为博物馆事业的顺利发展扬起法制风帆，为博物馆行业的科学管理保驾护航。同时也应意识到，《条例》的出台固然是一个良好的开端，宏观法律框架已然构建，但法律的

---

① 2014 年 10 月 23 日中国共产党第十八届中央委员会第四次全体会议通过了《中共中央关于全面推进依法治国若干重大问题的决定》。《决定》中提到立法的重点领域时指出：立法重点包括建立健全坚持社会主义先进文化前进方向、遵循文化发展规律、有利于激发文化创造活力、保障人民基本文化权益的文化法律制度。而博物馆的研究、教育与欣赏功能，恰恰涉及人民文化权益。

生命在于执行,《条例》之有效贯彻还有赖于具体实施细则的出台。愿认真学习、领会和贯彻该《条例》,充分激发其应有的法治力量,奏响博物馆法治管理的时代强音。

(二)《博物馆条例》的立法特色

《条例》紧扣时代脉搏,应博物馆事业发展需要而生,无论是在条文规定上还是立法技术方面,都具有一些突出的特点,取得了新的发展。具体体现在以下几个方面:

1. 明确了博物馆的定义和范围

《条例》第二条定义条款中对博物馆下了明确定义,即"以教育、研究和欣赏为目的,收藏、保护并向公众展示人类活动和自然环境的见证物,经登记管理机关依法登记的非营利组织"。从这项规定中,可以看出博物馆由目的、功能、程序和性质等四个方面要件构成。其中目的要件是"教育、研究和欣赏",功能要件是"保护并向公众展示人类活动和自然环境的见证物",程序要件是"经登记管理机关依法登记",性质要件是"非营利组织"。

《国际博物馆协会章程》中关于博物馆的定义是"博物馆是一个为社会及其发展服务的、非盈利的永久性机构,并向大众开放。它为研究、教育、欣赏之目的征集、保护、研究、传播并展出人类及人类环境的物证"。从博物馆定义角度来看,《条例》与国际章程相衔接,吸纳了其相关内容,并且首次在国内法规中明确提出博物馆的目的。

应该注意的是,《条例》对博物馆的适用范围还有一个限制性规定,即《条例》第四十五条规定的"本条例所称博物馆不包括以普及科学技术为目的的科普博物馆"。如此,通过正面和反面两方面的规定,清晰准确地界定了《条例》中所称博物馆的内涵和外延,明白无误地表达了《条例》的适用范围,理解上不致产生偏差,为《条例》的贯彻执行奠定了良好的基础。

2. 突出了博物馆的公共文化服务功能

公共文化服务体系建设是满足人民群众基本精神文化需求的主要途径,是建设社会主义文化强国的基础工程,是全面建成小康社会的重要内容。党的十八大以来,以习近平同志为总书记的党中央,将加快构建现代公共文化服务体系纳入全面深化改革全局。2015年初,中共中央办公厅、国务院办公厅印发《关于加快构建现代公共文化服务体系的意见》和《国家基本公共文化服务指导标准》,对构建现代公共文化服务体系做出了全面部署。博物馆作为公益性的非营利组织，是公共文化服务事业的重要组成部分，《条例》也在诸多条款中体现了博物馆的公共文化服务功能，强调了博物馆的公益性，这也是《条例》的亮点之一。

首先，《条例》第三条规定"博物馆开展社会服务应当坚持为人民服务、为社会主义服务的方向"，坚持"二为方向"，是我国文化文物工作中一贯坚持的原则，比如《省、市、自治区博物馆工作条例》第二条规定"博物馆工作应……坚持为工农兵服务、为社会主义服务的方向"；《美术馆工作暂行条例》第三条规定"美术馆在各级政府文化部门的领导下，要坚持为人民服务，为社会主义服务的方向"。现行《宪法》中也在第二十二条中规定了国家发展为人民服务、为社会主义服务的图书馆博物馆文化馆和其他文化事业。

其次，《条例》第四条明确规定国家鼓励社会力量依法设立博物馆，吸引社会资本投入公共文化领域，是对国家简政放权，减少行政审批项目的有效回应。同时，《条例》第五条要求博物馆行业组织应当依法制定行业自律规范，旨在培育和规范文化类社会组织，引导此类社会组织依法依规开展公共文化服务。上述规定有利于提升公共文化服务发展动力。

最后，《条例》第四章规定的是博物馆社会服务方面内容，本章规定是博物馆公共文化服务功能的集中体现。全章共计11条，数量上占《条例》总条款的四分之一强。而《博物馆管理办法》中相关内容集中在第四章"展示与服务"中只有5条，占全部条款不到六分之一的比例。两相比较，显然《条例》更强化博物馆的社会服务功能。在向公众开放方面，《条例》对开放的起始日期（自取得登记证书之日起6个月内向公众开放）和开放的时段（在国家法定节假日和学校寒暑假期间应当开放）均有强制性规定。对博物馆陈列展览的规定与《博物馆管理办法》基本相同，但更为强调展陈主题和内容的科学导向性，并要求将相关材料进行报备。同时，《条例》还规定了博物馆要将其开放时间、收费情况和优惠项目等诸事项进行公示公告。此外，本章还特别注意未成年人文化权益的保障与保护。比如，第三十条第二款规定："陈列展览的主题和内容不适宜未成年人的，博物馆不得接纳未成年人。"第三十二条规定："博物馆应当配备适当的专业人员，根据不同年龄段的未成年人接受能力进行讲解。"第三十三条第三款规定博物馆未实行免费开放的，应当对未成年人实行免费或者其他优惠。

3. 提倡建立并完善博物馆的法人治理结构

近年来，在中央和国务院文件中多次提到包括博物馆在内的文化事业单位要探索建立并完善法人治理结构，以确保公益目标的实现。这是实现政事分开、管办分离、转变管理体制的重大举措，是引进社会力量依法设立博物馆、加强博物馆社会监督的有效保障。法人治理结构包括决策机构、执行机构和章程准则三个部分，这些在《条例》中均有所体现。在《条例》第二章博物馆的设立条款中（《条例》第十一条），要求设立博物馆，应当制定章程，此处并未区分国有博物馆和非国有博物馆。而在《博物馆管理办法》中只要求非国有博物馆设立时提交博物馆章程草案（《博物馆管理办法》第十一条）。在之前的博物馆法规中，未见对博物馆章程的规定。《条例》第十一条还进一步指出章程规定的事项中应涉及博物馆的组织管理制度，这包括理事会或者其他形式决策机构的产生办法、人员构成、任期、议事规则等。《条例》第三章"博物馆管理"中的第十七条，再次强调"博物馆应当完善法人治理结构，建立健全有关组织管理制度"。这些条款规定高度呼应并集中体现了党的十八届三中全会《决定》和国务院相关文件精神，为进一步深化博物馆制度改革提供了法律依据。

4. 注意与其他法律法规的衔接

纵观《条例》全文，会发现其中有相当一部分条款援引其他法律法规规定，比如：第六条第二款："依法设立博物馆或者向博物馆提供捐赠的，按照国家有关规定享受税收优惠。"第九条："对为博物馆事业做出突出贡献的组织或者个人，按照国家有关规定给予表彰、奖励。"第十二条："国有博物馆的设立、变更、终止依照有关事业单位登记管理法律、行政法规的规定办理。"第十四条："藏品属于古生物化石的博物馆，其设立、变更、终止应当遵守有关古生物化石保护法律、行政法规的规定。"第十八条："博物馆专业技术人员按照国家有关规定评定专业技术职称。"；第二十条："博物馆接受捐赠的，应当遵守有关法律、行政法规的规定。"第二十六条："博物馆终止的，应当依照有关非营利组织法律、行政法规的规定处理藏品；藏品属于国家禁止买卖的文物的，应当依照有关文物保护法律、行政法规的规定处理。"第二十七条："博物馆藏品属于文物或者古生物化石的，其取得、保护、管理、展示、处置、进出境等还应当分别遵守有关文物保护、古生物化石保护的法律、行政法规的规定。"第三十三条第二款："博物馆未实行免费开放的，其门票、收费的项目和标准按照国家有关规定执行。"等等。上述法律条款属于准用性规则，此类法律规则本身并未规定具体的行为模式，这就要求在适用时应留心查阅其他相关法律法规的规定。与之前的博物馆法规相比，《条例》中的准用性规则明显更多，这也体现了其在制定时已经十分注意与其他相关法律法规的衔接问题，避免法律冲突和重复性规定，采取这一立法技术也使《条例》本身更为简洁、紧凑，重点突出。

二、《博物馆条例》主要条款略述

（一）法人治理结构

《条例》第十七条规定："博物馆应当完善法人治理结构，建立健全有关组织管理制度。"中共中央、国务院《关于分类推进事业单位改革的指导意见》（中发〔2011〕5号）明确提出要进一步理顺政府与事业单位的关系，"探索建立理事会、董事会、管委会等多种形式的治理结构，健全决策、执行和监督机制，提高运行效率，确保公益目标实现。"同年，为贯彻落实文件精神，国务院办公厅印发《分类推进事业单位改革配套文件的通知》（国办发〔2011〕37号），其中第四项有关法人治理结构改革，即《关于建立和完善事业单位法人治理结构的意见》。《意见》全面阐述了关于建立和完善法人治理结构的基本原则、总体要求、主要内容和组织实施等方方面面，对公益服务事业单位的治理结构和管理制度做出明确规定，为改革指明了方向。《意见》为事业单位建立法人治理结构设计了三个关键点，即理事会、管理层和章程准则。其中，理事会是单位决策监督机构的主要组织形式，根据国家法律和单位章程履行职责，接受政府监管和社会监督，其构成广泛，产生方式多样；管理层是理事会的执行机构，对理事会负责，根据理事会决议独立处理日常工作，由单位行政负责人及其他主要管理人员组成；章程规范了理事会和管理层的运行规则，以及单位各项制度，草案由理事会通过，并向登记管理机关报备。

2013年11月下发的《中共中央关于全面深化改革若干重大问题的决定》中提出，要加快事业单位分类改革，加大政府购买公共服务力度，推动公办事业单位与主管部门理顺关系和去行政化，建立事业单位法人治理结构，明确不同文化事业单位功能定位，建立法人治理结构，完善绩效考核机制，推动公共博物馆等组建理事会，吸纳有关方面代表、专业人士、各界群众参与管理。纵观几次中央文件，对于事业单位法人治理结构改革从最初的"初步探索",到"全面阐述",再到"明确不同文化事业单位功能定位",思想愈加成熟,要求愈加明确,意味着事业单位法人治理结构改革全面铺开。

这一有关事业单位的重大改革精神,在《条例》中也得到体现。《条例》明确要求设立博物馆应当制定章程,章程中应当规定本馆的组织管理制度,① 这对于推进博物馆管理体制机制创新具有重要的作用。章程中应当明确规定举办单位与理事会、理事会与管理层的关系,包括理事会的职责、构成、会议制度,理事的产生方式和任期,管理层的职责和产生方式等。② 无论是国有博物馆还是非国有博物馆,作为决策机构的理事会,吸收社会人士代表、服务对象或其他利益相关方代表担任理事,使其构成社会化、多元化,是博物馆开放性、公益性的重要体现和保证。《博物馆管理办法》中要求"申请设立非国有博物馆的,应同时提交博物馆章程草案",对设立国有博物馆的,却没有提出明确要求。但是随着我国博物馆理事会制度的全面推进,加之《条例》中已有明确规定,可以预见,国有博物馆的法人治理结构即将加速建设。

为了做好法人治理结构的改革建设工作,中央编办登记管理局在全国确定了35家事业单位作为直接联系的法人治理结构建设试点单位。本次试点,旨在探索一种全新的事业单位管理体制和运行机制,在体制上实现政事分开、政资分开、管办分离的法人治理结构形式,充分调动举办单位,事业单位法人以及事业单位员工的积极性,将事业单位法人治理结构建设推向深入,使事业单位各项事业能够更好地发展。

试点单位中包括两座文化系统博物馆,分别是汉阳陵博物馆和云南省博物馆。以汉阳陵博物馆为例,2015年2月2日,该馆理事会、监事会正式成立,通过《汉阳陵博物馆章程》,开启了法人治理结构下的全新管理模式,取得了良好效果。根据章程,理事会、管理层监事会之间的关系为:理事会是领导核心,负责重大事项的决策;管理层是执行机构,负责执行理事会的各项决策;监事会是监督机构,负责对理事会、管理层履职情况的监督。理

---

① 《博物馆条例》第十一条:"设立博物馆,应当制定章程。博物馆章程应当包括下列事项:(三)组织管理制度,包括理事会或者其他形式决策机构的产生办法、人员构成、任期、议事规则等……"

② 国家文物局:《博物馆条例释义》,中国法制出版社,2015年,第56页。

事长和外部理事的认真履职是理事会制度高效运转的重要保障。汉阳陵博物馆的理事长同时也是陕西省文物局副局长，具有理事会召集和行政管理的双重职能，能够对汉阳陵发展提供较大支持。外部理事中，不乏博物馆行业专家、资深旅游管理专家和驻地政府代表，可以从不同角度为汉阳陵发展提供思路和必要支持。理事、监事参与决策，指导管理层实现科学规范管理，取得了实际效果。实行法人治理结构以来，汉阳博物馆 2014、2015 连续两年，在年度目标任务考核中被省文物局评为先进单位。

广州博物馆、湖北博物馆、青岛市博物馆、内蒙古博物馆、湖南省博物馆、贵州省博物馆等一批国有博物馆已经陆续成立了理事会，并通过了博物馆理事会章程，开始向法人治理的方向迈进。

实际上早在民国时期成立的博物馆，就曾组建董事会或理事会，开始尝试采用法人治理的管理模式。比如，1914 年（民国三年）3 月成立的中华博物院，乃私人团体组建，性质相当于今天所说的非国有博物馆。中华博物院采用董事会治理模式，并起草了《中华博物院组织大纲》。再比如 1925 年 10 月 10 日成立的故宫博物院，清室善后委员会作为筹备单位起草了《故宫博物院临时组织大纲》《故宫博物院临时董事会章程》《故宫博物院临时理事会章程》等文件，确立了法人治理结构。还有隶属于河南省教育厅的河南博物馆，1927 年（民国十六年）6 月建馆。由河南省教育厅颁布的《河南博物馆组织条例》（1931 年 1 月 20 日）就明确规定"本馆设理事会"，以决议重要事项。以上列举的三家民国时期的博物馆既有公立的，又有私立的；既有中央级别的，又有地方一级的，从其章程、组织大纲或组织条例中可以看出，均采用的是法人治理结构。以董事会或理事会作为决策机构，是法人治理的重要特点。以上三家博物馆的组织文件在人数限制、人员构成、产生方式、会议制度、职责和任期等方面的规定均有共通点，也与前述文件精神有一致之处。这些博物馆在法人治理方面的经验和实践值得今天的博物馆学习和借鉴。

（二）藏品管理

《条例》第二十二条规定："博物馆应当建立藏品账目及档案。藏品属于文物的，应当区分文物等级，单独设置文物档案，建立严格的管理制度，并报文物主管部门备案。"藏品登录是博物馆藏品管理中的一项基础工作。《条例》这一规定与国际准则相一致，比如《国际博物馆协会职业道德准则》(2004) 指出："确保博物馆临时或永久接受一切物品得以恰当的、全面地做出记录，以利于证明出处、鉴定断代、记录状况并进行处理，是一项重要的专业职责"。完整规范的博物馆账目和档案，能够真实反映博物馆藏品管理全过程，有利于防止博物馆资产流失，有利于维护国家文化完整与安全。《博物馆藏品管理办法》（1986）、《文物藏品档案规范》（2009）、《馆藏文物登录规范（WW/T0017—2013）》（2013）等一系列法规文件的出台，为藏品登录工作有效开展提供了有力支撑。

《条例》第二十一条规定："博物馆可以通过购买、接受捐赠、依法交换等法律、行政法规规定的方式取得藏品，不得取得来源不明或者来源不合法的藏品。"藏品来源真实合法是博物馆的道德底线，是一个负责任的文化机构应该坚守的职业准则。博物馆不得取得来源不明或者来源不合法的藏品，接受捐赠应当遵守有关法律、行政法规的规定。这是一条国际公认的博物馆收藏原则。《国际博协章程》及其《职业道德准则》都要求博物馆不得收藏来源不合法或是来源不明的物品。《关于禁止和防止非法进出口文化财产和非法转让其所有权的方法的公约》（1970）中也提到缔约国博物馆应保证根据普遍公认的道义原则汇集藏品，并要求缔约国采取必要措施防止本国领土内的博物馆获取来源于另一缔约国非法出口的文化财产。

藏品是博物馆赖以生存的物质基础，藏品安全是博物馆藏品管理的重要目标。《条例》分别对藏品安全管理措施（第二十四条）、相关人员离任藏品移交（第二十三条）、藏品处置（第二十五、二十六、二十七条）等工作做出明确规定。

（三）社会教育

《条例》第三十四条第一款规定："博物馆应根据自身特点、条件，运用现代信息技术，开展形式多样、生动活泼的社会教育和服务活动。"博物馆教育是博物馆的核心要素之一，也是博物馆社会性、公益性的具体体现。我国也在逐渐养成博物馆教育的现代理念。现代博物馆教育越来越提倡分众化教育，即把教育对象细分为不同群体，再根据不同群体的特点和需求制定个性化的教育内容。国家十分重视博物馆青少年教育。比如在《国务院关于深入推进义务教育均衡发展的意见》（国发［2012］48号）中就明确指出，博物馆等机构要积极开展面向中小学生的公益性教育活动。管理部门也要努力创造条件。国家文物局于2014年印发的《关于开展"完善博物馆青少年教育功能试点"申报工作的通知》中也提出了馆校联合、逐步推进的思路，即具有良好博物馆青少年教育工作基础的国有博物馆与本地区教育部门、中小学建立合作关系，以此探索实现博物馆教育资源利用最大化的有效途径和手段并向全国推广。《关于加快构建现代公共文化服务体系的意见》（中办发［2015］2号）提出"将中学生定期参观博物馆、美术馆、纪念馆、科技馆纳入中小学教育教学活动计划"。在上述倡导青少年博物馆教育的大环境下，《条例》针对青少年的学校教育做出了具体规定，[①] 将中央和国家文件中关于学校和博物馆合作、博物馆建立教学实践基地等要求进一步上升为法规。这些文件和规定有力推动了博物馆教育的发展，也为博物馆教育最终纳入国民教育体系提供了前所未有的机遇。

事实上，在做好青少年教育的同时，博物馆的学前儿童教育功能也不容忽视。这一点上我国大部分博物馆还做得不够。我国著名教育家陶行知曾强调六岁前教育的重要性："儿童学者告诉我们凡人生所需要的重要习惯、倾向、态度多半可以在六岁以前培养成功。"因此，学前儿童是一个特殊群体，应该引起博物馆教育工作者的重视。博物馆应努力提供适合学前儿童的教育设施和项目内容。比如，更低一些的橱窗玻璃，以便让孩子们自己就能轻松地看到展品；开设幼儿活动专区，或者专属学前儿童的博物馆网站；与家长和幼儿园相配合，成为家庭教育和幼儿园教育的辅助场所，等等。另外有条件的博物馆还可以专门招聘一些熟悉幼儿教育的工作者或者是志愿者，帮助博物馆学前教育取得更大的成效。

成立于1988年的美国史密森早教中心可谓博物馆学前儿童教育的典范，其教育理念和实践都值得我们学习。史密森早教中心联合国家自然历史博物馆，面向3个月到6岁的低龄孩童开设家庭工作坊。工作坊设置在美国国家自然史博物馆的早教教室，面向所有家庭开放。它由具备早期儿童教育和博物馆教育经验的工作者带领，旨在通过有计划的活动鼓励孩童的创造力，提升他们的读写和批判思考能力，并使参与者分享经验。工作坊围绕某一主题展开，每个主题持续四个星期，每次活动在两个小时左右，包含博物馆参观与教室活动等形式。同时，工作坊将这部分儿童按3~18个月、1.5~3岁及3.5~6岁细分，根据他们不同的身心发展阶段推出有

[①]《博物馆条例》第三十五条："国务院教育行政部门应当会同国家文物主管部门，制定利用博物馆资源开展教育教学、社会实践活动的政策措施。地方各级人民政府教育行政部门应当鼓励学校结合课程设置和教学计划，组织学生到博物馆开展学习实践活动。博物馆应当对学校开展各类相关教育教学活动提供支持和帮助。"

针对性教育项目。①

(四) 经费保障

《条例》第五条第一款规定:"国有博物馆的正常运行经费列入本级财政预算;非国有博物馆的举办者应当保障博物馆的正常运行经费。"这说明从法规层面,明确了国有博物馆和非国有博物馆经费保障的责任主体,其中国有博物馆的正常运行经费由同级政府财政承担,非国有博物馆的正常运行经费由举办者负责。鉴于博物馆的公益属性,国家鼓励博物馆通过多种途径充分利用社会资金以实现自身可持续发展(《条例》第五条第二款)。② 同时,《条例》第六条规定了税收优惠的鼓励政策,即"依法设立博物馆或者向博物馆提供捐赠的,按照国家有关规定享受税收优惠"。

《条例》中这些规定,也反映出我国博物馆的资金来源从单一财政投入向多元化资金投入转变的现状。事实上,博物馆对社会资金的利用在国际上非常普遍,即使是国有博物馆,比如法国的卢浮宫、英国的大英博物馆,社会资金在其整个资金构成中也占据不可小觑的比例。国外的博物馆往往通过出售门票、争取和接受捐款、投资、开展经营、收取会员费等多种途径利用社会资金。

为给博物馆吸收社会资金提供有效保障,《条例》明确了针对博物馆捐赠者的税收减免制度,③ 以刺激社会资金进入博物馆。这也是国际社会通行

---

① 蒋臻颖:《我国博物馆学前儿童教育问题探析——以史密森早教中心为例》,《博物馆研究》2015年第2期(总第130期)。

② 《博物馆条例》第五条第二款:"国家鼓励设立公益性基金为博物馆提供经费,鼓励博物馆多渠道筹措资金促进自身发展。"

③ 《博物馆条例》第六条第二款:"依法设立博物馆或者向博物馆提供捐赠的,按照国家有关规定享受税收优惠。"其中条文中提到"国家有关规定"主要有:

A. 《关于进一步完善文化经济政策的若干规定》(国发〔1996〕37号)第二条:"为鼓励社会力量资助文化事业,纳税人通过文化行政管理部门或批准成立的非营利性的公益性组织对下列文化事业的捐赠,在年度应纳税所得额3%以内的部分,经主管税务机关审核后,在计算应纳税所得额时予以扣除:(一)对国家重点交响乐团、芭蕾舞团、歌剧团和京剧团及其他民族艺术表演团体的捐赠。(二)对公益性的图书馆、博物馆、科技馆、美术馆、革命历史纪念馆的捐赠。(三)对重点文物保护单位的捐赠。"

B. 《中华人民共和国公益事业捐赠法》(1999)第二十四、二十五、二十六、二十七条,分别针对公司和其他企业、自然人和个体商户和境外三种不同的捐赠主体规定了相应的税收减免;

C. 《中华人民共和国企业所得税法》第九条;

D. 《中华人民共和国个人所得税法》第六条。

做法。在美国目前的文化促进政策中，占据最大份额的就是对公益捐赠实施免税的政策，这种间接支持政策极大影响了美国的文化发展模式。比如有着官方背景的旧金山亚洲艺术馆，市政府只承担水电费和市政府聘用员工的薪水，其他运行费用都是依靠社会捐赠。

《条例》还提出博物馆可依法享受税收优惠。但这里要明确的是，税收激励机制根源于博物馆作为非营利组织的公益性，所以对博物馆进行税收减免优惠首先要区分经营性收入和非经营性收入，制定相关标准规范，以明确哪些收入可以免税、哪些收入可以抵扣、哪些收入依然应当按规定纳税。

（五）博物馆文化创意产品开发

《条例》第三十四条规定："国家鼓励博物馆挖掘藏品内涵，与文化创意、旅游等产业相结合，开发衍生产品，增强博物馆发展能力。"文化创意产品，又可简称为文创产品，可以说是艺术衍生品的一种，它利用原生艺术品的符号意义、美学特征、人文精神、文化元素，对于原生艺术品进行解读和重构，通过设计者自己对于文化的理解，将原生艺术品的文化元素与产品本身的创意相结合，进一步形成一种新型文化创意产品。文创产品规模化后逐渐形成一种新兴产业，即文化创意产业。早在《国家"十一五"时期文化发展规划纲要》中就已明确提出了国家发展文化创意产业的主要任务，全国各大城市也都推出相关政策支持和推动文化创意产业的发展。文化创意产业在我国甫一萌发便迅速蓬勃发展。本条旨在鼓励利用博物馆馆藏资源开发文化创意产品，促进文化传承传播和博物馆自我发展，事实上，这在国际上也已是通行做法。深入发掘馆藏文化资源，推动文化创意产品开发，有利于推动沉淀的文化资源真正活起来，传承弘扬优秀文化；有利于推动文化文物单位转变理念、提高效能，提升服务能力，丰富服务内容，实现自我优化。博物馆＋文化创意产业，进行商业经营，将形成新的经济增长点，是我国供给侧改革的重大举措，将在稳增长、促消费中发挥重要作用。

在让文化遗产活起来的大背景下，文化创意产品从文博单位的角度来说是"文化的传播"，从旅游的角度来说是"满足游人购物的需要"；从市场的角度来说是"企业生产行为"。因此在文博单位占有资源，企业占有市场的现实状况下，发展之路就是"文化遗产＋"，让文人加商人，变文物资源为文化产品和商品，形成产业链，达到文化传播，民众受益，经济发展的综合目标。

国家层面的博物馆文化创意产品开发经营试点尚未正式确立，但是实践中已经有一些博物馆已经在文创实践中取得了良好的经验值得借鉴和学习。比如南京博物院的文创实践，博物院专门设立了文化创意部，2012年9月成立了江苏省博物馆商店联盟，以"博物馆文化创意产品是陈列展览和社会服务的组成部分，博物馆商店是历史文化宣传的窗口"为理念，积极探索如何让文物走向寻常百姓家。南京博物院文创商店共有典藏、书籍、文具等七大类产品，兼顾艺术性和实用性，尽可能满足各个层次消费者需要。博物院还通过举办创意大赛、授权第三方文创开发等形式丰富创意产品。此外，博物馆商店联盟，采用先进的连锁管理运营模式和市场营销理念，依据共同的章程、规则，最大程度降低设计、开发成本，引领全省博物馆文创产业的发展。[①]

三、《博物馆条例》的执法困境与对策

《条例》执法工作首先涉及法的适用问题。《博物馆条例》与《博物馆管理办法》的效力等级相比，前者属于行政法规，是上位法，后者属于部门规章，是下位法。根据"上位法优于下位法"的法律适用的基本原则，应优先适用《条例》。但是，值得注意的是，《博物馆管理办法》并没有因为《条例》的实施而被完全废止。根据规定，法律的废止有以下几种情况：

（1）法律本身规定了有效期限，期限结束，该法即自动终止；

（2）法律为某一特定情况而制定，一旦该情况消失，即应废除该法；

（3）以新法取代旧法。有的新法未明文规定废止旧法，但依"新法优于旧法"的原则，新法或者完全代替旧法，或者仅废止旧法与其相抵触的部分。

《条例》中并没有明确规定废止《博物馆管理办法》，该《管理办法》中也未规定有效期限和废止条件。因此，其中规定的条款只要不与《条例》产生冲突的，依然适用。具体到《条例》执法过程中的一些难点问题，本文认为有以下几个方面：

（一）关于博物馆备案制度

《条例》中的第十二、十三、十四、十五条分别规定了国有博物馆和非国有博物馆的设立、变更、终止的登记和备案情况，无论何种类型博物馆，

[①] 《立足文物资源，创意传承文化——南京博物院文化创意实践》，《中国文物报》2016年8月16日第3版。

均要求"向馆址所在地省、自治区、直辖市人民政府文物主管部门备案"。而据《博物馆管理办法》规定，博物馆的设立、变更、终止均应报省级文物行政部门审核。(《博物馆管理办法》第十、十六、十七条)可见，从《管理办法》到《条例》，从"审核"到"备案"的转变，可以说是在简政放权大趋势下，博物馆行政管理的一种适时地深度调整。

但是《条例》中并没有进一步规定备案的具体程序、内容和要求，在尚无配套法规的情况下，难免会给实践操作带来很多不确定性。为此，国家文物局于《条例》实施当日印发的《关于贯彻执行〈博物馆条例〉的实施意见》中，第二部分"国家大力发展博物馆事业，鼓励支持社会参与博物馆建设"，对博物馆备案制度做出更为具体的规定。规定具体为："要按照博物馆行业标准和规范，依法分类开展博物馆的备案工作。国有博物馆按属地原则实行分级登记管理，由上级主管部门批准成立后，依法办理事业单位登记，并由举办者向省级文物主管部门提出备案。省级文物主管部门应向符合备案条件的出具'博物馆备案确认书'并及时向社会公告；对不符合备案条件的，应依据专业标准，出具具体的指导意见，并协助其整改完善。申请设立非国有博物馆的，举办者应当向省级文物主管部门备案；并凭省级文物主管部门出具的确认书依法办理法人登记手续；不符合备案条件的，省级文物主管部门应出具明确的文字意见。"

《行政许可法》实施以后，很多审批制转变为备案制，现代行政法制视野内，备案一般被认为不具有创设权利的审批或许可性质，而是具有信息收集、信息披露、存档备查功能的行政公务行为。也就是备案并不能产生实质上的法律效果。而根据上述国家文物局《实施意见》，若国有博物馆设立备案不符合条件，主管部门协助整改完善。可见对于国有博物馆备案属于监督意义的备案。但是整改后仍未达到备案条件的，将怎样处理？《实施意见》中并未明确。而对于非国有博物馆备案，更是明确规定"省级文物主管部门出具的确认书依法办理法人登记手续"。这里的"确认书"成为后续办理法人登记手续的前置条件，实则是许可性质的备案。可见，若根据《实施意见》中的规定，条例中的"备案"并不完全符合备案制的本质。因此，条例中的博物馆备案制度还需通过相关配套法规措施，比如制定《博物馆备案管理办法》，来进行明确和补充说明。

(二) 博物馆理事会制度面临的挑战与对策

博物馆建立理事会制度的目的就是要确立博物馆决策层（多以理事会形

式）的决策地位，把行政主管部门对博物馆的具体管理职责交给决策层。但是就我国国有博物馆运行现状，财权、人事权都在政府，政府深度参与博物馆管理，甚至文物行政部门官员与博物馆领导经常性交换，所以对国有博物馆来说，有业内人士认为诸如理事会任免本馆馆长、副馆长基本是不现实的。博物馆即使成立了理事会，制定了章程，也于博物馆的实际管理并无多大影响。

关于理事会的职责，据笔者翻看几个国有博物馆的章程，发现各博物馆章程中规定的范围略有不同。比如《湖北博物馆理事会章程》中规定理事会可行使的职权有：审议湖北省博物馆发展战略、规划和重大改革发展举措；审议湖北省博物馆年度工作计划；审议湖北省博物馆年度财务预决算方案；审议湖北省博物馆年度运行评估报告；审议其他临时重大事项。湖北省博物馆理事会的职权比较简单，其职权范围基本与原有的领导班子职能相仿，未能体现出理事会的社会功能。相比之下，《广东省博物馆章程》中规定理事会基本职责更为符合理事会的社会性、决策性、独立性，其职责包括：确定本馆的使命、宗旨，并保障其实现；拟定及修订本馆章程，确定理事会议事规则；拟定本馆事业发展规划并监督执行；任免举办单位提名的本馆馆长、副馆长；审议和批准本馆的财务预决算；审议和批准本馆内部薪酬分配方案；审议本馆内设和分支机构设置方案；审议决定本馆理事会成员的聘任和解聘；沟通协调本馆与社会各界的关系，争取政府、社会对本馆事业的支持；负责筹措本馆事业发展资金；监督管理层执行理事会决议；本届理事会任期届满前三个月负责组建下届理事会，并报举办单位审核批准。根据章程，广东省博物馆理事会有权任免本馆馆长、副馆长，并承担协调对外关系、筹措发展资金等责任，可谓权力更大，社会性更强。《青岛市博物馆章程》中关于理事会职权的规定也大体如此，只是对于馆长、副馆长人选只有提名权。《内蒙古博物馆章程草案》中，规定的理事会职责相对较弱，通篇皆是诸如"确保""鼓励""提出意见和建议"之类的用词，可见该理事会主要承担咨询、指导等初级功能，并无"审议"职能，尚不能体现理事会的决策机构性质。

至于非国有博物馆的理事会制度执行情况，2014年发布的《民办博物馆规范化建设评估报告》中显示：在"根据章程成立理事会；理事中社会代表性人士不少于1/3；理事会按照章程规定有效开展活动"这一指标中，16.1%的博物馆没有得分，14.4%的博物馆只获得 8~25 分（百分制），37.6%的博物馆获得 33~50 分（百分制），即超过 2/3 的博物馆在理事会管理方面存在明显问题。非国有博物馆在法人治理方面缺乏基本组织构架，不具备决策机关、执行机关和监督机关的明确分工。

目前来说，我国博物馆理事会制度是改革的方向，但只能说刚刚启动，尤其是国有博物馆，已经制定博物馆章程的还不算多，并且章程中关于理事会职责的规定也多有不同。博物馆法人治理是我国博物馆管理制度的重大变革，从传统的行政管理向法人治理转变。这种转变是一项重大工程，不可能一朝一夕可以完成。可见，我国博物馆理事会制度从建立到完善，要经历一个循序渐进的过程，绝不能急躁冒进，还要根据博物馆的不同地域、不同性质和不同特性来分级别、分阶段地开展理事会制度建设。首先要转变观念，去行政化，将博物馆管理与政府剥离，努力减弱直至消除博物馆（尤其是国有博物馆）的行政化色彩；其次增进博物馆的社会化，一方面要求博物馆提供公共文化服务，另一方面鼓励社会参与博物馆的建设、管理、监督，并使之形成制度化。

同时，对于非国有博物馆，是否都登记为法人值得商榷。实际上，鉴于非国有博物馆之间条件差异显著，可以依据《民办非企业单位登记管理暂行条例》第十二条和《民办非企业单位登记暂行办法》第二条的规定，对于个人出资且出资人担任负责人，仅有数名职工的非国有博物馆，如个人收藏展示馆，可以作为民办非企业单位（个体）登记；对于两人或两人以上合伙举办但尚不具备法人条件的非国有博物馆，可以作为民办非企业单位（合伙）登记；而仅将两人或两人以上举办，或由企业事业单位、社会团体和其他社会力量举办的，或由上述组织与个人共同举办的，且具备法人条件的非国有博物馆登记为民办非企业单位（法人）。这样可以实现对非国有博物馆的分类、分级管理。这也需要文物部门和民政部门深入交换意见并协调沟通。

政府层面，除了下发各种推进博物馆理事会制度改革通知、指导意见，也应该结合各地实际情况和试点中取得的经验甚至教训，发布诸如《国有博物馆章程范本》之类的具体指导措施，鼓励各地结合实际情况开展多种模式的探索，健全博物馆法人治理结构，提升博物馆治理水平。

（三）资金困境与破解

目前我国国有博物馆的资金来源主要包括国家财政拨款、博物馆自身的业务性收入，以及来自企业、个人、社团的社会捐赠。其中国家财政拨款主要是用于博物馆的人员工资、办公经费以及其他事业性支出，博物馆若要扩大规模、发展事业还需寻求其他增收渠道；博物馆业务性收入，诸如搞文物复制、文创产品开发，举办培训班、开设餐厅等，但是博物馆的经营项目受地域和经济的影响收入状况差别较大；社会资金的利用方面问题更为突出，博物馆普遍缺乏系统谋划，相当多的社会捐赠由偶然性因素促成，社会资源利用取向属于内向型。甚至当笔者询问某国有博物馆负责人其利用社会资金的情况时，竟然用"讳莫如深"四个字作为回应。

非国有博物馆资金状况同样堪忧。国家文物局组织开展的2014年非国有博物馆运行评估中，资产来源信息一栏，共有524家博物馆填报，其中有244家的资产100%来自于举办者投入，占填报博物馆总数的46.6%；而举办者投入资产占总资产比例50%以下的则仅有142家，占总数的27.1%，可见举办者投入资产仍然是非国有博物馆最重要的资产来源。这说明许多非国有博物馆长期依赖甚至依附于举办者而存在，造血机能差，财务状况不佳。这一资金状况导致不少非国有博物馆的馆舍基本靠租用或借用，甚至频繁迁址，很难拥有较稳定的观众群；难以实现理想化的自我管理和独立运营，法人治理结构无法有效运行。

面对目前博物馆普遍面临的资金问题，政府和博物馆应共同努力破解困局。首先从政府层面来说：一方面，博物馆作为公益性非营利组织，其健康有序发展、资金渠道拓展离不开政府的引导、保护和监督，政府应当对博物馆拓展资金渠道有重点、有倾向性的给予财政支持，尤其对那些中小型博物馆来说，更是迫切需要的。另一方面，制定并完善相关法律政策。这一点可以借鉴国外一些做法。比如美国的所得税、遗产税和赠予税中都有明确的慈善减税项目。就其《国内税收法》来说，将艺术博物馆视为慈善组织，规定可以享受到美国政府对其特殊的税收优惠政策，包括免除财产税，免除进口艺术品进出口税和进口增值税，对艺术博物馆来说最大的优惠是能够接受金钱、实物或艺术品捐赠，这部分捐赠同时从捐赠这应税额中扣除，受捐赠的博物馆也免交联邦所得税。得益于这些税收优惠政策，美国艺术博物馆获得更多来自私人捐赠的藏品,远超过博物馆使用政府资助的预算经费购买的藏品。① 我国《公益事业捐赠法》中虽然也涉及社会捐赠,但只是提出了一些原则性框架,具体的操作细则还需进一步制定。

其次,从博物馆自身来说,一方面要健全和完善多元化的社会服务体系,增强公共服务意识,举办有特色的展览、建设优良的展陈设施、提供人性化服务;另一方面,加大宣传力度,多与政府有关部门沟通,争取资金支持;加强与社会各界的交流,通过吸收博物馆会员、给捐赠者象征性"回赠"、联合举办展览等活动,获得长期固定的社会捐赠。

(四)文创经营的提出与落地

目前博物馆搞文创,普遍面临规模小、种类不多、相对滞后、创意不足、缺乏市场运作经验、经营效率低的困局。博物馆如何搞文创经营?在我国现行体制内,国有博物馆一般属于公益一类事业单位,实行收支两条线,也就是所有的收入都要交给财政,预算要向财政部门申报,再由财政统一划拨。如果设立公司来搞文创,在现有的事业单位管理制度下,将会面临不少阻力甚至是尴尬。比如,公司员工是用本博物馆的同志还是重新招聘?如果是博物馆的同志去公司任职,那么原有的事业单位编制是不是要保留?如果公司盈利,是不是要与博物馆分成?可是按照现行的事业单位收支两条线政策,博物馆即使因公司盈利而分成,那么取得的这部分收入也不能直接用于职工工资和福利发放。公司员工的收入能不能因激励机制而随之提高?如果提高,那博物馆没来公司的其他同事会不会有意见?有的博物馆能够很好地解决上述问题,但是有的博物馆恰恰正面临这些困扰。有的博物馆成立了公司,但是被要求三剥离:人员、经费、业务剥离,如此,博物馆何来积极性?

而本应比国有博物馆更具创造性的非国有博物馆,在文创经营方面的表现也无法令人满意。2014年非国有博物馆运行评估中发现,多数非国有博物馆创意能力不足。在参评博物馆中只有61.0%的馆开展了文化产品开发。而其产品的销售情况也并不理想,在435家填报了销售额数据的博物馆中,有206家销售额为0,占总数的47.4%,其余大部分馆销售额都在100万元以下,100万元以上的39家,仅占总数的9%。

---

① 李妍:《美国税收政策如何助力艺术博物馆的发展》,《中国博物馆》2016年第1期。

相关政策还不明朗，试点工作也没有展开，一切仍在困惑之中。在现有体制下，如何增强博物馆自身造血能力？人事和分配是首要解决的问题，需要主管部门加快制定更明细的、切实可行的配套政策。另外在博物馆资源的艺术授权、文创产业的运作模式及相关激励机制等方面，要及时做好政策引导、规范和支持。

（五）博物馆的道德守候

博物馆藏品的真实可靠和来源合法是博物馆应当坚守的道德底线和职业准则。《条例》规定，博物馆可以通过购买、接受捐赠、依法交换等法律、行政法规规定的方式取得藏品，不得取得来源不明或者来源不合法的藏品。博物馆取得来源不明或者来源不合法的藏品，或者陈列展览的主题、内容造成恶劣影响的，由省、自治区、直辖市人民政府文物主管部门或者有关登记管理机关按照职责分工，责令改正，有违法所得的，没收违法所得，并处罚款；情节严重的，由登记管理机关撤销登记。当前，博物馆藏品问题备受关注，尤其是非国有博物馆的藏品问题更是饱受诟病。据国家文物局 2014 年发布的《民办博物馆[①]规范化建设评估报告》显示，近九成民办博物馆不合格，文物藏品真假不清和来源不明情况普遍存在。在评估申报材料中，各博物馆对"藏品真实可靠，有鉴定证明"指标项所要求的来源和真实性证明附件几乎都是空白。近两年炒得沸沸扬扬的"冀宝斋事件"正是这一问题的写照。

冀宝斋博物馆位于河北省冀州市。近年来，该市着力打造"九州之首"的文化品牌，2010 年，冀宝斋博物馆"应运而生"，被打造成一张地方名片。冀宝斋博物馆作为一个村级博物馆，号称收集了 4 万多件重量级的文物，顶着国家 3A 旅游景区的头衔，同时也是河北省省级科普基地、河北省少先队实践教育基地和衡水市爱国主义教育基地，冠冕堂皇地供学生们前来参观、接受教育。2013 年 7 月，一篇《少年 Ma 的奇幻历史漂流之旅》的博文，因为披露这家博物馆尽毁三观的藏品，一时间将这家村办博物馆推到媒体的聚光灯下。"冀宝斋事件"爆发之后，不几日，当地民政局在落实省文物局的

---

① 《博物馆条例》中使用的"非国有博物馆"与原有博物馆管理工作中所称的"民办博物馆"存在一定区别，前者侧重于资产属性，后者侧重于管理者属性。但由于《博物馆条例》实施时间不长，相关概念尚处于调整阶段，行政主管部门在管理活动中往往将两个概念并用。

调查指示后，撤销为其颁发的民办非企业单位登记证，冀宝斋博物馆闭馆整顿。

但是，同年8月，就有分别为故宫、国博的退休研究员，上海社科院博士生导师、中国收藏家协会某委员会主任等机构人员前往冀宝斋博物馆进行正名鉴定，并现场录制视频，比如一位国博退休研究员表示冀宝斋博物馆里真东西不少，有国家级文物，不到代的东西不少，属于标注错误，如果说四万件文物一件真的没有，那是缺乏起码常识的。故宫博物院和国家博物馆于9月初分别发布申明：除非书面授权，在职、离退休人员参加社会鉴定活动的，均属于个人行为，撇清了与此次鉴定的关系。

国家文物局也于当年的7月12日在其官网发布消息称将组织开展民办博物馆规范化建设评估工作，其中包括藏品真实可靠、有鉴定证明、来源合法等藏品管理指标。其成果便是上文提到的《民办博物馆规范化建设评估报告》。评估结果也显示目前非国有博物馆藏品的真实性、合法性问题确实相当严峻。

与上述事例中提到的藏品真实性问题并存的还有藏品合法性问题。震惊全国的新中国文物盗掘第一大案"红山大案"中的部分涉案文物流向非国有博物馆。"对于文物，一些古玩店和私人博物馆的经营者只管真假、不问来源；对于一些明显涉嫌倒卖的出土文物，盗墓者、文物贩子、收藏者相互之间也心照不宣，极力为一些涉案文物披上'合法'的外衣。"一位办案人员如是说。

针对上述问题，首先是博物馆应当坚守藏品来源正当、合法的道德底线，博物馆作为具有社会教育功能的非营利组织，若馆藏被赝品充斥，将如何开展社会教育、青少年教育？中华优秀传统文化还如何传承？如果这样的博物馆通过种种途径，评为青少年教育基地，那将严重妨碍年轻一代知识体系的构建。所以，博物馆应当加强藏品管理、保护及利用工作，不断完善藏品管理的机制与手段，为博物馆的健康发展打下良好基础。

行业组织也应充分发挥行业引领作用。《条例》第八条规定："博物馆行业组织应当依法制定行业自律规范，维护会员的合法权益，指导、监督会员的业务活动，促进博物馆事业健康发展。"行业组织要进一步规范行业管理制度，加强自律，自查自纠，对违反职业道德的会员，应及时警告甚至进行清理。行业学会、协会应利用其人才和专业优势，积极配合政府的治理工作。

相关从业人士也应洁身自好、加强专业学习，用过硬的专业知识和高尚的职业道德还中国文物和传统文化本来面目，坚决与一些心怀叵测的所谓"伪专家"或"搅局者"做斗争。

管理部门加强对博物馆的监督管理。《条例》规定各级人民政府文物主管部门负责博物馆监督管理工作。其他有关部门，诸如公安、司法、教育、工商、广电等，在各自职责范围和行政区域内负责博物馆管理工作。虽然《条例》规定博物馆设立由审批制改为备案制，博物馆在设立上取得更多主动权和灵活性，但政府部门在博物馆设立运营方面仍扮演监管者角色，要主动引导，常抓不懈，守土有责，守土尽责。相关部门联合行动，多管齐下，依法依规进行治理。建立健全博物馆藏品来源管理的法律政策，继续推进博物馆运行评估制度以及非国有博物馆规范化评估制度，并落实到各项行动中。对非国有博物馆建设本身给予鼓励，对违法违规行为坚决打击，并加强社会舆论监督。

总之，《博物馆条例》虽然有个别条款还不那么完美，但它的出台无疑具有很强的现实指导意义。无论是从行业标准化角度还是从教育低龄化角度，无论从服务社会化角度还是从各类型博物馆机会均等化角度，《条例》都可以说是为将来一段时期内我国博物馆事业的发展指明了方向。然而，法律的生命在于执行，正如上文列举的执法过程中面临的几多困境，涵盖了博物馆设立、组织架构、资金来源、经营活动及道德伦理等各方面，这些都值得相关部门和机构细细思索。与此同时，不得不说的是，面对上述法规执行中存在的一些困难，现实中或多或少还存在误区。比如博物馆理事会制度的建立，再比如博物馆发展文创产业。国家开会布置任务，地方开会落实任务，从会议到会议，如何能把文件精神真正落到实处？多少年的体制运行，多少年的思维定式，若要改变，绝非一时一日之功，就好像是一辆满载的大车，一直都是向前开，如果突然打把转向，被强大的惯性拉扯，很可能侧翻。那么又是什么造成这样的状况？笔者认为这里面可能主要存在两个方面的原因：一方面国家在制定政策时候没有就可行性必要性进行充分调研论证，也没有想好具体的配套政策，而是等着地方摸着石头过河；另一方面，对地方上来说，国家文件肯定要落实，但是，凡是可能触动现行体制机制的动作，因为担心动了既得利益奶酪而不好收场，避之唯恐不及；或者害怕不小心成为第一个吃螃蟹的人而裹足不前。所以说很多改革，很多转型问题，不能是下发一个文件，出台一个政策就能解决了的。过分迷信集权意识，很危险，在强调公众参与、强化公共服务意识的博物馆改革领域，操作起来更会比较困难。面对改革，我们要做好打持久战的准备，做好战略规划，制定配套政策，人、财、物的安排都要提前谋划。

（本部分执笔人：彭蕾）

《中国文物古迹保护准则》修订版的创新与发展

南海Ⅰ号船体临时性支护　中国文化遗产研究院供图

《中国文物古迹保护准则》2015 年版展现了中国文物古迹保护在当代社会、经济发展条件下的主要特征，反映了中国文物古迹保护的发展趋势。2015 年版在延续 2000 年版核心精神的前提下，提出了保护对象价值、保护原则、保护措施、合理利用等新的内容，对未来中国文化遗产保护具有重要意义。

中国古迹遗址保护协会修订的《中国文物古迹保护准则》在 2015 年得到国家文物局的批准。《中国文物古迹保护准则》修订版（简称《准则》修订版）反映了 2000 年之后中国从文物保护向文化遗产保护发展过程中保护观念、保护方法的发展，是未来一个时期指导中国文化遗产保护的基本文件。

2009 年 9 月，在敦煌召开"文化和自然遗产地旅游可持续发展国际研讨会"期间，中国古迹遗址保护协会童明康理事长在与美国盖蒂保护研究所内维尔·阿格纽和玛莎·迪玛斯会谈过程中讨论了《中国文物古迹保护准则》（以下简称《准则》）修订的问题。同年，国家文物局批准对《准则》进行修订，中国古迹遗址保护协会成立了以童明康理事长为首，关强常务副理事长负责，由国内各方面遗产保护专家组成的《准则》修订工作组。美国盖蒂研究所内维尔·阿格纽、玛莎·迪玛斯、林伯民等作为专家参与修订工作。修订工作计划分为三个步骤，分别对《准则》的本文、阐释和案例阐释部分进行修订。在修订过程中又将《准则》的本文和阐释部分的修订工作合并在一起，这部分工作最终在 2014 年完成，2015 年得到国家文物局批准。

《准则》修订版本文部分包括四十七条，分为六章。对比修订前的《准则》为五章三十八条。章节的顺序，《准则》修订版为：第一章总则，第二章保护原则，第三章保护和管理工作程序，第四章保护措施，第五章合理利用，第六章附则。《准则》为：第一章总则，第二章保护程序，第三章保护原则，第四章保护工程，第五章附则。《准则》修订版调整了《准则》的章节顺序，强调了保护原则的重要性，将"保护原则"从《准则》中的第三章，调整为《准则》修订版中的第二章，保留《准则》中保护程序的相关内容，增加管理的内容，强调了管理在保护中的重要性。《准则》修订版，特别增加了"合理利用"的章节，对实践中利用方面存在的问题做了相关的规定。

《准则》修订工作的复杂程度，超出了工作开始时工作组的预期。修订过程中，观念的不断碰撞反映了文物保护向文化遗产保护发展过程中各种保护观念之间的复杂关系。修订开始之初，工作组确定了《准则》修订的基本原则：保持《准则》的延续性，增加、补充2000年之后我国在文化遗产保护方面理念、保护原则方面的发展，反映我国文化遗产保护的经验和成果。同时也希望《准则》修订版能够对国际文化遗产保护运动有自己的贡献。这一原则一直贯穿于整个修订过程当中，修订的成果也体现了这一基本原则。

一、保护对象

2000年以后，随着社会对于文物保护关注度和要求的不断提高，文物保护在保护领域上向涵盖整个中国历史发展区段，向体现地方和民族文化的各种类型的拓展，许多新的保护对象、保护类型的出现在保护工作当中，这些保护对象和保护类型的出现在很多情况下是伴随着对世界遗产的研究提出的，因此这些新的对象和类型又与文化遗产的概念密切相关，这也被认为是中国文物保护向文化遗产保护跨越的重要标志。在这种情况下，文物古迹的概念是否能够涵盖当前中国文物保护工作所面对的全部保护对象，应当如何确定这一文件的名称也是修订工作组首先要解决的问题。工作组认为"文物古迹"是中国文物保护中约定俗成的名称，在一定程度上可以泛指需要保护的具有文物价值的对象。《准则》经过十余年的推广，在中国文物保护行业产生了巨大的影响，成为许多文物保护工作者熟悉和使用的文件。《准则》修订版应当延续"文物古迹"这一概念。在内涵上，《准则》修订版中"文物古迹"的概念则更接近于不可移动的物质文化遗产的概念。

在《准则》修订版第一章总则的第一条的"文物古迹"定义为：

> 本准则适用对象称为文物古迹。它是指人类在历史上创造或遗留的具有价值的不可移动的实物遗存，包括古文化遗址、古墓葬、古建筑、石窟寺、石刻、近现代史迹及代表性建筑、历史文化名城、名镇、名村和其中的附属文物；文化景观、文化线路、遗产运河等类型的遗产也属于文物古迹的范畴。

这一限定明确了《准则》修订版所指的"文物古迹"既与中国文物保护单位、历史文化名城、名镇、名村的范围一致，又与《世界遗产公约》的文化遗产概念一致。在这里"文物古迹"即《世界遗产公约》所定义的文化遗产。在《准则》修订版的英文版中，则与《准则》一致，用"Cultural Heritage"来对应"文物古迹"。

在《准则》修订版的阐释部分对各种类型的文物古迹的特征做了说明：

历史文化名城名镇、名村反映了人类聚落发展、演变的历史，承载了文化的多样性，具有文物古迹价值；

文化景观是人类活动，（包括行为和思想）与自然环境相互作用，形成的具有文物古迹价值的景观遗存；

文化线路：由于交通、迁徙、商贸或军事活动，在一定的地理区域内，以路网或水上交通线及相关遗迹构成的，反映不同文化相互交流，促进沿线文化发展，体现文化多样性价值的文物古迹类型。

遗产运河是具有文物古迹价值的人工或人工与自然相结合的水路，它反映了人类的工程技术成就。它可能同时具有文化景观的特征，也可能因反映了人类通过这一水路而发生的多向的文化交流，并促进了沿线文化的发展，而具有文化线路的特征。

那些曾经发生了科学技术重大进步的场所及附属的科学研究设备等，具有见证科学技术发展的价值，这些场所及附属设备也是文物古迹的组成部分。

工业遗产特指能够展现工艺流程和工业技术发展的具有文物古迹价值的近、当代工业建筑遗存及设备、产品等。工业化是我国历史的重要阶段，工业遗产是这一历史阶段的见证。一些工业遗产是周围区域具有标志性的建（构）筑物。工业遗产对当地社会、文化发展可能产生重要的影响，是地方富有特色的文化载体。工业遗产的建筑、景观环境、重要设备及产品是文物古迹的组成部分。

许多文物古迹类型，如：历史文化名城、名镇、名村、文化景观与传统生产、生活方式、信仰等非物质文化遗产相关，它们呈现出"活态"的特征。那些相关的也非物质文化遗产是文物古迹价值的重要载体，在对文物古迹进行保护的同时也必须考虑对非物质文化遗产的保护。文物古迹所在社区的参与，是这类文物古迹保护的基础。

二、价值认识

2000年以后，特别是推动编制文物保护单位保护规划，极大地促进了对保护对象价值评估工作的进行，使中国文物古迹保护进入以价值评估为基础的时期。这一时期保护工作的基本特征是通过对保护对象的研究，确定保护对象所具有的主要价值，分析确定这些价值各个层面的特征，确定反映这些价值特征的物质载体，如特定时期构件、独特结构做法、特殊构造处理、典型风格、相关附属文物等，然后根据对这些价值载体的现状评估，采取相应的保护措施，改善这些价值载体的保存状况，达到对文化遗产价值和文化遗产物质遗存的有效保护。这一在中国文物古迹保护工作程序框架下的基于价值评价、认知基础上的保护逻辑，促进了人们整体、全面地认识保护对象，更促进了中国文物保护工作有序的向深度和广度两个方向的共同发展。

在中国相关法规中明确规定了受国家保护文物应当具有的历史、艺术、科学价值。"各地原有或偶然发现的一切具有革命、历史、艺术价值之建筑、文物、图书等，应由各该地方人民政府文教部门及公安机关妥为保护。"[①] "国家保护的文物的范围如下：（一）与重大历史事件、革命运动和重要人物有关的、具有纪念意义和史料价值的建筑物、遗址、纪念物等；（二）具有历史、艺术、科学价值的古文化遗址、古墓葬、古建筑、石窟寺、石刻等；（三）各时代有价值的艺术品、工艺美术品；（四）革命文献资料以及具有历史、艺术和科学价值的古旧图书资料；（五）反映各时代社会制度、社会生产、社会生活的代表性实物。"[②] 1982年公布的《文物保护法》规定："在中华人民共和国境内，下列具有历史、艺术、科学价值的文物，受国家保护：（一）具有历史、艺术、科学价值的古文化遗址、古墓葬、古建筑、石窟寺、石刻等；（二）与重大历史事件、革命运动和著名人物有关的、具有重要纪念意义、教育意义和史料价值的建筑物、遗址、纪念物等；（三）历史上各时代珍贵的艺术品、工艺美术品；（四）重要的革命文献资料以及具有历史、艺术和科学价值的手稿、古旧图书资料；（五）反映历史上各时代、各民族社会制度、社会生产、社会生活的代表性实物。"相关学者也强调了文物与历史、艺术和科学价值的关系："文物必须是具有历史、艺术和科学价值的文化遗迹、遗物，否则不称其为文物。"[③]

---

① 中央人民政府政务院令（1950年5月24日），载《新中国文物法规选编》，文物出版社，1987年，第4页。

② 《文物保护管理暂行条例（1961）》，《新中国文物法规选编》，文物出版社，1987年，第44~45页。

③ 《新中国文物法规选编》，文物出版社，1987年，第212~213页。

同样的价值认识，也表现在 1972 年联合国教科文组织通过的《世界遗产公约》当中。作为文化遗产，如古文化遗址、古墓葬、古建筑、石窟寺、石刻，或与重大事件、重要人物相关的建筑、纪念物等。它们主要是作为历史阶段、重大事件、重要人物的见证或纪念地而具有被保护的价值，它们的原有功能，相对于这种历史见证作用而言已变的几乎可以忽略不计。当保护的对象发生变化，那些体现民族文化特征的对象，或许它们的时代并不久远，艺术价值也不突出，却是与某些民间信仰、传说紧密关联的名胜时，历史、艺术、科学价值就具有了局限性，难以充分表达这样一些对象的价值特征。

1994 年在编制长江三峡淹没范围文物保护规划时，位于云阳县的张飞庙，作为地上文物抢救保护工程的三个重点项目之一，在编制保护规划，进行搬迁论证时就特别强调了它所具有的文化价值和社会价值。这里所说的文化价值是指张飞庙在三峡沿线"三国文化"中所占有的重要地位，社会价值是指张飞庙与云阳当地社会生活之间的联系。这两项价值在张飞庙上就远比它的历史价值、艺术价值和科学价值突出。张飞庙最终决定与云阳县城一道向长江上游平移 30 公里也是基于对这两项价值的认识。

村落和村寨中正在使用的民居，仍然在不断的使用过程当中，它们与村落和村寨中传统生活融为一体，这种文化的鲜活本身也是它们的价值所在。一些这样的村落和村寨被列为保护对象之后，随着旅游活动无序的渗透，尽管村落和村寨本身从建筑、街道等物质要素看得到了很好的保护，但原本充满独特文化气息的村落和村寨变成了一个商业化的区域，使其失去了原有的生活魅力。这种状况反映了文化价值在这样一些保护对象上的重要意义。

文化景观作为文化遗产的类型之一，它反映了人类文化与自然环境相互作用，而具有独特的文化价值以及自然景观价值。

随着社会对文化遗产的关注，保护对象具有越来越强的社会影响，这种影响不仅反映在通过文化的认同而提高社会的凝聚力，更反映在通过保护对社会可持续发展的促进作用。

社会价值和文化价值越来越清晰地在当代的文化遗产保护中表现出来，成为保护工作无法忽视的价值认知对象，它们的影响越来越清晰和强烈。《准则》修订版关于文物古迹价值的论述中，增加了"社会价值"和"文化价值"的内容表述：

> 文物古迹的价值包括历史价值、艺术价值、科学价值以及社会价值

和文化价值。

社会价值包含了记忆、情感、教育等内容，文化价值包含了文化多样性、文化传统的延续及非物质文化遗产要素等相关内容。文化景观、文化线路、遗产运河等文物古迹还可能涉及相关自然要素的价值。

《准则》修订版阐释部分对"社会价值"和"文化价值"做了进一步的解释：

社会价值是指文物古迹在知识的记录和传播、文化精神的传承、社会凝聚力的产生等方面所具有的社会效益和价值；

文化价值则主要指以下三个方面的价值：

1. 文物古迹因其体现民族文化、地区文化、宗教文化的多样性特征所具有的价值；

2. 文物古迹的自然、景观、环境等要素因被赋予了文化内涵所具有的价值；

3. 与文物古迹相关的非物质文化遗产所具有的价值。

这一价值认识是中国从文物向文化遗产保护发展的重要标志，它植根于中国自身的文物保护实践，它反映了中国文物保护与文化遗产保护之间的关系。中国在相关法律体系上仍然基于对以历史见证为主的文物保护，大量的保护对象还是古遗迹、古墓葬、古建筑和石窟寺，历史价值、艺术价值和科学价值也仍然是保护工作中首先要注意的价值。《准则》修订版在关于价值的表述中也坚持强调了历史、艺术和科学价值。社会价值和文化价值则被作为新的内容补充原有的价值认知。《准则》修订版中的文化价值，与历史、艺术、科学、社会价值具有同等的重要性，不等同于澳大利亚《巴拉宪章》中的作为涵盖其他各项价值的"文化重要性"概念。

这一价值认知的表述，为《准则》修订版的其他内容建立了基础。

三、社会参与

基于对文物古迹社会价值的认识，文物古迹的保护能够产生广泛的社会影响。由于这种社会价值，文物古迹是一种具有社会共同财富特征的文化财产。在《中华人民共和国文物保护法》中规定："古文化遗址、古墓葬、石窟寺属于国家所有。国家指定保护的纪念建筑物、古建筑、石刻、壁画、近现代代表性建筑等不可移动文物，除国家另有规定的以外，属国家所有。……属于集体所有和私人所有的纪念物建筑物、古建筑和祖传文物以及依法取得的其他文物，其所有权受法律保护。文物的所有者必须遵守国家有关文物保护的法律、法规的规定。"

1954 年联合国教科文组织《武装冲突情况下保护文化财产公约》提出：

> 确信对任何民族文化财产的损害亦即对全人类文化遗产的损害，因为每一民族对世界文化皆有其贡献；
>
> 考虑到文化遗产的保护对于世界各地民族具有重大意义，该遗产获得国际保护至为重要。

联合国教科文组织在 1972 年的《世界遗产公约》中表达了同样的思想：

> 考虑到任何文化或自然遗产的坏变或丢失都有使全世界遗产枯竭的有害影响；
>
> ……
>
> 考虑到现有关于文化和自然财产的国际公约、建议和决议表明，保护不论属于哪国人民的这类罕见且无法替代的财产，对全世界人民都很重要；
>
> 考虑到部分文化或自然遗产具有突出的重要性，因而需要作为全人类世界遗产的一部分加以保护；
>
> 考虑到鉴于威胁这类遗产的新危险的规模和严重性，整个国际社会有责任通过集体性援助来参与保护具有突出的普遍价值的文化和自然遗产；这种援助尽管不能代替有关国家采取的行动，但将成为它的有效补充。

社会共有文化遗产的概念在国内的法规和国际公约当中都有清晰的表述。作为社会共有的财富，社会就同样具有参与保护、分享利益的责任、义务和权力。这对于作为整体而存在的社会是如此，对于作为构成社会的个人也是如此。文物古迹的保护本身就是一项社会事业。《准则》修订版在"总则"中强调了这一内容："文物古迹的保护是一项社会事业，需要全社会的共同参与。全社会应当共享文物古迹保护的成果。"《准则》修订版阐释部分从社会、政府、从业人员三个层面对这一内容做了说明：

> 文物古迹是今天社会物质环境和文化精神环境的重要组成部分。对文物古迹保护是对历史、文化的保护，是对社会共同记忆和利益的保护，也是对优秀文化传统的传承。因此，文物古迹保护是一项公共事业，是

社会每一成员的责任和义务。社会各方应自觉支持、积极参与保护文物古迹。保护成果是全社会的共同成果，由社会共享。

保护文物古迹是各级政府的职责，也应该是评价各级政府施政的指标。政府作为文物古迹的管理者，应依法执行相关程序，保证文物古迹安全并处于良好的状态。

从业人员必须坚持职业操守，把对文物古迹的保护放在首位，针对文物古迹的具体情况进行深入研究，寻找最适合的保护方式，保证保护工作的有效性。

文物古迹保护、优秀文化传承是社会发展的需要。文物古迹保护的具体实施无疑具有极强的专业性，但这种专业性是在社会普遍参与，公众保护意愿下的专业性，是在支持社会公众参与，帮助公众跨越专业门槛的前提下的专业工作。文物古迹的保护只有在公众参与和监督下才能提高工作水平。

长期以来，在中国文物保护中较多强调了政府的职能，而随着社会的发展，社会各界、各阶层对文化遗产的保护都表现出越来越大热情，鼓励社会的广泛参与，充分发挥社会的力量是文化遗产保护事业发展的方向。社会参与可以在保护工作的各个环节发挥作用，包括保护对象的认定、价值的研究、价值的阐述、宣传、日常管理、监督、保护状况的监测、保护对象的合理利用。作为社会的共同财富，通过文化遗产保护而获得的利益也应当由全社会共享。社会对文物古迹保护的广泛参与是《准则》修订版特别强调的内容。

《准则》修订版强调社会的作用，并不意味着弱化政府对文物古迹的责任。作为社会财富，政府对文化遗产负有管理责任，《准则》修订版提出需要把保护文物古迹处于安全、良好的状态作为评价政府施政的指标，使各级地方政府真正担负起这一重要的责任。

四、保护原则

在《准则》编制过程中，第一次提出了中国文物古迹保护的工作程序，为了突出其重要性，将关于程序的内容作为第二章，放在"总则"之后。在修订过程中，工作组强调了保护原则的重要性，将原来第三章的"保护原则"调整到了第二章。

在《准则》中保护原则有 10 条内容，分别涉及文物古迹本体、环境、考古遗址、防灾等。《准则》修订版对部分内容做了归并，合并、调整、补充为7条原则。在结构上，由于"对不可移动文物进行修缮、保养、迁移，必须遵守不改变文物原状的原则"是文物法中的规定，它是中国文物保护的基本要求。《准则》修订版将"不改变原状"作为第一条原则，并作为涵盖其他保护原则内容的"总则"。之后的各条原则作为对"不改变原状"这一总原则的补充和细化。《准则》修订版这一原则的表述为："不改变原状：是文物古迹保护的要义。它意味着真实、完整地保护文物古迹在历史过程中形成的价值及其体现这种价值的状态，有效地保护文物古迹的历史、文化环境，并通过保护延续相关的文化传统。"其中涉及真实性，完整性，历史过程中形成的价值、文物古迹历史、文化环境，延续相关文化传统等概念。《准则》修订版阐释部分在这条中保留了《准则》阐释关于原状的解释，包括了"必须保存现状的对象"和"可以恢复原状的对象"。这部分内容是《准则》对于中国文物古迹保护最为重要的贡献之一。

《准则》修订版保护原则的第二条是"真实性"的原则。真实性原则是随着世界遗产保护进入中国的一个重要概念，在中国文物保护中已经被广泛讨论和应用。针对相关的讨论中存在的不同的理解，《准则》修订版希望统一对真实性的认识："真实性：是指文物古迹本身的材料、工艺、设计及其环境和它所反映的历史、文化、社会等相关信息的真实性。对文物古迹的保护就是保护这些信息及其来源的真实性。与文物古迹相关的文化传统的延续同样也是对真实性的保护。"这里包含了几个层次：物质遗存的真实性、信息及信息来源的真实性和文化传统的延续、传承。《准则》修订版的阐释部分引用了《实施世界遗产公约操作指南》关于真实性的定义："真实性包括了外形和设计；材料和物质；用途和功能；传统，技术和管理体系；环境和位置；语言和其他形式的非物质遗产；精神和感觉；其他内外因素。"同时针对中国的情况进一步说明："保护文物古迹真实性的原则是指在对文物古迹价值整体认识的基础上，以文物古迹物质遗存保护为基础，同时保护它所反映的文化特征及文化传统。这一原则包含了物质遗产和非物质遗产两个方面。它不仅适用于作为历史见证的古代遗址、古建筑等类型的文物古迹，而且对仍然保持着原有功能的历史文化名城、名镇、名村以及文化景观等类型的文物古迹的保护具有指导意义。对于这类具有活态特征的文物古迹，那些具有文化多样性价值的文化传统是真实性的重要组成部分，需要得到完整的保护。"这一表述也针对了国际文化遗产保护中认为非物质文化遗产不适用于物质文化遗产保护的真实性原则的观念，基于中国历史文化名城、名镇、名村保护实践中物质遗产与文化传统不可分割的实践经验，把文化传统视为真实性的重要组成部分，这是中国文化遗产保护实践的总结。

《准则》修订版阐释还说明了真实性原则与《准则》中相关原则的关系，将这些原则合并到真实性原则中："真实性还体现在对已不存在的文物古迹不应重建；文物古迹经过修补、修复的部分应当可识别；所有修复工程和过程都应有详细的档案记录和永久的年代标志；文物古迹应原址保护等几个方面。"它包括了"原址保护""保存现存实物原状与历史信息""正确把握审美标准""已存在的建筑不应重建"等四条原《准则》中的保护原则的内容。

"完整性"同样是一个基于世界遗产保护而提出的概念。在《实施世界遗产公约操作指南》中关于完整性的表述为：

> 所有申报列入世界遗产名录的遗产都应满足完整性的条件。
>
> 完整性是对自然和/或文化遗产及相关属性的完整和完美的检验。评估完整性的状况，因此需要对遗产的相关方面进行评估：
>
> 1. 包括所有表达遗产的突出普遍价值的要素；
>
> 2. 足够大的范围以确保包括了所有反映遗产的重要性的特征和演化过程的部分；
>
> 3. 足够的范围以避免发展和/或负面的影响。
>
> 这些内容应该在完整性的阐述中表达。
>
> 对于以标准（i）至（vi）申报的遗产，其物质肌理和/或其重要要素需要保存良好，蜕变过程的影响需要得到控制。对整体价值有重要影响的部分需要完全包括在内。文化景观，历史城镇或其他活态遗产所表现的作为其特征要素的相互关系和动态功能也应得到保护。

《准则》修订版对这一原则做了这样的表述："完整性：文物古迹的保护是对其价值、价值载体及其环境等体现文物古迹价值的各个要素的完整保护。文物古迹在历史演化过程中形成的包括各个时代特征、具有价值的物质遗存都应得到尊重。"在这里完整性呈现出范围和时间两个维度，范围是指涉及保护对象价值的所有载体，时间是指从保护对象被创造到它生命延续的整个过程当中，所有体现其价值的过程。这一表述既包括了对世界遗产中完整性对广度的内容，也包括了在中国文物保护中长期存在的对历史维度的价值思考。

《准则》修订版阐释对完整性做了进一步的定义和解释：

保护文物古迹的完整性的原则是指对所有体现文物古迹价值的要素进行保护。

文物古迹具有多重价值。这些价值不仅体现在空间的维度上，如遗址或建筑遗存、空间格局、街巷、自然或景观环境、附属文物及非物质文化遗产等的价值，也体现在时间的维度上，如文物古迹在存在的整个历史过程中产生和被赋予的价值。

在文物古迹认定、制定保护规划、保护管理、实施保护规划的过程中，要保护所有体现文物古迹价值的要素。要对各个时代留在文物古迹上改动、变化痕迹的价值和对文物古迹本体的影响进行评估和保护。

文物古迹保护区划应涵盖所有体现文物古迹价值的要素，其保护管理规定应足以消除周边活动对文物古迹及其环境产生的消极影响。

在考古遗址中需要注意对多层叠压、各时代遗存的记录和保护。规划中对考古遗址可能分布区的划定，体现了对文物古迹完整性的保护。

需要尊重和保护与文物古迹直接相关的非物质文化遗产或文化传统。

基于这一阐释，完整性的原则涉及保护对象的各个类型，涉及从保护规划到保护措施的实施及保护管理过程等各个保护环节。其中关于保护区划的内容是中国文物保护自2004年之后全面推动文物保护规划工作的结果，在保护规划当中，划定满足文物保护要求的恰当的保护范围，已经基于中国的自身的情况形成了一套相对完善的经验，《准则》修订版阐释部分的有关内容是这一实践经验的反映。

文化遗产保护基本的出发点是对文化多样性和文化传统的保护，这是国际文化遗产保护界的共识，也是中国文化遗产保护领域越来越关注的问题。从保护文化多样性和文化传统的角度，文化或文化传统本身应当是一个有机的整体，它包括了物质和非物质两个方面。尽管在保护的分工上，在国际上属于不同的公约，国内属于不同的保护法律，由不同的部门进行管理。但在保护当中却应当综合考虑，协同进行。例如在保护传统建筑时就必须考虑传统建造工艺，促进对传统建造工艺的保护。一些作为文物保护单位的保护对象也是当地重要的传统文化空间，是庙会、村镇或社区重要的公共活动场所，对这些文物保护单位的保护，同时也必须考虑这些传统文化和公共活动的延续。事实上这些传统文化和公共活动也赋予了这些作为文化空间的文物保护单位独特而重要的价值，也是文化价值的重要载体。这一思想在《准则》修订版的第十三条（保护原则的第五条）中得到了表述：

> 保护文化传统：当文物古迹与某种文化传统相关联，文物古迹的价值又取决于这种文化传统的延续时，保护文物古迹的同时应考虑对这种文化传统的保护。

《准则》修订版阐释部分对这一内容的解释为：

> 保护文物古迹，也是保护其反映的文化多样性。文物古迹可能是举行传统活动的场所，或与特定的生产、生活方式或非物质文化遗产相关。这些文化传统，生产、生活方式，非物质文化遗产也是文物古迹价值的重要组成部分。对文物古迹的保护同时也是对这些传统文化、生产、生活方式和非物质文化遗产的延续。对文物古迹的保护应当促进这些传统活动、生产、生活方式和非物质文化遗产适应当代生活的发展并保持活力。

在文化遗产的保护方法的讨论中，一些学者提出："文物古迹包括两个对象：一是文物建筑，二是历史街区。两个对象本质不同，前者主要是历史纪念物，不必和现代生活发生直接关系；后者主要是人居住生活场所，必须和现代生活紧密结合。前者要以物为本，后者要以人为本。"[①] 他们关注到了在针对特定对象的保护中，必须关注人的生活，必须注意到这种生活体现出的价值。在国际文化遗产保护领域相关的讨论中把后者称为"活态遗产"。如果说作为纪念物类型的遗产已经完成了其遗产价值形成的过程，而所谓"活态遗产"却仍然处在遗产价值形成的过程当中，社会生活的各个方面仍然在塑造着它们的价值，仍然延续着的文化传统也正在不断增加和丰富它们的价值内涵。《准则》修订版通过强调"保护文化传统"的原则，来针对这种"活态遗产"保护所具有的特殊性。

五、文物古迹管理

在"文物古迹保护管理工作程序"部分，《准则》修订版增加了关于管理的内容。随着保护对象类型的丰富，管理工作的复杂程度也在增加。社会

---

① 王世仁：《文化的叠韵》，天津古籍出版社，2004 年，第 2 页。

参与保护工作积极性的提高，也要求文物古迹管理充分考虑社会参与的可能性，保护社会关注的积极性，协调各种利益需求，这就对管理工作提出了更高的要求。在中国文物保护实践中，仍然存在着重视保护工程，忽视日常管理的情况，这在很大程度上制约了中国文化遗产保护水平的提高。

针对管理问题，《准则》修订版提出：

> 管理：是文物古迹保护的基本工作。管理包括通过制定具有前瞻性的规划，认识、宣传和保护文物古迹的价值；建立相应的规章制度；建立各部门间的合作机制；及时消除文物古迹存在的隐患；控制文物古迹建设控制地带内的建设活动；联络相关各方和当地社区；培养高素质管理人员；对文物古迹定期维护；提供高水平的展陈和价值阐释；收集、整理档案资料；管理旅游活动；保障文物古迹安全；保证必要的保护经费来源。

谢辰生先生曾经提出："加强管理的主要任务，就是严格执法，采取各种有效措施，排除一切危及文物安全的因素，克服种种危害事业发展的倾向，在文物保护与利用的过程中，坚持把保护放在首位，以社会效益为最高准则，在保护的前提下，充分发挥文物在各个方面的积极作用。"[①]

《准则》修订版阐释部分对管理工作做了这样的说明：

> 管理是为文物古迹保护、实现文物古迹的价值进行的协调和组织工作。包括确定文物古迹保护目标，制定规章制度，组织对文物古迹的研究，阐释文物古迹的价值，实施对文物古迹的保护、监测，管理文物古迹中的旅游活动，建立高素质的管理队伍。
>
> 文物古迹管理者应根据相关法规和文物古迹自身特点制定规章制度，规范与文物古迹相关人员的行为。
>
> 组织编制和落实文物保护规划，实施保护工程，监测文物古迹的安全，及时发现并消除文物古迹的安全隐患，确保文物古迹得到有效的保护，是管理工作的重要组成部分。
>
> 文物古迹管理的基础工作是划定保护区划、树立保护标志、建立保护机构、完善文物档案。

---

① 李晓东：《文物保护法概论》，学苑出版社，2002年，第3页。

文物古迹管理者应对保护范围内的一切活动承担责任，对建设控制地带内的建设活动进行监督；对保护标志进行维护，确保保护标志的严肃性；不断充实文物档案。

对公众开放的文物古迹，管理者应根据文物保护规划确定的游客承载量，对参观者的时间和空间分布加强管理，从而保证文物古迹和参观者的安全，提高参观者对文物古迹参观、体验的品质。

文物古迹的保护需要经费保障。文物古迹管理者应根据规划，做好文物古迹保护项目储备，及时向各级政府申请保护经费，并争取社会团体、机构和个人为文物古迹保护提供经费支持。

记录档案应当按照国家关于档案法规进行收集、汇编保管。但对于一项文物古迹，至少应包括5种内容，即历史文献汇集、现状勘测报告、保护工程档案、监测检查记录、开放管理记录。

六、传统类型保护对象的保护

《准则》中关于"保护工程"的内容，根据当时面对的中国文物保护的实际情况，主要针对了作为文物保护单位的历史建筑的保护。《准则》修订版则希望以历史建筑的保护为基础，综合考虑近年开展的各类保护工程，面向文化遗产的各个类型提出在保护中需要注意的问题。在保护措施的分类上与《文物保护工程管理办法》的分类相一致，对"保养维护""抢险加固""修缮""保护性设施建设""迁移"等保护工程内容逐项进行说明。

在关于"保养维护"的内容中，根据近年实践的情况，增加了"监测"部分，并针对保养维护经费安排的情况提出了要求：

监测是认识文物古迹褪变过程及时发现文物古迹安全隐患的基本方法。对于无法通过保养维护消除的隐患，应实行连续监测、记录、整理、分析监测数据，作为采取进一步保护措施的依据。

保养维护和监测经费由文物古迹管理部门列入年度工作计划和经费预算。

《准则》修订版阐释部分对监测的内容做了说明，也对经费的预算提出了要求："文物古迹管理者在编列经费预算时应考虑保养维护和监测工作的需要，将所需经费列入预算。文物古迹所在的地方政府、文物行政主管部门应给予相应的支持。"

关于加固的内容中强调了必须控制对保护对象本体的影响。修缮包括了现状整修和重点修复的内容，以及在现状整修和重点修复中应当遵守的原则。《准则》修订版在重点修复中注意到对修复的要求："修复工程应尽量保存各个时期有价值的结构、构件和痕迹。修复要有充分的依据。"

《准则》修订版的阐释部分对这部分内容做了进一步的说明：

> 修复可适当恢复已缺失部分的原状。恢复原状必须以现存没有争议的相应同类实物为依据，不得只按文献记载进行推测性恢复。对于少数完全缺失的构件，经专家审定，允许以公认的同时代、同类型、同地区的实物为依据加以恢复，并使用与原构件相同种类的材料。但必须添加年代标识。缺损的雕刻、泥塑、壁画和珍稀彩画等艺术品，只能现状防护，使其不再继续损坏，不必恢复完整。
>
> 作为文物古迹的建筑群中在整体完整的情况下，对少量缺失的建筑，以保护建筑群整体的完整性为目的，在有充分的文献、图像资料的情况下，可以考虑恢重建筑群整体格局的方案。但必须对作为文物本体的相关建筑遗存，如基址等进行保护，不得改动、损毁。相关方案必须经过专家委员会论证，并经相关法规规定的审批程序审批后方可进行。

这里的修复，包括缺失的构建和建筑群中缺失的少量建筑的修复。修复部分对于历史建筑而言，不应当是体现历史价值的主要部分，修复应有助于改善历史建筑的保存状况和完整性；对于建筑群中少量建筑的修复，所修复部分不应是体现该建筑群价值的主要部分，修复必须有充分的依据，修复应有助于改善整个建筑群的完整性。例如，建福宫修复对于改善故宫完整性的作用。

保护性设施建设是2000年之后增加较快的保护项目，这与考古遗址保护，特别是大遗址保护、考古遗址公园建设的发展相关。《准则》修订版阐释中对保护性建筑的设计和建设提出了具体要求：

> 保护性设施应留有余地，不求一劳永逸，不妨碍再次实施更为有效的防护及加固工程，不得改变或损伤被防护的文物古迹本体。
>
> 添加在文物古迹外的保护性构筑物，只能用于保护最危险的部分。应淡化外形特征，减少对文物古迹原有的形象特征的影响。
>
> 增加保护性构筑物应遵守以下原则：

1. 直接施加在文物古迹上的防护构筑物，主要用于缓解近期有危险的部位，应尽量简单，具有可逆性；

2. 用于预防洪水、滑坡、沙暴自然灾害造成文物古迹破坏的环境防护工程，应达到长期安全的要求。

建造保护性建筑，应遵守以下原则：

1. 设计、建造保护性建筑时，要把保护功能放在首位。

2. 保护性建筑和防护设施不得损伤文物古迹，应尽可能减少对环境的影响。

3. 保护性建筑的形式应简洁、朴素，不应当以牺牲保护功能为代价，刻意模仿某种古代式样。

4. 保护性建筑在必要情况下应能够拆除或更新，同时不会造成对文物古迹的损害。

5. 决定建设保护性建筑时应考虑其长期维护的要求和成本。

《准则》修订版对文物保护单位中的监控用房、文物库房及必要的设备用房作为保护性设施的性质给予了确认，并提出："它们的建设、改造须依据文物保护规划和专项设计实施，把对文物古迹的影响控制在最小程度。"

《准则》修订版在第四章中还增加了油饰彩画、壁画、彩塑的保护内容，并专门列出了石刻、考古遗址、近现代史迹及代表性建筑保护的相关内容和环境整治需要注意的问题。

在近现代建筑保护方面，《准则》修订版针对近现代建筑保护中存在的改变原有结构体系，保护措施对文物本体有明显损伤和破坏的问题，做了针对性的规定：

> 近现代建筑、工业遗产和科技遗产类型的文物古迹，由于大量使用了混凝土等现代建筑材料，其结构体系和材料具有鲜明的时代特征，是文物古迹价值的重要载体。对这一类型的文物古迹进行结构加固时，应在价值评估、结构强度评估的基础上，选择对原有建筑形态、结构体系干扰最小、具有可逆性或至少不影响以后维修、保护的技术方案，从而避免对于体现其文物价值、反映建筑基本特征部分不可逆的改动。
>
> 结构加固需要考虑作为文物古迹的近现代建筑、工业遗产和科技遗产的使用功能与现有相关规范之间的关系，把对文物古迹价值的保护放在首要的位置。

七、新类型保护对象的保护

《准则》修订版对文化景观、文化线路和遗产运河的保护做出了规定:"文化景观、文化线路、遗产运河的保护:必须在对各构成要素保护的基础上突出对文物古迹整体的保护。一定范围内的环境和自然景观是这些文物古迹本体的构成要素,对这部分环境和自然景观的保护和修复即是对文物古迹本体的保护。"把环境和相关的自然景观作为文物古迹本体考虑,反映了国际文化遗产保护与自然遗产保护相结合,更为整体地认识文化与自然之间关系的趋势。

《准则》修订版阐释部分做了进一步的说明:

> 文化景观体现了文化与自然环境的相互作用。自然环境影响文化的表达,文化则赋予自然景观文化的价值和审美意向。对文化景观的保护不仅要保护文化遗迹,同时还要保护相关自然要素,包括景观、生态系统等。文化景观是一种具有"活态"特征的文物古迹,它处于不断变化的过程当中。对这类具有"活态"特征的文物古迹的保护,就是对这种持续不断的变化过程的管理。文化景观的基本特征是在其文化的延续和发展进程中被充分认识和理解并得到保护的。

> 文化线路反映了人类通过交通线路在货物运输、交流的同时,进行的文化互动与传播。这种文化交流促进了文化线路上各个区域文化的发展与繁荣。文化线路与沿途的自然地形、环境等要素相关。作为文物古迹的文化线路具有系统性,它涉及的要素可能是建筑、石刻、村落古建筑群等单一或小规模的文物古迹,也可能是城镇或文化景观。对文化线路的保护需按照文物古迹保护的相关要求对构成文化线路各个组成要素进行保护,同时考虑文化线路的整体性,将文化线路作为一个复杂、完整的对象进行整体保护。

> 遗产运河作为具有历史、科学和文化价值的交通运输或水利、灌溉系统,在河道开凿、航运设施的维护、运输,以及水利、灌溉等方面反映出特定时代的人类技术水平。作为文物古迹的遗产运河的保护需对所有体现其文物古迹价值的要素进行综合分析和整体保护。遗产运河同时具有文化线路和文化景观的特征,文化线路和文化景观的保护方法在一定程度上也适合遗产运河的保护。

> 文化线路和遗产运河反映了跨区域的文化交流、贸易交换以及对文

化的发展影响。它们往往跨越多个行政区划，因此需要建立跨行政区划的保护和管理机制。针对文化线路和遗产运河及其他跨行政区划的文物古迹，需要相关行政区划的政府和文物行政管理部门、各地的文物古迹管理者建立协调工作机制，实现对文化线路和遗产运河的整体保护。

对以上三类新类型遗产的保护，需要特别注意它们仍在延续的功能，遗产保护不应改变它们所具有的这种"活态"特征；对于文化线路、大型的文化景观和遗产运河而言，还需要注意它们的系统性，需要从总体的角度综合考虑对它们各个遗产构成要素的保护。

历史文化名城、名镇、名村是中国文物古迹保护体系中具有重要意义的组成部分，但在保护实践中成功的案例并不多，主要的问题之一是没有处理好保护物质遗存与保护传统文化的关系。历史文化名城、名镇、名村所具有的"活态"特征增加了保护工作的难度。《准则》修订版也针对历史文化名城、名镇、名村的特点，提出了保护的要求：

> 历史文化名城、名镇、名村的保护：除了对文物古迹各构成要素的保护，还须考虑对整体的城镇历史景观的保护。保护不仅要考虑城市肌理和建筑体量、密度、高度、色彩、材料等因素，同时也应保护、延续仍保持活力的文化传统。

> 从环境景观的角度还需考虑对视线通廊、周围山水环境等体现城镇、村落选址、景观设计意图等要素的保护。

这反映了真实性原则和历史城市景观保护的概念。在《准则》修订版阐释中也有更进一步的阐述：

> 作为文物古迹的历史文化名城、名镇、名村的保护不仅涉及对不同类型建筑的保护，还涉及对不同时代建筑的保护，亦包括街道、水系、景观环境、田园等形成历史文化名城、名镇、名村整体特征各种相关要素的保护。应通过保护充分展示历史文化名城、名镇、名村的文物古迹价值。

> 历史文化名城、名镇、名村作为延续当代生产、生活的文物古迹，保护不是要将它们固定在某一时间点，而要对它们的发展和变化加以管理，使之在适应现代生活的基础上，能够不断展示它们所继承和发展的传统文化的精髓和价值。

对这类具有"活态"的文物古迹,保持其活力也是对文物古迹价值的保护。应避免对历史文化名城、名镇、名村原有生活和社区结构的强制性改造,避免对文物古迹完整性和真实性的损害。应尊重和珍视当地的历史文化传统。

当地居民应当成为保护工作的主要力量,参与相关的保护工作。

对历史文化名城、名镇、名村的居民对保护工作的参与度是保护成功与否的重要标志。一些地方在实践中,全部搬迁历史街区中的居民,将原本以居住为主的街区改造成商业街,这种做法本身就不符合真实性的原则,破坏了保护对象的文化价值。

八、合理利用

合理利用是中国文物保护方针的组成部分,一些特定类型的文物古迹也需要通过适当的使用,获得日常维护,得到更好的保护。使用本身也存在不同的类型和程度。把握"合理"的标准是使用的关键。随着被列为不可移动文物的保护对象的数量的增长,合理利用问题也越来越受到社会的关注,成为保护工作需要面对和解决的重要问题。《准则》修订版增加了专门的章节,对合理利用做了界定和阐释。

谢辰生先生认为:"'合理利用'的'合理'有两层意思:一是利用的是否合理。首先要掌握一个'度',即保护与破坏之间的'临界点',超越这个'度',影响到文物的安全就是不合理,反之即是合理的。其二,利用的目的是把文物仅仅当作'摇钱树',还是充分发挥文物的宣传教育、科学研究的作用,为加强社会主义精神文明建设服务?前者是不合理的,后者是'合理'的。而且前者的利用即使是能保证文物安全,同样也是不合理的。因此,只有完全符合以上两个条件,才能算是真正的'合理利用'。"

《准则》修订版对合理利用的界定为:

合理利用是保持文物古迹在当代社会生活中的活力,促进保护文物古迹及其价值的重要方法。

合理利用是以不损害文物古迹价值为前提,在文物古迹能够承载的范围内,不改变文物古迹特征的,突出文物古迹公益性的利用。

关于利用,《准则》修订版认为:

应当根据文物古迹的价值、类型、保存状况、环境条件等分级、分类选择适宜的利用方式。

对于利用产生的社会和经济效益之间的关系，《准则》修订版提出：

利用会引发社会对文物古迹的进一步关注，在产生广泛的社会效益的同时也产生经济效益，促进地方经济的发展。文物古迹作为社会公共财富，应当通过必要的程序保证其利用的公平性和社会效益的优先性。

利用可以有不同的方式。作为历史、艺术、科学和文化研究对象，也是一种利用的方式：

文物古迹是历史的见证，是人类技术和文化的结晶，是人类创造活动的实物遗存，是珍贵的研究材料。通过对文物古迹的研究认识人类历史演化、技术进步和文化发展，是对文物古迹的合理利用。

文物古迹管理部门应当鼓励对文物古迹的研究，并为相关的研究提供便利。

研究工作应保证造成文物古迹不受损害，文物古迹的安全不受影响。

研究工作如果需要采集相关样品，必须向文物古迹管理部门提出申请，经文物行政管理部门批准后才可采集。

研究成果应交文物古迹管理部门备案，并收入文物古迹档案。

展示其价值，向社会展示它所达到的艺术水平、见证的历史事件，纪念重要的历史人物，也是对文物古迹的一种强调社会效益的利用方式：

展示是对文物古迹特征、价值及相关的历史、文化、社会、事件、人物关系及其背景的解释。展示是对文物古迹和相关研究成果的表述。展示的目的是使观众能完整、准确地认识文物古迹的价值，尊重、传承优秀的历史文化传统，自觉参与对文物古迹的保护。

《准则》修订版也提出了展示需要注意的问题：

展示应尽可能对文物古迹进行完整、准确的阐释，所有展示内容须依据研究成果，不应做主观臆测的解释。对于存在多种可能性的情况，应做出相应说明。

展示应考虑受众的年龄、知识背景，寻找适当的展示方式，鼓励使用各种技术手段和互动的方式。

考虑到大遗址展示的复杂性，《准则》修订版特别强调："大遗址的展示在进行专项设计前，须履行立项程序。"

与展示相关的："展示和游客服务设施，如展厅、游客服务中心等的建设必须依据文物保护规划，履行立项程序，并进行专项设计。对建筑群类型的文物古迹应在确保文物古迹安全的基础上，优先利用属于文物古迹的建筑进行展示和游客管理，尽量不建新的设施。如确实需要增加新的展示和游客服务设施，必须确保新建设施不损害文物古迹及其价值，并把新建设施对文物古迹和周边环境的影响控制在最小限度内。"

《准则》修订版关于展示的内容，提出了一个重要问题，即怎样看已毁建筑的重建。中国文物保护的语境中，一直把这类重建当作对已缺失建筑的修复，并认为这类重建建筑仍具有文物建筑的性质和主要价值。《准则》修订版提出这类重建应被视为对已缺失建筑形态的展示，并不具有文物本体的价值。这一观念与2000年后关于历史建筑修复问题的讨论相关，故宫建福宫花园复建部分，日本奈良平城京朱雀门和大极殿都属于这一类展示方式。《准则》修订版同时表达了对采用这类展示措施的慎重态度：

在建筑群中原址重建已毁建筑是对该建筑群原有完整形态的展示。由于这种展示可能干扰和破坏作为文物本体存在的建筑遗址，或对文物古迹做出不准确的阐释，影响文物古迹整体的真实性，因此不提倡采用这一展示方式。

只有在特殊的情况下，如缺损建筑对现存建筑群具有特别重要的意义，并且缺失建筑形象和文字资料充分，依据充足，能够准确复原，方可考虑这一措施。

原址重建必须履行立项程序，论证项目对文物古迹的影响、和项目的必要性和可行性。立项批准后，应进行专项设计。设计方案须经专家委员会的审查和法律规定的审批程序，获得批准后方可实施。

重建项目实施过程中必须确保文物古迹、特别是建筑遗址不受损害。重建的建筑必须有清晰的标记。

……

考古遗址本身是文物古迹的一个重要类型，其价值通过遗址本身体现。不允许对考古遗址上的建筑进行重建。

这些规定与《准则》及现有法规中关于重建的规定一致。同时《准则》修订版鼓励采用对遗址现场干扰更少或没有干扰的展示方式："鼓励采用对文物古迹实物遗存不造成影响的模型和虚拟展示的方法对缺失的文物古迹进行展示。"

从利用的角度，文物古迹可以分为两种基本的类型：一种是仍然保持着原有功能的保护对象，如历史文化名城、名镇、名村、民居、部分近现代代表性建筑、文化景观等；另一种为原有功能已经终止的古代建筑，如宫殿及部分宗教类建筑。对于它们的包括展示在内的利用方式也应当有所区别。

《准则》修订版针对仍然保持着原有功能的保护对象的利用问题提出：

> 历史文化名城、名镇、名村、文化景观以及部分其他类型的文物古迹与当代生活仍保持着密切联系，延续着原有的使用功能，体现出特定的文化意义，具有"活态"特征。对于具有"活态"特征的文物古迹，应延续原有功能，并保护其具有文化价值的传统生产、生活方式。

> 延续这些文物古迹的原有功能也是对其价值的保护，在管理这些文物古迹时应特别注意对其原有功能的保护，不轻易改变其使用性质。特别要避免将原本以居住性质为主的整个街区改变为商业街区的做法，这种做法严重损害文物古迹的价值，破坏了文物古迹的真实性。

> 为满足当代生活需要，对上述活态的文物古迹进行必要的修缮、调整、改造时，同样要保证不损害、不改变其特征、价值。不能出于利用需要，改变反映文物古迹特征的原有形式、结构、工艺、材料、装饰和环境。

对于原有功能已经终止的保护对象则存在重新赋予新的功能的可能性，这种新的功能可能是展示，也可能是某种作为文化空间的其他使用方式，《准则》修订版提出了赋予保护对象新功能时必须注意的问题：

> 对已失去原有功能的文物古迹，应根据价值和现状选择最恰当方式进行保护和利用。

> 在合理利用文物古迹之前，须进行全面评估，具体包括：1. 价值评估，确定文物古迹的价值，以及这些价值的主要载体；2. 文物古迹的性质和类型；3. 文物古迹的结构状况。

文物古迹的合理利用应进行多种方案的比较。利用应确保不损害、不改变文物古迹特征、价值载体。利用方式需适合文物古迹的性质和类型。利用强度不得超出文物古迹的承载力。不能由于利用需要改变反映文物古迹特征的原有形式、结构、工艺、材料、装饰和环境。

　　文物古迹的利用过程中，由于当代功能要求，可能需要增加为适应这一功能的设备，改善文物古迹的节能、保温条件的现代材料及必要的结构加固措施。所有措施都应是可逆的，在必要时能完全恢复文物古迹利用前的状态。

空置和过度利用是中国文物古迹合理利用存在的两个方面的问题，历史建筑的空置会使其缺少必要的维护和管理，导致其损坏；而过度使用则必然加速保护对象的损坏过程。这两种情况都应当避免。

过度使用包括放任超量游客进入保护单位，导致了相关设施，甚至文物本体加速损耗，也减弱了公众对于保护对象尊敬的情感，损害了文物古迹保护事业整体的利益。对部分延续原有使用功能的历史建筑以不符合当代技术规范为由进行加固，损害原有建筑的结构、内部特征等文物古迹价值载体，也是一种过度使用。作为保护对象的文物古迹，是一位历经沧桑的老人，他无法负担青年人能够承担的负担，过度使用只能加速他的毁灭，这与保护的初衷根本背道而驰。

国家文物局近年推动的合理利用的讨论和试点工程，都将促进合理利用的实践，《准则》修订版的相关规定也为合理利用提供了指南和工具。

《准则》修订版的公布，是2015年中国文物保护的一项重要工作。2015年中国古迹遗址保护协会组织了一系列《准则》修订版的宣讲。《准则》修订版基于中国文化遗产保护的需求，在中国文化遗产保护实践经验和国际、国内相关理论讨论的基础上，丰富了2000年版《准则》的内容，面对更为丰富的文化遗产类型保护的需要，在价值认识、保护原则、不同类型保护对象保护方法的指导方面都反映了中国文物古迹保护事业的发展。《准则》修订版提高了中国文物古迹保护的基准线和标准，将对未来中国文化遗产保护发展有重要的指导和推动意义。

（本部分执笔人：吕舟）

中国世界文化遗产监测工作的探索与思考

吉林集安世界文化遗产高句丽监测系统　中国文化遗产研究院供图

监测是世界文化遗产得到有效保护的重要手段。国家文物局于2012年在中国文化遗产研究院成立了中国世界文化遗产监测中心，并确定了12处世界文化遗产地作为监测预警体系建设的第一批试点单位。几年过去了，监测工作取得哪些成效，还存在哪些问题，下一步又该如何推进？值得我们继续探索和思考。

监测作为《世界遗产公约操作指南》中确定的世界遗产申报和保护管理机制中的核心内容之一，是指通过对衡量遗产保护状况指标的测定，确定遗产突出普遍价值以及完整性和/或真实性的保持状况及其变化趋势。遗产保护管理机构被要求监控和评估世界遗产的遗产区、缓冲区内可能对遗产突出普遍价值造成威胁的自然和人为因素的变化情况，并预先发出警示信息，以便于保护管理机构及时采取相应的处置措施，有效防范风险。同时，遗产保护管理机构还需定期提交监测报告，如实反映遗产的保护管理现状。由此可见，对世界遗产的价值载体和风险影响因素进行监测，从而为世界文化遗产的科学管理和保护提供决策依据，已成为世界遗产保护管理中最基本、最重要的工作之一。作为世界遗产的大国，在保持世界遗产数量连年稳步增长的同时，对于监测工作也十分重视，以世界文化遗产为例，在《国家文物博物馆事业发展"十二五"规划》和《中国世界文化遗产保护"十二五"专项规划》中均指出，我国世界文化遗产工作在"十二五"期间的首要任务是建立监测预警体系。

本文拟就近年来我国从国家和遗产地两层面开展的监测工作情况为基础，总结监测工作取得的成果以及存在的问题，并为今后世界文化遗产监测工作的开展提出建议。

一、中国世界文化遗产监测工作的总体情况

根据整体部署，我国的世界文化遗产监测预警体系由国家和遗产地两个层面构成，致力于从国家、省、遗产地三个管理层级建立有利于从技术上和管理上维护世界文化遗产真实性和完整性，全面提升各世界文化遗产地保护管理水平的综合系统。

在国家层面，自 2012 年 11 月中国世界文化遗产监测中心（以下简称"中心"）在中国文化遗产研究院挂牌成立以来，作为我国世界文化遗产监测、保护的国家级平台，中心一直在国家文物局以及相关机构和专家的支持下从制度规范和系统平台两个方面稳步推进中国世界文化遗产监测预警系统建设。

在制度规范建设方面，根据我国世界文化遗产保护管理现状，中心先后制定了符合我国遗产监测需求的数据标准和规范，如《中国世界文化遗产监测预警体系建设规划》《世界文化遗产监测数据总表、元数据表、监测指标》《世界文化遗产地基础资料清单》《中国世界文化遗产地基础数据采集规则》等，为遗产地的监测工作开展提供了有效的指导。

在系统平台建设方面，由遗产信息、预警信息、遗产监测、评估报告、监测报告、遗产档案以及服务平台等功能模块构成的中国世界文化遗产监测预警总平台，已于 2014 年 11 月正式上线运行。平台涵盖了文物保护管理工作中对遗产价值有影响的 17 大类 59 项监测数据和指标体系，采用 GIS 技术对时空进行一体化展示，将全国世界文化遗产信息、监测信息、预警信息等各类信息在同一底图上进行直观、立体的定位展示，并采用成熟的用户角色管理技术，对国家、省市、遗产地用户三级权限进行控制，使得三级用户能在总平台对监测报告和评估报告进行在线协同填报、浏览和审阅。与此同时，中心也正在以大运河、苏州古典园林等为试点，积极推动已建有监测平台的遗产地与总平台系统的互联互通工作。

此外，在交流培训方面，截至 2015 年年底，中心已举办了 3 次监测年会和 1 次监测培训班。监测年会每年都会邀请监测成绩比较突出的遗产地进行经验介绍，同时汇报中心在过去一年内在监测方面展开的项目和取得的成绩，并请与会的专家领导及各地同行就相关问题建言献策，已经成为国内世界文化遗产监测的重要交流平台。

2014 年 11 月举行的中国世界文化遗产监测培训班是中心成立后组织的第一次正式培训，来自全国 24 个省（自治区、直辖市）、140 多家遗产地和研究机构的 200 余人参加培训。培训班邀请了世界文化遗产保护管理、监测、信息系统开发等方面的专家，围绕世界文化遗产监测预警工作做了 10 场培训讲座，取得了良好的效果。

与此同时，为了加快遗产地层面的世界文化遗产监测预警体系建设，国家文物局于 2012 年确定了北京故宫，莫高窟，周口店北京人遗址，平遥古城，苏州古典园林，丽江古城，颐和园，大足石刻，龙门石窟，高句丽王城、王陵及贵族墓葬,登封"天地之中"历史建筑群与杭州西湖文化景观共12处世界文化遗产地作为监测预警体系建设的第一批试点单位,并对该项工作给予专项经费支持。

为全面了解并掌握试点单位的监测预警体系建设情况,进一步推动我国世界文化遗产地监测预警体系建设,根据国家文物局的委托,中心于2014年9月至2016年1月开展了"中国世界文化遗产地监测预警体系建设评估(一期)"项目,对部分试点单位监测预警体系的建设进展情况和实施效果进行评估。

基于遗产类型、遗产所处地域环境等方面的考虑,项目组选择了丽江古城,苏州古典园林,周口店北京人遗址,西湖文化景观,大足石刻和高句丽王城、王陵及贵族墓葬6处遗产地作为评估对象。这6处遗产地从类型到工作开展情况在12处试点单位中都有较好的典型性,对于评价我国世界文化遗产监测工作开展的现状有较好的代表性。本文将以这6处遗产地的监测工作情况为基础,总结近年来监测工作取得的成果以及存在的问题,并为今后世界文化遗产监测工作的开展提出建议。

二、世界文化遗产地监测工作的成果

评估结果显示,在过去的几年中,上述6处世界文化遗产地结合自身保护管理的实际需求,积极创新监测管理工作思路、方法和技术手段,在实践中探索和积累了大量经验,遗产监测工作主要取得了以下成果。

(一)监测工作实现了从无到有的跨越性进步

从开展监测工作的主动性、系统性来看,我国世界文化遗产地的监测工作实现了从无到有的跨越性进步。被评估的几处世界文化遗产地自2012年被确定为监测试点单位以来,先后成立了专门的监测(监管)中心,制定了与监测相关的制度规范,并初步完成了监测预警系统平台的建设。各遗产地结合自身特点,配备了文物保护、考古、建筑、园林、化学、计算机等专业的专职监测人员,在制度规范、人力资源、系统建设等方面满足了监测的基本需求。通过几年的实践,遗产地管理者和监测机构的工作人员都对世界文化遗产监测工作的要求和特点有了更为清晰的认识,以往工作中空白的得到填补,实现了从无到有的突破。

(二)锻炼了一批专业人才

在几年的工作实践中,遗产地通过专职监测以及部门协作等工作方式,锻炼了一批懂遗产、能够全方位思考遗产监测及保护管理需求的专业人才，为遗产保护管理工作提供了新的发展契机。首先，无论是管理人员，还是一线监测人员，在监测工作开展的过程中能够依据遗产地所制定的监测规范，从基本的监测工作做起，在监测思考、技术使用、预警处置、报告编制等方面得到了深层次的锻炼与提高。其次，在协作方面，各遗产地充分发挥自身机构与其他科研单位合作开展研究的优势，指导开展日常监测与专项监测，提升了监测中心人员的科研能力，深化了监测预警工作的深度。如杭州西湖文化景观把基于环境、生态、交通、游客量管理和监测等方面的多项研究成果运用到实践中去，取得了突出成绩。再次，在人才培养方面，各遗产地在监测人才培养方面加大了力度，为遗产保护管理工作的开展提供了人力保障。目前监测人才培训内容主要涉及监测基本知识、文物保护修复等方面。经过锻炼与专业培训，遗产地的监测人员不但在专业技术方面有了提高，而且对监测、遗产保护管理等工作也有了较为深刻全面的见解，从而为遗产的保护管理提供了有利的基础条件。

（三）推动了基础数据的完善和数字化

监测工作中基础数据的采集和数字化工作，不仅有助于留存遗产信息资料，而且有助于提高保护工程开展的准确性，为监测工作开展奠定了良好基础。同时，通过数字化建设，对资料档案进行了数字化录入、分类别目及数字化存储，有效解决了纸质资料存储和使用过程烦冗和不便的问题。如周口店北京人遗址按照四有档案的架构，已把全部数据录入监测预警系统平台，为方便搜索与查看遗址的相关数据信息提供了便利条件；苏州古典园林通过数字化管理各个园林的三维扫描与测绘数据，为各园林开展保护工作提供了更加翔实和便捷的数据信息。

（四）初步完成监测预警平台建设，较规范地积累了监测数据

信息系统建设是中国世界文化遗产监测预警体系建设的重要内容，其目标是通过国家主导、统一规划与各遗产地因地制宜、试点推进相结合，建设以国家级监测中心和遗产地两级为主、逐步扩建至包含省级和市级平台的中国世界文化遗产监测预警信息系统，实现监测数据的高效管理、实时传输、资源共享、预警提示和及时处置。同时，整合已有的世界文化遗产监测设施、信息和平台，实现各类监测信息源的集成管理和共享。

监测预警平台是监测工作高效开展的有效手段。监测预警平台的建设可以使遗产保护管理机构及时地获取监测数据，全面和直观地了解遗产现状，

同时还可以将分散的信息进行积聚，借助数据分析模型对遗产保存状态进行深入分析。

在监测预警平台建设过程中，各遗产地针对遗产价值、特点以及保护管理工作需求，通过开展初步需求研究建立了监测预警平台。在实际工作中，通过物联网与监测设备之间的信息交换和记录，初步实现了对遗产要素本体保存状态、病害发展状态、环境等涉及遗产突出普遍价值的影响因素监测数据的获取，使遗产地管理者在物联网中实时获得需要的监测信息，提高了保护管理工作的时效性和准确性。如杭州西湖文化景观的监测机构针对西湖特色植物开展了专项监测工作，完成300年以上树龄古树的无损探测和生长情况调查，并开展了遗产区和缓冲区自然、人为因素变化及周边开发对遗产本体影响和游客承载量等不定期监测工作，监测数据积累规范，有利于管理机构较为全面的掌握遗产现状，为遗产保护管理工作提供了数据支撑。

通过监测预警平台建设和监测数据的积累，大部分遗产地基本上实现用图、表等方式对监测数据实时变化情况及变化历史进行准确的展示，同时还可以对不同监测数据进行统计和比对分析，为后续制定预防性保护和抢救性保护措施提供了科学的依据。

（五）结合保护工程开展的专项监测取得了实效

各遗产地根据自身特点，结合保护工程开展了多项专项监测工作，为保护工程提供了数据支撑，同时也对预防性保护提供了真实有效并具有说服力的数据信息。以大足石刻为例，大足石刻在历经8年的千手观音造像抢救性修复工程中，开展了千手观音造像专项监测工作，包括微环境监测、凝结水监测、修复效果跟踪监测等，掌握了保护修复材料对千手观音造像保存环境的适应程度以及各种病害发展趋势和变化规律，并提出相应预防性保护措施，取得了较好的成效。高句丽王城、王陵及贵族墓葬遗产地通过将军坟和好太王碑变形的专项监测，掌握了将军坟和好太王碑的结构稳定情况、变化规律和发展趋势，通过数据分析发现了将军坟变形较为突出，而好太王碑总体情况稳定，促使监测工作更有针对性，为下一步监测工作的深化和扩展奠定基础。

总体来说，各遗产地开展的专项监测工作提高了遗产保护工作的科学性、预见性，减轻了抢救性保护的压力，有助于维护世界文化遗产的突出普遍价值和真实性、完整性。

(六) 在监测手段方面进行了一些有益的探索

2012年,随着"中国世界文化遗产监测预警体系建设"的提出,我国的文化遗产监测工作在监测内容、监测手段、监测方法等方面得到极大的丰富。在工作实践中,各遗产地也都针对遗产地价值本身和要素特点,在监测手段方面进行了一些有针对性的探索。例如,由于本体安全性较为重要,周口店遗址管理处基于猿人洞特定的环境和病害特点,使用了更具实用性的前端监测设备自动采集数据,与较早的人工温湿度记录、游标卡尺人工读数等监测手段相比,实时采集的数据现势性更好、数据更准、分析更为便捷;针对第三地点岩体稳定和风化情况,根据坡面地形等因素采用了较为适用的 SNS 柔性防护网。而壁画是高句丽王城、王陵及贵族墓葬的重要遗产要素,基于壁画病害变化程度,高句丽世界文化遗产监测管理中心选取了5座典型壁画墓,对墓室内温湿度、墙壁温度、二氧化碳浓度等内部环境进行实时监测,通过对监测数据分析,得出监测对象的数值、变化规律及原因,从而针对墓室内部微环境提出了加厚墓葬封土、铺设防渗层等有效防护措施。

在其他遗产地,丽江古城在游客视频监测、大足石刻在微环境监测、西湖文化景观在游客量红外监测、苏州古典园林在建构筑物与植物病害监测等监测内容、手段与方法上都进行了具有针对性的研究探索,有效提高了我国世界文化遗产的监测预警能力。

三、目前存在的问题

在取得上述成果的同时,由于监测工作开展时间仍然相对较短,各地监测机构主要也是近年才建立,我国的世界文化遗产监测工作还存在以下各方面的问题。

(一) 监测工作缺少科学性、系统性的统筹规划

各遗产地虽然大多编制了监测方案/规划等针对监测工作的指导性文件,但这些文件大部分由监测系统开发方主导编制,缺少基于世界文化遗产的保护标准对本体保存状况和病害情况进行的系统调研,以及对遗产监测和管理需求的科学分析,导致这些方案/规划的全面性和可操作性有待进一步提高。相关问题主要表现在以下几个方面:

1. 监测范围、监测内容不能满足遗产地的保护需求

由于应用系统监测的意识不到位或遗产区划内管辖权属、土地权属等方面的问题,有些遗产地目前开展监测工作的范围和内容不能有效地满足遗产

地突出普遍价值的保护需求，使得这些遗产地的遗产本体或遗产环境因缺少科学、合理的监测和保护而导致其突出普遍价值以及真实性和完整性受到了一定程度的影响或破坏。例如，大足石刻针对宝顶山大佛湾石刻的现状保存情况开展了大量的本体监测工作（岩体稳定性、渗水、石刻表面污染、生物病害等）以及专项监测工作（千手观音修复效果及千手观音本体跟踪监测），而对北山、南山、石门山、石篆山这4个遗产区仅开展了日常巡查和安防等基础性监测工作，导致这4个区域内重要价值载体缺少实时、精细的监测和保护，遗产面临一定的安全隐患；而白沙民居建筑群作为丽江古城遗产的三大部分组成之一，因超出丽江古城管理局的管辖权限，该区域内的监测工作基本处于停顿状态，导致该处遗产的拆建/改建现象严重，其真实性和完整性面临较大的建设和发展压力。

除此之外，缓冲区作为保护遗产地价值和真实性、完整性，抵御外来压力的重要区域，因比遗产区更接近城市建成区、村庄等社会环境，面临更大的建设和发展压力。但由于监测方法单一（遥感影像和人工巡查）、缺乏处置权限等现实条件，导致目前遗产地对该区域内的监测力度普遍偏弱，不能对遗产外围环境进行有效的监测和管理。

2. 监测指标针对性不强

科学、明晰的监测指标体系是遗产地监测工作有序开展的重要前提，在此基础上，通过对相关监测数据进行长期的搜集、梳理和分析，不仅可以有效地帮助遗产管理人员及时掌握遗产的保存状况并采取应对措施，还能逐步实现对相关变化趋势和原因进行分析和预判。但目前遗产地监测指标的制定普遍缺少有效的调研和分析，导致监测指标的针对性不强，不能全面反映现阶段监测工作的需要和监测对象的重要动态变化。如丽江古城作为纳西族重要的传统聚居地，其遗产价值的载体除了有形的民居、街道等，还包括无形的纳西族生活传统、宗教信仰和习俗等，如果失去古城依之而兴的纳西族民众真实的生活，它将变得有形无神，进而失去使其列入《世界遗产名录》的突出普遍价值。而从目前的工作实际看，丽江遗产管理部门还未能从古城突出普遍价值载体的高度认识纳西文化对于丽江古城的重要性，忽视了对古城内原住民的数量、年龄/文化构成、分布规律、社会/社区内角色以及家庭经济模式等相关指标进行动态监测。

3. 较依赖设备和先进技术，造成一定程度的资金浪费

有效使用监测设备有助于提高世界文化遗产监测工作的精确性和便捷性，

它的意义在于帮助遗产地管理者更好地了解遗产的保存现状，及时发现可能会发生的破坏。但是，监测设备只是监测工作的手段，过度依赖设备会造成对有限文物资金的无序占用，影响其他更重要监测工作的资金投入。在实际工作中，也有部分遗产地存在"小毛病大监测""过度监测"等现象。有的遗产地为了对遗产要素实施视频监测，安装了多个高清摄像探头；有的遗产地为了实施遗产变形监测，花重价在对其进行三维扫描建模的基础上，安装数个传感器进行实时监控和展示；有的遗产地为收集区域内的环境数据，在有限的区域内放置了多个温湿度收集箱。总体而言，遗产地在选择监测设备时缺少适用性和效益性分析，如此获得的监测数据与传统监测方法相比虽然在测量精度和自动化程度上得到提高，数据类型也相对较丰富，但是否真的能够帮助遗产地更加快速、有效的解决实际问题，仅目前而言效果并不突出。

4. 监测数据的有效利用率较低

监测数据是实现对遗产预防性保护的前提，也是判断对文物是否需要干预的科学依据。经过这几年的监测预警体系的建设，各遗产地都积累了一定数量的监测数据。但目前遗产地对监测数据的利用大部分停留在对历史变化趋势的图表统计上，缺少对监测数据与监测数据之间、监测数据与遗产保护决策之间的关联性分析，监测数据的整体利用率程度较低。

5. 缺少相应的处置机制

在实际工作中，虽然遗产地能够通过监测发现影响遗产安全的问题，但由于有些问题是遗产地管理机构本身解决不了，同时也缺少更高层级的文物应急协调处置机制，造成"有问题没地报""有问题没人处理"的现象。如每逢千手观音的生日之际，大足石刻区域内众多信徒的烧香活动导致石窟区降尘明显增加，由于降尘有较强的吸收性，使石刻表面成为各种渗水和凝结水的"蓄水池"，进一步加快了生物病害滋生蔓延的速度，对石窟保护造成了重大影响。大足石刻监测人员通过TSP半自动监测仪器发现空气中总悬浮微粒的数量超标，却因缺少相应的处置机制，没办法对出现的问题进行及时的处理和解决，使监测工作的失去了对遗产保护的现实意义。

（二）监测机构现有的人员数量、专业素质不能满足监测工作需求

遗产地监测机构作为承担遗产监测工作的专职部门，需要配备充分的工作人员。从技术要求来说，监测中心的工作人员不仅需要掌握与遗产类型相关的专业背景知识，而且还需要熟识监测设备、系统平台设施的相关性能和使用方法。此外，由于监测工作贯穿于遗产地整个保护管理工作之中，涉及

面较广且繁杂，要求监测中心应拥有一定数量的工作人员，才能有足够的人力去开展与监测相关的具体工作。但在实际工作中，监测机构参与具体监测工作的人员大概只占总人数的 1/3 左右。面对烦琐的数据采集、数据整理、数据上报等日常性监测工作以及数据分析、阈值制定等研究性工作，大多数遗产地都存在人员缺口。

与此同时，各地监测机构作为新成立的部门，人员往往由其他部门选调，存在专业不对口、业务经验缺乏等问题，整个队伍的知识结构、业务水平较低，不能有效的指导遗产地的监测管理工作，使得整个监测工作推进的广度以及深度都有待进一步提高。特别是针对监测的研究性工作，如监测指标研究、监测数据分析、预警阈值的制定等，基本上处于空白状态。

（三）与相关机构缺少有效的沟通和协作机制

除了个别遗产地，大部分遗产地的监测机构都成立于 2010 年以后，是遗产地管理机构中相对年轻的业务部门。由于缺少成熟的业务链条及人脉，大多数遗产地的监测机构与相关内外部机构之间缺少有效的沟通和协作机制，一定程度上影响了具体监测工作及时、有序的开展。如监测数据作为监测工作的核心，不仅涉及遗产地保护管理机构内部的其他部门，还涉及遗产管理机构以外的旅游、环保、气象、水利等部门。由于在实际工作中缺少与这些部门常态化的工作协调与信息共享机制，导致在数据获取的实效性和准确性上得不到有效保障。如丽江古城出于对遗产保护的目的，在向市水利部门收集丽江古城历史水流河道数据时，水利部门提出需要分管副市长书面同意才能给予相关信息，给基础数据采集带来了烦琐的行政程序。有的遗产地虽然已经与当地环境监测站、气象局建立了固定的合作关系，但复杂、烦冗的工作手续也大大影响了监测工作的效率，给准确、及时的采集监测数据带了来阻碍，直接影响到后续监测工作的有序开展。

（四）监测预警系统建设不完善

监测系统的建设是遗产地开展监测预警体系建设的重要工作内容之一。目前大部分的试点遗产地都已开展了监测系统的建设工作，初步搭建了依靠信息化手段提高工作效率的监测平台，并积累了一定的监测数据。但由于遗产保护的业务专业性较强，涉及领域和业务部门较多，而目前我国的遗产监测预警系统建设主要由计算机信息系统公司主导，往往缺乏科学合理的顶层设计，导致有效利用率不高。问题具体表现在以下几个方面：

1. 监测系统与遗产保护管理工作存在脱节现象

由于监测系统的建设时间较短,在一些遗产地还未能与原有的保护管理工作进行有效的融合,监测系统对于实际工作的功效有限。如在部分遗产地,遗产监测系统更像是一个档案系统。他们将大部分的监测数据以档案的形式在监测平台中进行存储,需要时只能以查询档案的形式对监测数据进行查阅,不能利用监测系统对监测数据进行分析利用,从而推动遗产的保护管理工作。

又如有的遗产地的监测系统未能将移动巡查的管理纳入到监测系统,巡查人员需要采用填报纸质报表的方式上报巡查结果,并转录到监测系统中,这无疑增加了巡查人员的工作量,同时也可能降低监测数据的准确性。

2. 监测系统功能不完善

目前,各遗产地所建的监测系统大致包括档案或基础资料管理、监测管理、预警、决策评估和系统管理五大板块,部分监测系统还有 GIS 展示平台功能,整体上满足了监测工作的需求。但是,在具体的功能的设计中,由于缺乏对遗产价值或影响因素的深刻认识,以及对监测工作的需求调研不充分,导致监测系统的各项功能不能很好地支持保护管理工作的开展。如系统档案管理的功能,由于系统筛选方式设置的不合理,有些遗产地在系统中搜索一份遗产档案要经过多次条件的删选,极为不便。此外部分遗产地不能在监测系统中方便自主的设置监测指标、监测周期等内容,这就会导致监测指标根据监测工作的开展进行调整后,监测系统无法满足相对应的变化。

此外部分遗产地监测系统的信息安全也有待提高。如有的遗产地缺乏自动备份的机制,采用人工备份的方式,这种不符合国家信息安全相关标准和系统安全策略,无疑会给监测系统的安全带来隐患。

3. 监测预警系统与国家总平台对接难度较大

由于不少遗产地的监测系统建设时间早于国家级总平台,在指标体系和技术参数等方面均存在不小的差异,因此目前大部分的遗产地平台均未实现与中国世界文化遗产监测预警总平台的对接。要顺利实现对接,不仅需要遗产地根据总平台的监测数据与指标体系重新梳理自己的监测指标,更需要遗产地管理机构和系统建设方的全力协助,目前来看要实现所有遗产地系统与总平台的对接还需花费较多的时间和精力。

(五) 遗产地之间缺少有效沟通和交流

同行间及时有效的沟通和交流对于我国世界文化遗产监测事业的发展十分重要。目前,大部分遗产地每年会根据自身遗产特色组织一定数量的业务培训，但是与兄弟单位之间的沟通和交流却是十分有限。原因主要有以下几个方面：

在国家层面上，缺少范围更广、数量更多的沟通平台与机会，以促进遗产地之间的交流和学习。现阶段，虽然国家监测中心每年会举办监测年会，以及不定期举办专项培训会，但是这些会议时间紧、任务重，能够分享和探讨的内容有限，没有足够的机会让遗产地与兄弟单位分享实际工作中汲取的经验和遇到的问题。

而在遗产地层面上也缺少主动沟通意识和沟通氛围。目前，遗产地在实际工作中往往是各自为战，遇到问题或困惑缺乏主动去同类型遗产地寻求支持的意识，对于监测工作的探索存在各自为战、闭门造车的现象，遗产地与遗产地之间形成了一定的信息壁垒，不利于我国监测预警体系建设能力的快速发展。

四、对策与建议

通过以上回顾可以看出，目前我国世界文化遗产地的监测工作取得了一定的效果，正逐渐成为遗产地保护管理工作的有效手段。但不可否认的是，我国世界文化遗产地的监测工作仍处于发展过程中。我们应该在总结实践经验的基础上，加深认识、统筹规划、优化方案，进一步提高我国世界文化遗产地的监测预警工作水平，从而推动我国文化遗产保护管理工作的整体进步。在此提出以下一些建议。

（一）提高对监测工作的认识

世界文化遗产作为我国文化遗产资源的重要组成部分和全人类的共同遗产，其保护管理对于整个文化遗产行业都有重要的引领作用，也是中国彰显负责任的遗产大国形象的重要途径。而监测，无疑是世界文化遗产得到妥善保护和管理的关键手段之一。因此，不仅是各级文物行政主管部门和各世界文化遗产地的管理部门，包括各级遗产所在地政府在内，都要把世界文化遗产监测作为文化遗产工作的重要内容，对其重要性予以充分认识。在遗产地层面，也需要基于国家层面的工作导向，将遗产监测纳入保护管理工作规划，建立分期目标，通过重点项目和任务的实施推动遗产监测工作的开展。

（二）完善监测工作机制，增强执行力度

由于世界文化遗产监测工作的提出相对较晚，对于遗产地来说，在系统的开展监测工作以前，已经形成了一套比较成熟的保护管理工作流程。而目前在一些遗产地开展的监测工作，并没有与已有的保护管理工作体系融合在一起，需要在原有工作的基础上对监测数据进行额外的录入和整理，这无形之中增加了遗产地管理者的工作量，影响了工作效率。对于如何把监测纳入原有的管理工作体系当中，提出以下几方面的建议。

1. 从国家层面将监测纳入行政管理程序

根据国家文物局现行的管理分工，世界文化遗产的日常保护管理工作和文物安全突发事件的处理分属不同的处室负责，而在发生文物失窃、损坏等恶性事件时，文物管理部门还是会根据传统的上报和处理流程加以应对，这从一定程度上影响了监测系统效果的发挥。因此，为了确保监测工作的畅通和发挥实效，应首先在国家文物局层面统一认识，把世界文化遗产保护管理涉及的相关部门都纳入监测工作的流程当中。

2. 把遗产监测管理作为政绩或绩效考核的重要指标

由于一些地方对于世界文化遗产工作缺乏足够重视，给遗产地的保护管理工作带来了很大困难。因此，应将遗产保护管理纳入政绩和绩效考核体系，作为年度考核指标加以落实。对于遗产地政府来说，可在政绩考核上实行遗产保护管理的"一票否决制"或"领导负责制"，让文化遗产的保护在经济发展面前有一席之地。而在遗产保护管理的过程中，也应通过规章制度，明确各相关部门的管理职责，并将其融入监测体系当中。

3. 将监测数据作为文物保护利用工程等项目开展的重要依据

在文物保护工程方案、项目的立项审批中，应该将反映遗产保存现状、特性、病害等方面的有效监测数据作为审批的依据。在项目申报方案中提供工程项目涉及的遗产监测数据，并对监测数据来源进行相应规范。在项目实施过程中，要对项目进行跟踪监测，贯穿前期、中期、后期，再进行对比，根据监测成果来验证保护工程的有效性，特别是一些与遗产本体联系密切的项目，如本体的维修工程，尤其要加强监测频率。

（三）明确监测中心的职能定位

监测中心作为牵头遗产监测工作的综合性部门，应以监测工作为抓手，整合内外部机构的遗产保护力量、资源和数据等，推进监测数据采集、数据分析、指标研究、预警处置与信息发布等工作。在这一过程中，应避免监测中心承担太多非监测业务。

与此同时，在具备必要的文化遗产保护专业素养的同时，为了在工作中更好地与机构内外部进行必要的沟通和协调，监测机构的人员也应具备较好的沟通能力，从而更加有效的整合各部门的资源。而遗产地监测机构也需要充分发挥各行业的互补优势，积极创新合作机制，进一步加强与外单位在遗产监测工作上的合作。

（四）促进各部门的沟通与协作

世界文化遗产的监测工作不仅是遗产地保护管理机构的责任和义务，也需要各级政府和各相关职能部门的支持与协作。对于如何促进各部门间的沟通与协作，提出以下建议。

1. 构建不同层级的资源共享机制

为充分调动相关部门的积极性和联动性，从而进一步整合遗产地的监测资源，建议构建不同层级的监测资源共享机制。

在遗产地保护管理机构内部，构建由遗产地领导牵头，各相关部门负责人参与的监测工作领导小组，以此支持具体监测工作的开展。领导小组主抓遗产地监测工作的综合协调和宏观管理，监测中心则在其领导下负责监测数据采集、数据分析、指标研究、预警处置与信息发布以及监测交流和培训等工作。两者分别从管理上和业务上保障遗产地监测预警工作的有效开展，从而充分利用好遗产地内部的保护资源和数据，推动遗产保护力量和管理水平的整体提升。

在遗产地保护管理机构外部，构建由遗产地政府主导，文物局及其他各职能部门共同参与的协调小组，明确遗产管理机构与不同部门之间的监测数据共享内容、共享方式、共享步骤和制度，从而增强联动性，积极利用已有的多方资源，促进和完善各职能部门在监测体系中所发挥的作用。

在遗产管理的日常工作中，要加强监测中心与相关内外部机构的沟通，如举行定期例会、行政审批事项的联审联批等，通过常态化的日常沟通增强内外部机构的协作意识，促进机构之间的合作。此外，遗产地还可以通过监测预警系统平台，实现监测部门与其他管理机构、部门的信息共享。除了获取相关部门的数据，监测机构也要积极向规划、城管执法、城乡建设、国土、市政公用、旅游等相关部门通报遗产管理的各方面信息，共享数据资源，形成多部门合力，加强遗产管理。除了相互提供数据之外，信息共享还包括对管理信息和处置结果进行反馈。

2. 细化监测工作规章，规范监测工作的操作流程和要求

监测工作贯穿于整个保护管理工作，涉及的部门不仅是遗产保护管理机构内部，常常也包括外部的专业机构。为保障不同部门的工作人员有序、及

时的开展监测工作，应建立符合遗产地监测管理需求的"监测工作流"，制定详细的监测工作规章，明确每项监测工作的程序和要求，以及责任主体和相应职责，做到责任落实到岗、任务落实到人、措施落实到位。如根据监测数据的内容和类型，可将监测数据的采集责任主体落实到与之联系最紧密的部门，通过制定监测数据采集时间、监测数据的采集规范、上报时间等具体操作流程和要求，采用专业化、标准化的监测手段，确保监测数据的有效性和可比性。

3. 建立不同层级的反应/处置机制

根据监测工作获得的定量数据，科学评估遗产保护状况的变化趋势，通过完善各项监测指标预警后的反应/处置机制，及时采取保护管理决策，让监测工作真正做到促进保护管理工作。面对监测中出现的一些问题，应该本着"谁主管、谁负责"的原则，加强各个机构之间的联动效应，增强各职能部门对遗产保护的责任。在具体工作中，建议根据预警等级制定不同层级的反应/处置制度，明确各个等级的责任主体。监测中心能解决的，可直接由监测中心处理；监测中心不能解决的，可由遗产管理机构协调处理；遗产管理机构不能解决的，可由当地政府协调处理；当地政府不能解决的，则由国家文物局协调处理。

（五）深化需求分析，完善监测方案

遗产监测是遗产保护的基础，是一项长期而艰巨的任务。为了更加有效地实施监测工作，必须明确与监测相关的三个问题：（1）为什么要监测？（2）监测什么？（3）如何监测？通过明确监测目标、监测内容、监测指标和监测方法，制定合理的监测方案/规划，统筹安排监测资源，提高监测工作的针对性、可操作性和可持续性。

1. 坚持问题导向，深化监测需求分析

在开展监测工作时，应坚持问题导向，基于遗产保护管理的现状，科学系统全面的对遗产区、缓冲区内可能对遗产突出普遍价值造成威胁的自然和人为因素的各种变化情况，以及遗产本身的病害变化情况加以评估，从而进一步明确监测需求。具体通过对病害分布范围、发展程度、潜在危害等情况进行详细的调研、分析、评估，明确监测目标，为保护遗产的本体及其环境提供具有针对性的监测内容。同时，针对不同类型世界文化遗产在价值和保护管理等方面的不同特点，应确定重点监测区域和重点监测内容，保证在有限的人力、物力、资金的条件下，对更加重要的保护对象的现状及变化趋势实施优先监测、重点监测，为管理者的科学决策提供有效的数据支撑。

2. 根据监测需求，确定阶段性的重点监测对象

监测指标是监测内容的科学呈现，通过制定涵义清晰、内容明确、简便实用、数据获得性强的监测指标，可以及时反映环境影响因素及遗产本体状态的动态变化，量化遗产内外影响因素的变化趋势，从而为遗产保护决策提供科学依据。在根据监测指标确定具体的监测对象时，应基于监测需求的调研合理区分轻重缓急，可将遗产面临的主要风险、病害以及风险、病害发生的区域或者严重区域列为监测重点，对于现阶段可以容忍的风险因素或病害列入次一级的监测对象。同时，随着监测工作的开展和风险因素的改变，监测指标应及时做出相应的调整和完善。

3. 根据风险特点，制定合理的监测周期

针对遗产面临风险或病害的特性和地域特点，制定合理的监测周期。根据风险或病害的平稳期或危险期，应设置长短不一的监测间隔，如平稳期的监测周期长，危险期的监测周期短，某些指标可能需要以"分、时"乃至更小的时间单位加以监测，另一些则用"月、季、年"等周期既能满足需求。同时也要考虑不同地域自然灾害特点，如东南的潮湿地区、东北的冻融地区、西北的干旱地区属于地域常发性灾害，应根据遗产保护现状与这些常发性灾害的关系，制定合理的监测周期。

4. 选择符合监测需求的监测设备

通过评估遗产现有病害以及可能发生病害、病害危害程度等对设备类型、精度的需求，选择符合实际需求的监测设备，避免监测设备过度的现象。

5. 监测方案的编制需要遗产保护和软件开发领域专业人员的共同参与

目前，遗产监测方案的编制主要依靠软件开发方，由于委托方即遗产管理方对监测工作的需求认识不明确，不了解系统软件的开发，而系统开发方仅负责技术支持，对遗产保护管理需求也缺乏了解，二者认知的偏颇导致编制的方案多侧重于技术层面，缺乏业务层面的内容，不能满足实际监测工作的需要。因此，监测方案的编制应当由遗产保护、规划和软件建设方共同参与，由遗产保护管理专业人士提出完整的业务需求，包括监测对象、指标、周期和设备，而由软件建设方提供技术支持，完成系统建设。

（六）提升和优化监测预警系统

监测预警系统作为开展监测工作的重要工具，对于提高监测工作的效率和准确性具有重要的作用。在建设系统时，应重点考虑三个问题，首先是数

据库怎么搭建？其次是监测数据怎么采集？最后是监测数据怎么利用？具体采集监测数据时，应根据监测对象的特点以及当前的监测技术，采用适合于遗产地监测现状的监测手段，并把数据的采集流程以程序的形式纳入系统里。在这个过程中，还要注重监测数据的验证，逐步提高监测数据的准确性，从而逐步实现为遗产保护提供决策支持的目的。

此外，目前有一些遗产地为了完成监测任务而被动填报数据，不仅使监测造成额外的工作量，对于推动监测工作的实际意义也不大。针对这种现象，可以通过监测预警系统与遗产地办公管理系统等原有的信息系统的集成或连通，使监测预警系统从办公管理系统自动获取所需的数据，从而避免监测数据的重复录入。

（七）促进交流和学习

首先，应加强国家层面上的监测专项培训。建议定期组织遗产地监测工作人员进行专业知识和监测技术的专项培训，通过自上而下的交流模式，及时把最新的监测规范、要求和成果传达给各个遗产地，保证监测信息的及时共享。

其次，可以考虑建立世界文化遗产联盟，每年确定一个主题，对监测工作进行专题探讨，如游客量监测、监测设备适宜性等，由各遗产地轮流承办，加强遗产地之间的横向联系。

此外还要强化遗产地内部的员工培训，致力于在遗产地内部构建和谐、高效的监测工作模式，减少因不知道、不理解而造成的工作不顺畅，通过加强对遗产地不同部门的员工培训，把与监测工作的目标、内容、技术过程以内部培训的方式进行交流和沟通，促进遗产地工作人员对监测工作意义的认知。

与此同时，鉴于目前缺乏发表与交流遗产监测理论、监测技术以及监测效果等监测保护的学术平台，建议在国家或地方性杂志上设置世界文化遗产监测工作专栏，通过对遗产监测的关键性理论、技术研究或遗产监测效果的相关研究成果进行发表，提高遗产监测在行业内外的影响力，促进我国世界文化遗产监测学术水平的快速发展。

（八）建立国内的反应性监测体制

反应性监测是保护世界遗产价值及真实性完整性的重要机制，对于因新建项目或其他原因可能受到威胁的世界遗产，世界遗产中心会协同其咨询机构，派遣专家前往遗产地就其保护管理情况进行实地考察评估，面临重大威胁的遗产可能会被列入《濒危遗产名录》，甚至从《世界遗产名录》中除名。

2014~2015年，世界遗产中心协同其咨询机构，先后对我国的三处世界文化遗产，即武当山古建筑群，孔庙、孔府、孔林以及布达拉宫和大昭寺展开了反应性监测。经过国际组织的实地考察，虽然引发反应性监测的直接原因，如武当山古建筑群的遇真宫抬升工程，三孔缓冲区的棚户区改造项目以及大昭寺缓冲区中的城市建设项目等，都被认为未对遗产地的突出普遍价值造成显著的负面影响，但三次反应性监测仍然反映出我国部分世界文化遗产地保护管理中存在的遗产区划不合理，保护工作基础差，保护意识较薄弱等问题。而一年之内引发三次反应性监测，对于我国的世界文化遗产保护管理工作来说无疑是一个值得令人深思的警告。而从积极的方面看，由于反应性监测的强制性和后果的严重性和不可控制性，也使得遗产地政府在申遗完成后再次把遗产的保护管理当做工作中的大事，这对于文化遗产部门来说无疑也是一种积极的契机。因此，为了加强遗产地政府对于世界文化遗产保护管理的重视，有必要建立中国的世界文化遗产反应性监测制度，对遗产地的违规行为加强约束，增加遗产监测与保护的力度。

而在国内，国家旅游局已经开始实行5A级景区的除名制度，也值得国内的反应性监测制度所借鉴。反应性监测要发挥警示作用，必须形成处罚机制，针对问题的严重程度，采取通报批评、一把手约谈乃至形成国内的世界文化遗产濒危制度，让忽视世界文化遗产保护管理的机构和个人，真正为自己的失职付出代价。

当前，我国文化遗产保护理念正在从抢救性保护向抢救性保护和预防性保护并重转变，而监测在其中无疑扮演了重要的角色。通过监测工作的改善与加强，相信我国的世界文化遗产保护，以及以其为代表的我国文化遗产保护的整体面貌，都会得到质的飞跃，文物资源在传承和弘扬中华优秀传统文化、实现中华民族伟大复兴中国梦的过程中，也一定能发挥出更大的作用。

（本部分执笔人：王毅）

政府主导下的长城保护实践与探索

内蒙古固阳秦长城　中国文化遗产研究院供图

长城保护历来得到党和国家领导人高度重视，在政府主导下开展了长期的保护工作，尤其是2005~2014年的"长城保护工程"投入巨大，成效斐然。但长城体量超大、跨15个省级行政区域，保存现状复杂，保护管理难度极大，长城保护工作中还存在着哪些问题，应该从哪些方面改进加强，需要深入剖析。

2015年，一则"万里长城濒危，三成消失身影"的报道被争相转载，引起社会广泛关注。习近平总书记随即为长城保护工作做出专门批示。这可谓"一石激起千层浪"，长城保护问题被推向了风口浪尖。长城是中华民族伟大的精神象征。新中国成立以来，党和国家领导人曾多次对长城保护工作做出专门批示，各级政府也投入了大量人力、物力和财力开展长城保护工作，受到了社会广泛关注。但时至今日仍面临诸多问题，究竟该如何应对，是一个值得深入思考的问题。

一、长城保护历程回顾

长期以来，长城在世界范围内作为中华民族的精神象征，已经在世人脑海中形成了强烈的印记，具有我国其他文物无可比拟的政治、文化和精神象征意义，也由此推动了长城文物保护事业的发展。

从启蒙运动时代开始，欧洲的传教士和启蒙思想家将长城介绍到西方，长城开始为世界所认知。1765年狄德罗编纂的《百科全书》将长城与金字塔相提并论；伏尔泰在《风俗论》中认为长城是超过埃及金字塔的伟大建筑。19世纪之后，长城的形象开始大量出现在邮票、明信片等印刷品上。由于位于中国的首都附近，交通相对便利，八达岭长城带有整齐垛口和高大敌台的砖石结构建筑被视为长城的代表。长城在外国人心目中成了中国的代表，几乎是每位访华国家元首必到之地。

近代以来，长城日益具有鲜明的国家象征意义。孙中山先生在《建国方略》中提到长城守卫中华文明的重要价值，并在将其定义为中华民族抵御夷狄的象征。抗日战争时期，长城沿线的一系列防御作战使其成为中华民族抵御外侮、自强不息的精神动力，一曲《义勇军进行曲》响彻神州大地，并成为中华人民共和国国歌。如今这处写进国歌的文化遗产已被国人视为中华民族文明发展的历史见证，是中华民族顽强不屈和团结坚韧的象征，并在各种重要场合作为主要背景出现。

1987年，长城因其突出普遍价值被列入世界文化遗产名录，世界遗产委员会的评价是："约公元前220年，一统天下的秦始皇，将修建于早些时候的一些断续的防御工事连接成一个完整的防御系统，用以抵抗来自北方的侵略。在明代（1368~1644年），又继续加以修筑，使长城成为世界上最长的军事设施。它在文化艺术上的价值，足以与其在历史和战略上的重要性相媲美。"长城的世界文化遗产价值得到全新阐释，并在国际遗产保护体系中占有一席之地，成为中国与世界沟通的桥梁。

长城具有崇高的政治地位和象征意义，长城保护也因此受到超乎寻常的关注和重视。新中国成立以后，多位党和国家领导人为长城保护做出专门批示，这在我国文物保护工作中绝无仅有。回顾我国长城保护工作历程，每次重大保护行动总与国家领导人的关注和推动密不可分。

1950年中央人民政府政务院发布《关于保护古文物建筑的指示》，1952年，时任政务院副总理郭沫若提出修复长城的建议。文化部文物局委派罗哲文先生开展调查，并最终选择了八达岭、居庸关、山海关三处进行修缮。从1952年开始到1958年文物部门先后对这几处的墙体、关城、关楼等进行了修缮和加固，并对游人开放。[①] 这是我国首次开展的长城文物保护工程，具有里程碑式意义。在1961年，山海关、嘉峪关、八达岭长城被国务院公布为首批全国重点文物保护单位。

1978年，滦平县两间房公社民办教师贾云峰看到长城被破坏的状况颇感痛心，给国务院领导写信反映看到的长城遭受破坏状况。时任国务院副总理李先念当即批示"长城不能拆，要保护好"。这封信改变了长城遭受大规模毁坏的命运，并促进了"文革"结束后的长城保护工作。

1978年5月，国家文物局下发了《关于加强对长城保护的通知》，[②] 要求加强长城保护管理工作。随后由国务院组织了五批调查人员去各省市调查长

[①] 国家文物局：《全国重点文物保护单位记录档案——万里长城山海关》，《全国重点文物保护单位记录档案——万里长城八达岭》；《全国重点文物保护单位记录档案——万里长城嘉峪关》。

[②] 国家文物局：《中国文化遗产事业法规文件汇编（1949~2009）》，文物出版社，2009年。

城状况,①开始纠正"文革"中破坏长城的做法。1979年,第一次长城保护和研究工作座谈会在呼和浩特召开,与会学者形成对长城进行保护修缮的共识:"首先就要把长城的实物保护好,不然进行任何研究、发挥任何作用都会成为空话。"②1983年又在滦平县召开了全国长城保护工作会议。这两次会议的召开,理清了长城保护思路,明确了保护目标和方法,极大促进和推动了长城保护工作。

1984年7月,北京的新闻媒体发起了"爱我中华,修我长城"的社会募捐活动。习仲勋和邓小平同志先后为这次活动题词,1987年长城被列入《世界遗产名录》,长城受到更多的关注,这促使二十世纪八九十年代出现了长城保护的高潮。在这场长城保护运动中,恢复长城雄伟的历史原貌成为主要指导思想,大量长城墙体、关城等得到修复,如山海关的老龙头、角山长城、黄崖关长城、虎山长城、居庸关长城、九门口、嘉峪关等都进行了大规模的修缮和复建。

二、政府主导下的"长城保护工程(2005~2014年)"

新中国长城保护历经60多年,薪火相传绵延不绝,从认知、保护、管理、研究等各个层面开展了大量工作,尤其是2005年实施的《"长城保护工程(2005~2014年)"总体工作方案》,为其后十年的长城保护工作指明了方向,明确了任务目标。这项工作的缘起同样来自中央领导同志对长城保护的关注。

2003年,中央领导同志相继批示要加强长城保护。同年,国务院七部委联合下发了《关于进一步加强长城保护管理的通知》,明确指出要加强对长城保护维修工作的管理,坚决杜绝"保护性""建设性"破坏事件的发生。

在这一背景下,为了解决长城时空界限不明、保护家底不清、工作基础薄弱、年久失修残损加剧等问题,2005年11月,国家文物局报请国务院批准,实施了《"长城保护工程(2005~2014年)"总体工作方案》(以下简称"长城保护工程"),目标是"争取用较短的时间摸清长城家底、建立健全相

---

① 调查结果在1980年由文化部、国家文物事业管理局上报国务院,并由国务院办公厅转发河北、北京、天津、内蒙古、山西、陕西、宁夏、甘肃。参见《国务院办公厅转发文化部、国家文物事业管理局关于长城破坏情况的调查报告的通知》,国家文物局编《中国文物事业法规文件汇编(1949~2009)》,文物出版社,2009年,第116~119页。

② 《文物》月刊记者:《长城保护、研究工作座谈会侧记》,《文物》1980年第7期,第30页。

关法规制度、理顺管理体制,在统一规划的指导下,科学安排长城保护维修、合理利用等工作,并依法加强监管,从根本上遏制对长城的破坏,为长城保护工作的良性发展打下坚实基础。"在国家顶层设计下,新世纪以来长达十年的"长城保护工程"正式开启,部署并实施了调查、规划、立法、研究、维修、监管、宣教、保障等九项主要工作任务。

"长城保护工程"的实施是针对长城这种跨区域、超大型文化遗产保护现状所采取的有针对性的综合行动。"十一五"和"十二五"期间,通过国家长期顶层设计推动,采取多手段并举的保护管理模式,探索联合工作机制和专项经费保障制度。国家文物局直接组织和推动,集中财力、物力和人力开展工作,实施了长城资源调查与认定、长城执法督察等单纯依靠某一省(自治区、直辖市)难以承担的任务,为全面展开长城保护工作奠定了良好的基础。充分显示出对于长城这样跨行政区域的超大型文化遗产,政府统筹组织和行为引导在长城保护中的作用,提高和促进了长城保护管理工作的能力和水平,同时提高了各省(自治区、直辖市)文物管理部门对长城保护工作的意识,推动了其开展长城保护工作的积极性,为今后开展长城保护管理工作提供了借鉴和奠定了良好基础。

(一)成立国家级工作协调机制,加强"长城保护工程"组织实施

2005年国务院批准实施《长城保护工程(2005~2014年)总体工作方案》。根据国家文物局《关于成立"长城保护工程"领导小组和项目管理小组的通知》(文物保函[2006]601号),2006年国家文物局成立"长城保护工程"领导小组,负责研究解决长城保护中的重大问题,确定长城保护的指导原则和工作方针,决策重大事项。领导小组下设办公室,负责组织各有关部门实施长城保护工程,部署各项具体工作,指导和督促落实工作方案。办公室在中国文化遗产研究院(原中国文物研究所)设立"长城保护工程"项目管理小组,由中国文化遗产研究院有关人员组成,负责具体组织实施领导小组办公室部署的"长城保护工程"的有关工作。

"长城保护工程"确定了将长城保护管理作为一个国家系统工程,通过国家级工作机构的设置,由国家文物局负责从顶层任务设计、制度标准规范、组织协调、检查督促等各方面"统一规划""科学安排",针对长城的复杂性和特殊性部署重点任务,全面有效推动了各项工作的稳步进行。

(二)推动《长城保护条例》颁布实施,提高保护法律层级

2006年之前,长城保护工作只有部分地区出台了地方政府规章和地方规

范性文件，如北京市人民政府 2003 年颁布的《北京市长城保护管理办法》、2002 年葫芦岛市人民政府颁布的《葫芦岛市九门口长城保护管理规定》等。这类规定属于地方性法规，层级不高，且数量少，不适应长城保护形势需要。

为了加强对长城的保护，规范长城的利用行为，针对长城保护中的突出问题，国家文物局积极推动《长城保护条例》制定工作。2006 年 9 月 20 日国务院第 150 次常务会议通过《长城保护条例》，2006 年 12 月 1 日正式实施。这是我国第一次在综合性法规之外针对单个文化遗产制定的专项行政法规，开创了文物专项立法的先例，充分体现了政府对长城保护工作的高度重视。

《长城保护条例》在长城立法工作上是一次质的飞跃，就长城保护、管理、维修、利用及科学研究等做出明确具体规定，对长城保护工作起到了全面的规范作用，使长城保护工作在国家层面有法可依。继《长城保护条例》之后，长城沿线地方政府、文物行政管理部门相继颁布了多部专门的长城保护规范性文件和规章制度。

《长城保护条例》及各地相继出台了一系列法规和规章制度，对于长城保护的范围、措施、处罚力度等都做了具体规定，明确"长城必须作为一个整体，一个统一的全国重点文物保护单位进行保护"，为长城保护提供了有很强针对性和可操作性的政策法规支持。

（三）组织实施长城资源调查与认定，摸清家底明确身份

长城是跨越时空界限的超大型文化遗产，多年来人们对长城现状缺乏整体认识，虽然已经开展过多次长城调查，但基本都是区域性的，规模小，缺乏完整性，主要侧重于长城本体的考古调查，对长城保护管理工作情况往往关注不够。这导致对长城资源整体分布和保存情况没有全盘了解和掌握，长城保护身份比较模糊，为保护管理带来很大难度。为解决这个问题，国家组织开展了全国范围的长城资源调查与认定工作。

1. 组织实施长城资源调查

为了全面准确掌握长城的规模、分布、构成、走向及其时代，保护与管理现状，人文与自然环境等基础信息，并依法建立科学完整的长城文物记录档案，从 2006 到 2011 年国家文物局联合国家测绘局共同开展了长城资源调查工作，由国务院主管部门牵头直接组织和推动，集中人力、物力和财力开展工作。

长城资源调查是我国首次针对单一文化遗产开展的全国范围的资源普查，

也是长城保护历史上第一次全国范围的资源普查。为此，国家文物局从机构设置、技术标准制定、经费投入、人员培训、技术指导等各方面予以支持，全面主导和组织了本次调查工作。

长城资源调查由国家文物局统一组织实施，并联合国家测绘局建立调查组织领导机构，各省（自治区、直辖市）文物管理部门分别建立了相应的调查领导机构，建立起了国家级与省级两级负责的工作模式。2006年国家文物局和国家测绘局签署合作协议，联合组成了"国家长城资源调查领导小组"，负责长城资源调查的组织、协调及重大问题的决策、统筹安排国家层面的数据整合、建档、建库，以及协调编制长城资源调查报告。同时，在中国文化遗产研究院（原中国文物研究所）设立长城资源调查工作项目组，负责日常工作。长城沿线各相关省（自治区、直辖市）分布成立长城资源调查领导小组，负责组织协调文物部门和测绘部门共同开展本区域内的长城资源调查工作。

为解决当时对长城的概念、构成缺乏统一认识，甚至存在较大争议的问题，首先就是要制定标准，为统一调查口径，界定调查的范围、对象、内容和方法，奠定科学调查基础。为此，国家文物局委托长城项目组开展了广泛深入的调研，查阅相关行业标准及技术规范。本着避开学术争议、全面调查长城资源信息的原则，制定了《长城资源调查工作规程》《长城资源调查名称使用规范》《长城资源保存程度评价标准》《长城资源调查文物编码规则》，明确了调查对象、要素、类别等各类要求，使全国长城资源调查在科学化、规范化的基础上开展，保证了调查工作的规范，这些规范为长城资源调查工作起到了关键性作用，不仅应用于资源调查，也逐渐得到了社会各界的认可，也为今后保护研究工作奠定了坚实的基础。其中《长城资源要素分类、代码与图式》（WW/T 0029—2010），在2010年成为中华人民共和国文物保护行业标准。

同时与国家基础地理信息中心合作编制《明长城测量总体技术方案》《秦汉及其他时代长城专题数据生产与量测方案》，建立起现代技术手段在调查过程中的使用规程。为保证调查资料的质量，制定了《长城资源调查资料检查验收技术规定》《长城资源调查资料档案工作规范（试行）》，提出了调查资料的省级、国家级验收的程序、内容、标准；对长城资源调查档案归档范围、立卷做出了规定。

为培养调查人员，国家及省级文物部门分别开展了培训工作，并以参训人员为核心基础组建了调查队伍。2007年，组织国家级长城资源调查培训班，培训调查工作的技术骨干和管理人员。学员来自北京市、天津市、河北省、山西省、内蒙古自治区、辽宁省、黑龙江省、山东省、河南省、陕西省、甘肃省、宁夏回族自治区、新疆维吾尔自治区等十三个省（自治区、直辖市）长城资源调查工作机构的 127 名文物、测绘部门的专业技术人员。省级培训由各省的长城资源调查机构负责，对本辖区参加调查、测量的专业人员进行全员培训，共培训专业人员 1001 人。

长城资源调查分为明长城资源调查和早期长城资源调查两个阶段。国家文物局和国家测绘地理信息局共同成立国家长城资源调查领导小组，组织和协调全国 16 个省（自治区、直辖市）的文物部门和测绘部门对中国境内各时代长城遗存开展了调查工作。① 这是首次由国家主导，对长城开展综合性专题科学调查，调查范围之广、难度之高、数据量之大，史所未有。调查过程统一组织、统一标准、统一验收，文物与测绘部门进行跨领域、跨专业的通力合作，空间信息技术得到全面系统运用，获取了大量长城资源调查成果和测绘调绘成果。在此次调查中，将长城资源分别以墙体段落、单体建筑、关堡、相关遗存等单元进行调查记录，调查单元共计 45 015 处，调查区域涉及 16 个省（自治区、直辖市）的 445 个县（区），调查范围覆盖东经 30.5°~75.2°；北纬 32.5°~50.3°，高程海拔 0~3 400 米，地域面积超过 4 万平方千米。

长城资源调查过程中，长城项目组组织专家开展现场调研、检查指导工作，重点解决调查工作中出现的带有全局性的重大问题，控制调查、测绘质量。相继解决了诸如部分遗迹的定性与断代、文物与测绘专业人员之间、地区间和调查队之间工作协调等一系列专业技术和组织协调问题。各省（自治区、直辖市）完成田野调查工作后，国家文物局组织专家按照《长城资源调查资料检查验收技术规定》，检查验收工作分室内、室外两部分进行。室内检查验收，对各省调查登记表按照不低于 10% 的比例进行抽查，室外检查验收选取具有代表性的长城遗迹点，赴现场确认调查资料是否客观反映长城遗存现状。

2009 年，明长城资源调查工作率先完成并通过验收，并向全社会正式发布了精确测绘数据：明长城东起辽宁虎山，西至甘肃嘉峪关，从东向西行经辽宁、河北、天津、北京、山西、内蒙古、陕西、宁夏、甘肃、青海 10 个省（自治区、直辖市）的 203 个县域，总长度为 8 851.8 千米。沿线分布有墙

---

① 在调查过程中，又将吉林省、湖北省、青海省纳入调查范围，长城资源调查省份扩大到 16 个。

体、壕堑、单体建筑、关堡及相关设施等共计 24 725 处。秦汉及其他时代长城资源调查工作于 2009 年全面展开，截至 2010 年北京市、河北省、山西省、内蒙古自治区、辽宁省、吉林省、黑龙江省、山东省、河南省、陕西省、甘肃省、青海省、宁夏回族自治区、新疆维吾尔自治区共 15 个省（自治区、直辖市）381 个县域的长城资源调查全部完成。

通过政府主导的整体推动，第一次摸清了长城的"家底"，也第一次能够回答"长城有多长"这个问题。

2. 开展长城资源认定

在全国各时代长城资源调查结束后，2011 年 6 月，国家文物局首次启动长城资源认定工作，以明确长城遗产构成、保护责任和法律地位。通过这次工作也确定了我国长城资源认定的范围、标准依据和工作程序，并于 2012 年正式对外公布首次认定成果，随后又根据河南省和内蒙古自治区文物部门的调查和申请，进行了补充认定。国家文物局集中组织的首次长城资源认定工作结束后，部分地区仍在持续开展长城调查与研究工作，并申请补充认定为长城资源。国家文物局委托长城项目组统一按照初审、复核、专家复核的程序，对各省后续认定申请进行技术审核，为国家文物局认定提供专业意见。

2012 年，国家文物局发布经过认定的中国历代长城点/段共 43 721 处，其中墙体 10 051 段，壕堑/界壕 1 764 段，关堡 2 211 座，单体建筑 29 510 座，相关遗存 185 处，墙壕遗存总长度 21 196.18 千米。分布于北京市、天津市、河北省、山西省、内蒙古自治区、辽宁省、吉林省、黑龙江省、山东省、河南省、陕西省、甘肃省、青海省、宁夏回族自治区、新疆维吾尔自治区等 15 个省（自治区、直辖市）404 个县域。时代包括春秋战国长城、秦汉长城、南北朝长城、隋代长城、唐代长城、五代长城、宋代长城、西夏长城、辽代长城、金代长城、明代长城和时代不明等 12 个类型。①

认定成果也成为下一步长城保护管理各项工作开展的基础。根据国家文物局对长城资源的认定数据，各级地方政府能够准确掌握辖区内的长城资源情况，对于落实《文物保护法》和《长城保护条例》规定，进一步明确每一处长城遗产的保护管理主体及其责任具有巨大促进和推动作用。

---

① 国家文物局《长城认定资料手册》，2012 年 6 月 5 日。

(四) 加大保护维修力度，项目分布与类型更趋合理

长城历经风霜岁月和人为破坏，很多具有重要价值的点段已经破坏不堪，亟需修缮。在"长城保护工程"的推动下，国家文物局通过积极争取，将长城保护经费纳入财政部大遗址专项。在中央财政经费支持下的长城保护工程项目数量出现了爆发式增长。这一阶段保护项目从地域分布上更加均衡，项目类型更为多样化，保护原则更为科学，管理上更加规范。

自2005年以来，由国家文物局审批和指导实施的长城墙体、界壕、烽火台、关堡等保护维修项目共计218项。保护维修工程涉及墙体总长度为410千米，涉及维修单体建筑总数1 402处。

从区域分布上看，工程项目在地区间的统筹分配更趋合理，长城保护工程实施范围更为均衡，改变了之前仅分布于北京、河北、山西、甘肃、陕西等少数几个省份的状况。除河南省外，长城沿线14个省（区、市）开展了保护工程，体现了国家在实施长城保护维修项目时的统筹安排。

从项目类型看，保护工程实施类别更为丰富和多样化。十年间长城保护工程除了之前的本体修缮之外，还开展了保护性设施建设工程、保养维护工程和抢险加固工程。

保护原则上更为科学，长城保护维修从全面修复转向以原状保存、抢险加固为主。从数量上看，抢险加固工程最多，修缮工程次之，保护性设施建设工程再次之，保养维护工程最少。抢险加固占到全部项目的一半以上，体现了这一时期长城保护工作的重点。

从管理上更为规范，尤其是涉及长城本体的建设工程尤其明显。在《长城保护条例》颁布之前，建设工程项目需要穿越长城时，虽然也要经过文物部门的审核，但存在执行力较弱或不足的现象。随着《长城保护条例》的颁布，对穿越长城的建设工程项目有了明确的管理规定，虽然涉及长城本体的建设工程项目报批数量呈大量增加的趋势，但直接穿越长城的现象逐渐减少，而一般采取下穿或架桥的方式通过长城。这一方面表明长城保护的形势更加严峻；另一方面报批项目数量的增加可能并不意味着工程数量的增加，反而说明工程越来越正规，过去不上报的项目，开始履行审批程序。

(五) 重视依法监管，提升长城执法督察能力

长城分布广泛，且都是位于郊野的开放式保存环境，极易受到人为活动破坏，文物安全形势极为严峻。"长城保护工程"明确提出了"依法加强监

管，严惩对长城的破坏行为"的任务目标，要求建立健全监督执法队伍，开展日常巡查和安全督查。而这一时期正是我国文物执法体制建设快速发展时期，文物安全执法受到党中央、国务院的关心支持，2009年3月国家文物局增设督察司，专门负责指导全国文物行政执法和文物安全工作。同年12月，文化部、国家文物局下发《关于加强文物行政执法机构建设的通知》（文物督发〔2009〕39号）。截至2010年年底，全国31个省份均成立了专兼职省级文物执法与安全监管机构，部分市县也成立了专职的文物行政执法机构。①国家文物局还颁布了《文物保护单位执法巡查办法》《国家文物局文物安全案件督察督办管理规定（试行）》，对文物执法体制建设起到了很好的指导作用。

长城依法监管依托文物执法体制的建设，各地根据实际情况开展了长城的日常安全巡查和执法督察工作。2005～2014年，各地开展长城执法巡查233次，95次发现存在问题。巡查包括对长城本体及环境现状进行观察和记录，并对破坏事件进行处理。各地的执法巡查过程中，对发现的问题进行了处理，采取了及时修补、加强巡查、加强宣传、设置保护标志和围栏、下达停工通知或限期整改等主要措施，取得了一定成效。

在长城执法督察方面，主要分为因人为破坏的违法案件和突发事件（人为和自然）处置情况两类。据统计，十年间，8个省（自治区、直辖市）由人为因素导致的案件40起，主要包括开矿、耕种、取土、建设工程、盗掘等；由自然因素突发事件导致的案件30起，主要包括强降雨引起的水冲、雷击、风蚀等原因。

人为损毁类的案件中，其他文物安全案件数量最多，有25起，占总数的62.5%；其次是文物犯罪案件9起，占总数的22.5%；文物安全责任事故6起，占总数的15%。通过对案件处理结果的梳理，可以发现，文物犯罪案件都以刑事案件立案，并进行处理；文物安全责任事故都按照治安案件，进行了治安处罚；其他文物安全案件都进行了行政处罚。

（六）增加中央财政经费投入，保障重点保护工作顺利推进

"长城保护工程"取得的各项成绩离不开经费保障，对长城而言，中央财政经费的保障尤为重要。长城分布在我国15个省（自治区、直辖市）404个县，以县为单位进行统计，属于国家级贫困县的有111个，占长城行经县

---

① 国家文物局编：《文物行政执法"十二五"规划纲要》，2011年。

域数量的27.5%，其中又有64个处在集中连片特困地区之中（见表1）。从长城行经贫困县的分布地域看，绝大部分位于西北、华北各省，其中河北、山西、内蒙古、青海等省的贫困县数量分别超过各省长城行经县域的三分之一；黑龙江、陕西、甘肃、宁夏、新疆等省的长城行经贫困县数量也超过本省长城行经县域的五分之一。因此，这一时期，中央财政经费支持发挥了巨大作用。这一时期长城保护经费保障具有增长幅度大、延续性强、针对性强的特点。

表1 长城沿线贫困县统计表

省份	长城分布县域	国家扶贫开发重点工作县		集中联片特殊困难地区	
北京市	6	0	0.00%	0	0.00%
天津市	1	0	0.00%	0	0.00%
河北省	59	22	37.29%	15	25.42%
山西省	39	19	48.72%	11	28.21%
内蒙古自治区	76	27	35.53%	7	9.21%
辽宁省	53	0	0.00%	0	0.00%
吉林省	11	2	18.18%	0	0.00%
黑龙江省	5	1	20.00%	1	20.00%
山东省	16	0	0.00%	0	0.00%
河南省	11	2	18.18%	1	9.09%
陕西省	17	5	29.41%	1	5.88%
甘肃省	38	10	26.32%	10	26.32%
青海省	12	4	33.33%	3	25.00%
宁夏回族自治区	19	6	31.58%	5	26.32%
新疆维吾尔自治区	40	13	32.50%	10	25.00%
合计	403	111	27.54%	64	15.88%

注：数据引自国务院扶贫开发领导小组办公室网站，2012年3月19日。

从中央财政经费方面，从2005年一直延续至今，一直给予专项保障。2005年8月25日，财政部、国家文物局印发《大遗址保护专项经费管理办法》（财教［2005］135号），用于支持中央政府主导或引导的大遗址保护示范工程，以及大遗址保护管理体系建设，2006年长城被纳入《"十一五"期间大遗址保护总体规划》（文物办发［2006］43号），"十二五"期间，又将长城纳入"六线一圈"七条跨省区大型线性文化遗产保护范围。[①] 长城保护被纳入大遗址专项经费支持范畴，为各项工作的实施提供了有力保障。2011年，财政部和国家文物局制定发布《国家重点文物保护专项补助经费使用管理办法》（财教［2011］351号）的时候，虽然《大遗址保护专项经费管理办法》（财教［2005］135号）同时废止。但仍将长城纳入新颁布的《国家重点文物保护专项补助经费使用管理办法》经费保障范畴，继续给予支持，保证了长城保护工作的延续性。

据统计，2005～2012年间，中央财政累计向长城保护投入专项资金达8.86亿元，长城成为大遗址专项经费投入最多的项目。2005～2014年，中央财政和地方财政经费投入长城保护的各项经费支持额度近20亿元，中央财政经费15亿多元，地方经费4亿多；长城本体抢险加固经费11.5亿多元，长城保护规划经费1.5亿多元，长城资源调查经费2亿多元。大幅度增长的经费集中使用，为完成全国范围的长城资源调查与认定、实施长城保护修缮工程提供了重要保障，保障了重大任务目标的实现。

（七）探索设立长城保护员制度，健全保护体系

长城保护员制度是针对长城的分布特点，各地在长期的保护管理实践中总结出来的宝贵经验，并在《长城保护条例》中得以明确。

"长城保护工程"实施中，国家文物局十分注重落实长城保护员制度，并推动了长城保护员队伍建设。通过实践证明，在漫长而广阔的长城分布区域，将设立文管所等专门保护机构和组织长城保护群众性组织、长城保护员结合起来，动员社会力量参与长城保护十分必要。目前全国长城保护员队伍已有3000多人，涌现出了诸如张鹤珊、梅景田、姜有玉等先进人物，他们是长城保护员的杰出代表，在各自所负责的段落上开展日常巡查、保护宣传等平凡而又重要的工作，为保护长城发挥了积极而重要作用。过去由于种种原因疏于管理或难以管理的长城段落都被管了起来，形成了长城保护巡查的"天罗地网"

---

① 另外"五线"分别为丝绸之路、秦直道、蜀道、茶马古道、大运河；"一圈"为明清海防。见《大遗址保护"十二五"专项规划》附件《"十二五"期间重要大遗址（150处）》。

（八）推动长城宣传教育，动员社会参与长城保护

在"长城保护工程"实施期间，政府宣传活动得到大力推动和发展。各地文物行政部门和专业机构成为活动组织者的主要力量，各级文物局、文物保护管理所、博物馆等科研机构总计达到 176 个，占全部活动组织机构的近六成。其次是各级党委、人民政府、各部委和职能部门等，有 41 个，也占有相当相当大的比例，达到 13.3%，可见长城保护的宣传工作得到官方的大力支持。

国家文物部门加大长城教育与宣传活动力度，2009 年和 2012 年分别在北京八达岭和居庸关举行长城资源调查和认定成果发布仪式，让科学保护长城、依法保护长城的理念更加广泛的为社会所认识，对提高人们的自觉保护意识十分重要。这对长城的保护宣传和教育工作起到了极大推动作用。

专业管理团队和学术研究团队的积极参与说明国家已经开始对公众参与长城保护的必要性有所认识。2013 年 7 月，中国文化遗产研究院长城项目组与中国教育学会培训中心合作，在金山岭开展了长城志愿者活动，来自 14 个国家的青年参与其中，期间项目组成员对志愿者做了长城历史文化和长城资源调查方面的科普讲座，加深了志愿者对长城的了解，获得良好的宣传效果，同时也扩大了专业机构的影响。

三、问题与反思

过去的十年中，党中央、国务院的关心和指导下，长城沿线各级人民政府做了大量的保护管理工作，取得了重大成绩和突破，但与长城本身的特殊地位相比，文物行业在对长城文物价值的认识方面，在长城保护的工作机制、保护模式和保障制度等方面还存在较大差距。

（一）长城保护综合研究不足，制约保护水平提高

长城的研究长期以来主要以历史文献研究为主，集中在建造历史和分布等传统领域，针对文物保护方面的研究匮乏，对长城世界文化遗产的价值、特点、保护维修、展示、监测和管理方面具有重大影响并为国际遗产保护界广泛认同的学术成果不多，对于文物价值研究的缺乏，导致长城规划、管理、修缮、展示、利用等各项工作存在较大争议。"长城保护工程"中虽然专门设置了研究任务，但制定的 4 项任务中，只有 1 项按时完成，其余三项则尚未启动，也从另一方面反映出对长城研究工作的忽视。

据中国知网检索的论文内容来看，长城相关研究内容上既有传统的历史文化研究，也有保护管理和开发利用方面的研究，其中绝大部分属于历史文化方面的基础研究。总体来讲，长城保护管理及理论政策研究仍然薄弱。仍以中国知网的数据为例。1936年以来，各类长城研究文章总数达到7160篇，涉及保护管理方面的应用性研究文章在2006年才比较多的开始出现，总数仅780篇，总体比例仍然较低。这可以表现出研究者的一种倾向，即仍然以传统的历史文化考证为侧重点，而相对忽视保护管理理论政策的研究（见图1）。

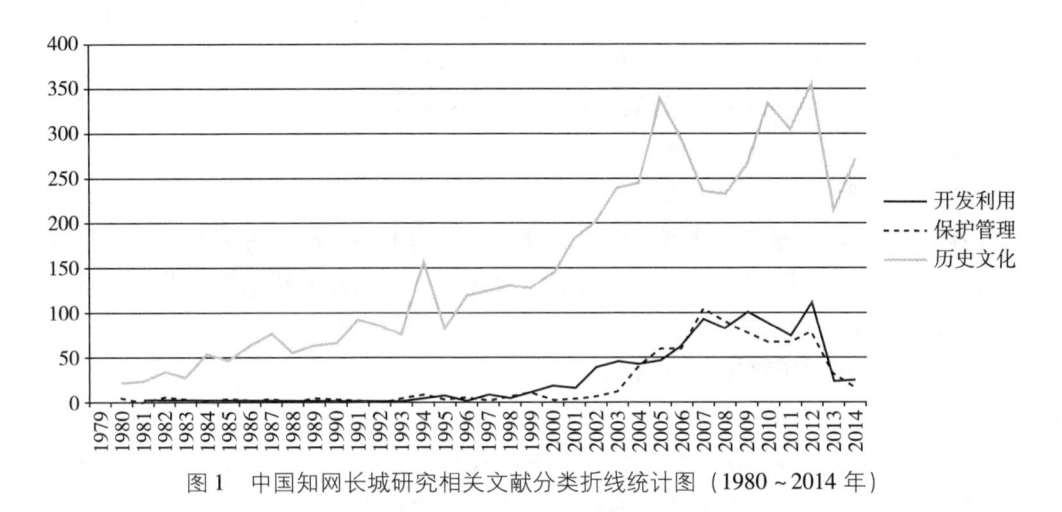

图1　中国知网长城研究相关文献分类折线统计图（1980~2014年）

长城保护研究的现状和长城在中国文化、历史、人文精神方面的巨大影响极不相称，主要表现在：

1. 缺乏专门研究机构进行国家层面研究课题顶层设计

目前现状是长城研究的力量分散在不同机构，研究工作多是随性进行，课题缺乏整体设计，没有国家层面有计划有步骤地引导和推进长城保护研究的进展。长期以来的基础研究局限在对局部长城遗迹属性、分布、历史等方面进行研究，没有形成整体研究的局面。综合保护能力欠缺，只能将如此复杂的长城遗产分割为一个个的文物点对待，也就只能对数以万计的遗存进行有限的局部和点上的研究。

2. 长城保护理论、政策研究较少

把长城视为文物开展的价值研究和保护理论研究尚处于起步阶段。虽然我国已经开展了多年的调查和研究，对掌握境内长城资源起到了重要作用。但基于文物保护为目的的长城遗产价值研究，尤其是作为一个整体，开展的保护理论和政策研究成果很少，导致价值的认识不够全面和深入，关于保护、管理、开发、利用的研究缺乏。由于基础理论研究的缺失，时至今日，已经成为影响长城科学合理保护的关键问题。

3. 长城保护技术研究亟待深入

由于长城分布区域广阔，遗址种类繁多，保存的外部环境和内在环境各不相同，病害成因十分复杂。在采取保护措施的时候必须因地制宜，根据实际情况采取有针对性的措施。如敦煌研究院、兰州大学等单位在西北地区将土遗址保护技术应用于长城保护维修就提供了很好的借鉴。但目前缺乏具体的效果评估，还存在争议，一种方法能够包治百病的办法值得深思。技术层面的保护研究涉及区域环境的治理、保护技术问题，如何更好地开展保护技术综合研究也是亟需解决的问题。

4. 长城考古研究亟待加强。

长城保护工程前期规划、勘察、设计阶段基本不开展考古调查研究，只是在工程实施阶段由施工队伍进行简单清理，并且工作方法很不专业，大量遗迹保存的原始信息在"保护"中丧失。

5. 长城保护研究队伍人才短缺

目前从事长城研究的科研人员基本集中于大专院校，以个人兴趣和专长申请科研课题开展相关研究工作，缺乏能够持续进行长城研究的环境。项目结束后，曲终人散，高校培养的研究生毕业之后很难有机会再次从事长城研究，难以培养起相对固定的专业研究人才。

（二）基础工作薄弱，综合保护有待加强

长城是体量庞大的文化遗产，基础工作至关重要。从前面总结情况来看，虽然长城文物单位公布、长城"四有"工作已经取得了一定成绩，但与保护要求相比，基础工作仍较为薄弱。

根据《长城保护条例》的要求，已经认定为长城的，"自本条例施行之日起1年内依法核定公布为全国重点文物保护单位或者省级文物保护单位"。但截至2014年，长城仍未按要求核对公布为省级以上文物保护单位。长城体量庞大，文物保护单位公布情况十分复杂，从公布时间上看，从1958年延续至今，甚至于有的地方因时间太过久远，连公布时的档案都难以找到，公布情况无从查询，导致对保护单位级别认知不清。

从文物保护单位级别上看，长城有全国重点文物保护单位、有省级文物保护单位、有市县级文物保护单位，甚至还有未公布为文物保护单位的可移动文物。根据《长城保护条例》的要求，长城目前至少都应是省级以上文物保护单位，但截至 2014 年，长城仍未全部公布为省级文物保护单位。

从公布范围看，国务院和各级人民政府有将单独烽火台或关堡公布的，有将单独墙体公布的，也有将十几个省（自治区、直辖市）长城打包公布的，并且公布时大部分未明确该文物保护单位所包括的范围，导致有些地方对所辖区域文物保护单位级别认识不清。

由于各地的积极性和认知水平的不同，长城被人为割裂为多处段落，仍未形成有效的统一保护，如与宁夏接壤的内蒙古、甘肃地段的秦长城，同属不可分割的整体，保存状况也大致相似，而保护级别则截然不同。

文物保护单位制度是我国对文物进行保护管理的基础，长城保护管理中尚对这项最为基础的工作存在较大认知问题，势必给工作带来困扰。

长城"四有"工作中，截至 2014 年有 112 处文物保护单位尚未划定保护范围，占长城总长度的 51.47%；根据《长城四有工作指导意见》的要求进行测算，长城沿线至少应设立 15 022 块保护标志牌、30 044 块保护界桩。但目前长城沿线已设立的保护标志牌数量仅为要求数量的不到五分之一，而保护界桩完成数量不到要求的三分之一，还有 122 处文物保护单位没有建设文物记录档案。

目前国家支持的长城重点工作，仍以本体修缮和防护设施建设的"修我长城"模式为主，对于长城这样人文与自然和社会高度融合的超复杂体系，综合一体化保护模式尚未形成。各地的长城保护工程普遍以本体抢险加固、修缮和防护为主，项目较少关注配合考古工作的开展、标识系统的建立、交通道路的调整、后期养护和监测工作规范的要求等综合性工作。而对于绝大多数无法纳入工程项目的长城，亟需开展的区域标识和围护系统建设，乃至区域交通规划、水土保护、生态恢复等与长城风貌保护密切相关的宏观综合政策制定与实施，则更难从体制上纳入长城保护的范畴。

（三）保护规划滞后，制约整体保护工作

长城面临的破坏威胁日益严重，通过保护规划统筹和开展保护工作迫在眉睫。但在保护实践中，保护规划的编制从进度到质量普遍较为滞后，缺乏统筹安排和相关编制依据。

按照文物保护工作的一般规律，应当是先制定保护规划，后实施保护工程。作为极为庞大、复杂的文化遗产，长城亟需制订专项保护规划体系编制规范，对长城的遗产构成、价值评估、现状评估、保护措施和管理要求提出分类、分级规定，指导和规范长城保护总体规划和各地规划的编制，为长城保护维修项目的定位与选择确立坚实基础。

按照《长城保护条例》"国家实行长城保护总体规划"的要求。"长城保护工程"也提出国家层面《长城保护总体规划》的编制"由发改委牵头、文物部门具体组织，建设部、国土资源部、交通部、环保总局、林业局、旅游局等相关部门配合，2009年底完成。为便于相关工作展开，拟先行编制《长城保护总体规划纲要》，计划在2006年中期完成。所需经费由中央财政支持"。① 但编制工作目前进展缓慢。

关于省级层面规划，"各省、自治区、直辖市人民政府应根据《纲要》，在2009年前组织完成本辖区内长城保护详细规划的编制工作"。② 2008～2011年国家文物局已经对省（区、市）级文物保护规划给予批复立项，下拨了规划编制经费1.5亿多元。但由于《长城保护规划大纲》迟迟未能编制完成，且各省（区、市）工作推进不力，整体进展较为缓慢，截至2015年，尚无一个省级长城保护规划获得国家文物局批复。

由于长城抢险任务急且重，存在安全隐患的长城遗存遍布全线，长城的各项保护工作不能等待规划编制完成后再实施。而经济社会发展也不可能因长城保护而停下脚步，长城保护规划滞后所带来的后果就是保护工作不能适应地方经济社会发展，始终处于被动地位，严重影响长城保护工作的顺利开展。

（四）保障工作薄弱，日常管护能力较差

长城保护管理中人员缺少，业务能力不高，保护管理信息不对称、保护管理经费分配不合理、日常管理费用缺乏的问题依然非常突出。

日常保护管理队伍和条件薄弱。长城沿线404个县市区中，除少数景区外，基本没有长城保护管理专门机构，大量地方文物保管机构兼任行政管理、保护管理辖区内所有不可移动文物和可移动文物工作，长城点多线长，往往无暇顾及。据不完全统计，2005～2014年地方投入日常保护管理费用只有2 600多万元，仅占全部长城保护经费投入总数的1.4%。特别是长城沿线有111个属于国家级贫困县，甚至连基本工作经费都难以保证，工作条件极为艰苦。通过实地调研，以内蒙包头固阳县为例，其境内有秦汉和明代长城共约700公里，固阳文管所人员10人，聘用长城保护员5人。除长城保

---

① 《"长城保护工程（2005～2014年）"总体工作方案》。
② 《"长城保护工程（2005～2014年）"总体工作方案》。

护工程专项经费外和地方财政的人头费外，无日常保护经费，根据当地文管所人员测算，巡查一遍就需要3~4天时间，费用约2万元（包括越野车汽油费、人员食宿费）。

信息管理技术落后。长城保护管理信息分散，信息效率低，项目和经费决策的实施都处于盲目状态。通过长城资源调查，初步建立了全国长城资源信息系统，但长城资源调查与认定信息未共享，除省级文物主管部门和专业机构外，地市级及以下基层文物部门基本不掌握长城资源信息，而国家层面则不掌握各地长城保护管理的基本信息（如"四有"工作情况）和长城动态监测信息，历年长城工程项目资料、经费安排的使用情况也十分分散。由于长城资源与保护管理极为复杂，缺乏有效信息技术管理手段，致使无论是国家管理部门、专业机构还是基层日常管理机构和人员对于长城保护管理的各种数据和资料，都处于信息不对称的状况，加剧了长城保护管理的困难。

中央财政经费支持工作内容单一。"十一五"以来中央财政对长城保护专项经费大幅度提高，但支持内容仍以本体修缮和防护设施建设工程为主，缺乏考古调查研究、标识系统建设、工程后续日常监测养护系统建设，更多长城缺乏亟需开展非工程性保护措施，与长城资源分布特点和保护管理需求不相适应。这也导致个别地区对长城的超豪华过度修复，而部分地区的长城因疏于管护而加速损毁，财政经费的综合效益和可持续效果不理想。

长城是超大体量的文化遗产，加强日常管护才是行之有效的保护管理模式，目前中央文物保护专项补助经费主要集中在本体抢险加固保护方面，地方政府又往往拿不出日常工作经费。据统计，2005~2014年长城沿线15个省、自治区、直辖市地方财政对长城日常管理共投入费用只有2.6万多元，而地方经费支持长城保护维修工程的经费高达4亿多元，二者比例严重不均衡。全国404个县中119个县10年来对长城的地方财政投入为0，正常的保护管理举步维艰，严重影响了长城的日常保护工作。

四、对策与建议

长城在中华民族政治社会精神文化生活等方面的特殊地位，使得长城保护管理工作得到国家高度重视，在新形势下，面对出现的各种问题，应从宏观政策、体制和保护思路上加以统筹，提高长城保护管理的顶层设计层级与能力建设。应从加强制度建设、提高保护管理水平和健全支撑体系等几个方面入手，积极探索新的工作模式，促进长城保护管理的可持续健康发展。

（一）加强制度建设，完善长城保护管理体系

长城是跨行政区划的文化遗产，应加强制度建设，包括建立责任体系、监察巡查制度和评价报告制度，从制度层面保障保护管理工作顺利推进。

1. 完善各级长城保护责任体系

加强国家对长城保护工作的领导和各级政府的责任，各级政府和文物部门，要层层签订长城保护责任状，层层落实保护管理责任。各地要结合长城"身份证号码"——长城认定编码，根据实际情况，明确具体负责长城保护的机构或专职部门，落实管理责任人。

建立沟通协调机制，建立部际协商协调机制，召集长城保护相关部局委办，共同就长城保护相关事宜进行高层级协商。落实《长城保护条例》，长城段落作为行政区边界的，应建立有关部门参与的联席会议，研究解决长城保护中的重大问题。同时，相关各级地方政府应统筹协调长城保护与沿线城乡建设、规划、经济发展、民生改善的关系。

2. 依法加强监管，完善巡查督查制度

加强依法监管工作，以法治思维、法治方式落实日常巡查制度和安全督查制度，完善巡查督查制度。根据《中华人民共和国文物保护法》《长城保护条例》等法律法规，各级文物行政管理部门应严格执行《文物保护单位执法巡查办法》《国家文物局文物安全案件督察督办管理规定（试行）》和《长城执法巡查办法》的规定，建立常态化工作制度，尤其应加强偏远地域及人迹罕至地区的长城遗存的养护、巡查工作力度。落实监测巡查的主体责任单位和人员，进一步提高执法水平，强化执法工作；坚持预防为主，监管视角前移，严格执行文物保护单位执法巡查制度，最大限度在事前避免违法行为的发生。

严格查处文物违法案件，及时发现长城破坏和损毁事件，并及时处理，维护法律权威，树立执法地位。完善报告制度和档案建设。

3. 建立评估报告制度

针对长城保护管理的各项工作开展情况，建议开展评价报告制度。评估报告制度可分为总体评估报告、分项评估报告两大类。总体评估报告对长城保护管理整体工作情况进行总结和评估，分项评估可根据长城保护管理工作的侧重点，有选择性地对部分工作进行评估，可对保护维修工程、保护规划实施、保护经费使用、执法督促等方面开展专项评估。

评估制度由国家文物局制定基本要求和标准，由省级文物主管部门负责

落实,定期提交评估报告。国家文物局组织开展实地抽查,并定期对外发布工作评估报告。

(二) 开展综合预防,实施长城综合保护工作

在总结保护工作经验教训基础上,注重科学保护,开展综合保护工作。选择长城重点区段,开展区域性长城综合保护一体化示范项目,推动长城保护工作中,综合开展考古研究、本体保护、展示服务、标识系统建设、日常养护工作、监测预警、生态环境整治、水土保持、宣传教育等工作。

在综合保护工作中,尤其应针对其特点,确立长城保护靠日常管理和基层的基本理念,注重预防性保护。加强日常养护和监测预警工作,及时发现问题、处理存在。切实通过技术、经费、培训等手段,加强长城沿线基层日常保护管理机构的能力建设,通过长城管护公共服务购买等方式,壮大和加强长城日常养护、巡查、监测、研究、宣传、教育的能力建设,发挥其在整个长城保护管理工作中的基础作用,提高长城保护管理的可持续执行能力。

加强对长城保护维修工程的规范化管理,吸取辽宁省绥中县锥子山长城大毛山段抢险工程中发现管理缺位的教训,加强事中、事后的监管。同时,提高专业机构对长城日常保护管理机构的指导水平,建立长期合作关系,充分发挥和加强中央支持长城项目的长期效益。

(三) 推动开放共保,吸收多方力量共同参与

《长城保护条例》第七条明确规定:"公民、法人和其他组织都有依法保护长城的义务。国家鼓励公民、法人和其他组织参与长城保护。"因此,文物行政管理部门应转变保护理念,充分发挥政府的主导作用,有效调动各方积极性,推动建立开放式保护模式。搭建长城保护管理信息发布和交流共享平台,将长城资源信息、长城保护管理信息和动态向社会发布。

建立由文物管理部门、专业技术人员、社会团体、志愿者等各方面广泛参与的长城保护宣传工作,充分利用媒体、网络、课堂等平台开展工作。积极构建长城保护与长城所在地经济社会发展的良性互动,促进双赢局面的形成。提高公众意识,让百姓了解长城的历史和价值,提高对长城价值的认知水平,使长城保护的自觉意识深入人心。

推动建立社会监督体系,通过长城保护管理信息平台、文物违法举报平台等多种方式、多渠道建立较为顺畅的信息互动平台,动员全民力量共同参与长城保护,让热爱长城,保护长城的行为更加常态化。

(四) 健全支撑体系，保障长城保护管理工作

长城保护管理各项工作开展需要建立系统的支撑体系，包括完善保障体系、建立标准规范体系、落实规划体系和引入信息+移动互联技术。完善保障体系应从法规建设、人员能力建设、合理的经费投入和加强长城研究等方面着手。

1. 完善保障体系

省级人民政府应根据实际情况，制定符合本区域内长城保护法规，各地可制定配套法规，完善长城保护的法规体系，为长城保护提供法律依据；加强保护人员能力建设，积极落实长城保护制度，加强长城保护员能力建设和保障制度建设，使其充分发挥作用。

统筹安排中央财政经费，除文物保护专项经费外，在中央主体功能区建设、生态保护、水土保持、扶贫资金中应增加长城保护内容。调整文物保护专项经费结构，参照中央公益林专项经费政策，在中央文物保护财政经费中增加长城管护公共服务购买内容，支持基层长城保护员队伍建设，由过去单一的本体保护经费投入向综合性保护经费投入转变，用中央财政补助经费带动地方财政向长城保护倾斜。

加强保护队伍和人员能力建设。侧重加强对基层保护队伍和人员能力建设，积极落实长城保护员制度。将设立文管所等专门保护机构和组织动员长城保护群众性组织、长城保护员结合起来，由地方政府对长城保护员给予必要的经费补助，并配置必要的巡查和联络装备。在全国范围内组织开展对长城保护机构人员和长城保护员的轮训，逐步改善现有队伍的保护理念、知识结构和专业技能，使其具备保护管理世界文化遗产的基本能力。

2. 建立标准规范体系

标准规范是指导各项工作科学合理开展的必要基础性工作，目前我国文物行业相关标准规范较为缺乏，不能适应长城保护管理需求。因此，应针对长城保护管理各环节的存在的问题和实际需求，搭建符合长城保护管理工作实际的标准规范体系，包括日常保养、保护修缮工程、展示开放、监测预警等方面制定相应的标准规范，用标准规范来约束和指导科学合理的开展工作。

3. 建立健全长城保护规划体系

保护规划是实施长城保护的总体要求和法律依据，下一步应加快推进国家长城保护总体规划、省级长城保护规划和重要点段长城保护详细规划的编制和实施工作，在价值评估基础上，划定明确的保护范围和建设控制地带，

提出保护管理要求；确定近、中、远期重点长城保护点/段；统筹协调长城保护与城乡发展规划、生态保护、旅游设施等规划的衔接。以实现对长城的有效保护、合理利用和科学管理；梳理省级长城保护规划经费安排情况，研究规划费用估算依据和经费追加办法。

将长城保护内容纳入国家文物事业发展"十三五"规划。配合国家发展改革委编制文化和自然遗产地保护性基础设施"十三五"规划，将长城保护重点点段的相关基础设施内容纳入规划。

4. 以移动互联为基础，促进保护管理信息化

进一步完善长城资源档案和数据库建设与利用工作。针对长城资源分布线长面广的开放式特点，建立基于长城信息系统 GIS 平台的移动互联动态信息共享与管理系统，以长城资源信息管理平台为基础，应用便捷、低成本、实时信息采集、传输、发布和数据挖掘技术，建立长城管理和监测体系。开展长城行政管理、执法督察、日常巡查、动态监测、突发事件跟踪、公共文化服务、游客服务的动态信息管理系统，为长城保护管理决策、专业咨询、日常管理、社会参与、宣传教育服务。

5. 深入挖掘文物价值，提高长城对外展示水平

长城凝聚着特殊的政治和社会意义，是中华优秀传统文化的重要组成部分，蕴含着中华民族坚不可摧、永存于世的意志和力量，是国家形象的独特符号。长城的雄伟壮观及其围绕长城所发生的全民族团结一致、抵御外侮的历史，能唤起国家民族的记忆，具有深远的政治影响力，保护好长城对于增加中华民族的凝聚力，发挥爱国主义功能，弘扬社会主义核心价值观具有重要价值。

从国家安全层面上，我国部分长城处于边疆地区，与国家安全息息相关，保护长城对于彰显我国主权，维护国家统一和安定团结具有重要意义。

同时，长城在世界范围内具有极高的关注度，长城沿线涉及 404 个县市区，占全国总行政县区数量的近六分之一（全国 2 853 个县、市、区），据不完全统计长城 2014 年接待旅游人数超过 1 700 万人，这都是其他重要文物难以相比的。

因此，应该在保护和研究基础上，深入挖掘阐释长城历史文化价值，宣传长城历史故事、历史人物，增强群众保护长城的自觉性和使命感。运用全媒体传播、制作科普宣传片、出版通俗读物等多种手段，采用进校园、进课堂等多种方式，加强对全社会特别是青少年的长城宣传教育。加强长城重要

点段的现场展示，建立相关专题博物馆、陈列室，并辟为爱国主义教育基地，充分发挥长城在开展爱国主义教育、弘扬中华优秀传统文化中的重要作用。提高展示利用水平，对于展示中华民族灿烂文明，增强民族自豪感、凝聚社会共识，开展爱国主义教育、弘扬社会主义核心价值观，促进经济社会发展、提升国家文化软实力，都具有十分重要的意义。

（五）完善机构建设，建立长城保护研究中心

组建长城保护研究中心是在国务院批准实施的《长城保护工程2005～2014年总体工作方案》明确提出的任务之一，但截至目前我国还没有专门的国家级长城保护研究机构，长城目前亟需解决的基础理论、信息化管理、保护规范与标准、遗产监测等工作呈现"碎片化"、研究力量分散、缺乏延续性的状况，并且这一状况尚未得到根本改变，导致缺少系统、深入的研究成果，为长城保护工作带来很大困难。

长城保护工作受到党和国家领导人高度关注，从国家文物局到各级人民政府都面临着保护长城的繁重任务，为了使长城保护有序传承，扎实做好保护工作，机构建设已经迫在眉睫。因此，建议设立国家级长城保护研究中心，通过整合优势资源、搭建平台、开展专题研究、第三方咨询、国际交流合作，建成国内长城保护研究权威机构。

长城保护研究中心应成为国家对长城文化遗产保护事业进行统筹规划、保护研究和管理的总平台，引领和指导全国长城保护研究科学有序开展；开展长城历史、现状、保护、管理、利用等基础性研究，深入挖掘阐释长城历史文化价值，成为国内长城保护研究的权威机构，形成一批高水平的长城保护研究成果；为国家制定长城保护决策提供第三方咨询；制定长城保护管理规范和标准；开展相关保护、规划和信息化管理与监测工作；面对社会建立长城保护管理信息权威发布平台。通过中心的建设为国家制定长城保护决策提供支撑，逐步建立长城保护管理工作的良好运行机制。

（本部分是在中国文化遗产研究院长城保护工程项目管理小组工作成果的基础上整理而成，由李大伟执笔）

时代的审视：大足石刻千手观音造像的保护与修复

重庆大足千手观音造像修复对比图　中国文化遗产研究院供图

大足石刻千手观音造像保护工程的竣工受到社会广泛关注，引发了舆论和学界的广泛讨论，公众主要就修复后的千手观音造像在观感上的"新"与"旧"，为什么要髹漆贴金，面貌发生变化等问题提出质疑。针对这些问题，文章从文物的价值认知、保护技艺传承、工程的开展过程等角度做出了深入分析和系统回应。

2015 年 6 月，历时 8 年的国家石质文物保护"一号工程"——大足石刻千手观音造像抢救性保护工程正式竣工。此项工程受到社会各界的广泛关注和热烈讨论，诸如对文物价值认识的讨论、对"修旧如旧"提法的讨论，等等。在这场讨论中，有些疑问得到了解答，有些争议持续至今。舆论的关注、学界的讨论，使文物保护知识在公众中得以普及，推动了业界对文物保护的更深入的思考，对于我国文物保护具有积极意义。在工程竣工一年后的今天，再次就公众提出的一些问题进行系统梳理和答疑，既有必要，也是对工程的回顾与总结。

一、大足石刻的重要价值

宝顶山石刻早在 1961 年即被列入我国第一批国家级重点文物保护单位名单；1999 年，以北山、宝顶山、南山、石篆山、石门山为代表的大足石刻被正式列入"世界文化遗产名录"，标志着大足石刻的珍贵价值为世界所认识并肯定。联合国教科文组织认为大足石刻符合下列三条标准："第一，大足石刻是天才的艺术杰作，具有极高的艺术、历史和科学价值；第二，佛教、道教、儒教造像能真实地反映当时中国社会的哲学思想和风土人情；第三，大足石刻的造型艺术和宗教哲学思想对后世产生了重大影响。"

（一）历史价值

大足石刻造像始创于初唐永徽元年（650 年），历经唐末、五代，盛极于两宋，余绪延至明、清，是中国北方石窟于公元 9 世纪走向衰落之际，在中国南方崛起的又一座大型石窟群，它将中国石窟艺术史向后又续写了近 400 年。而开凿于南宋淳熙至淳祐（1174~1252 年）年间的千手观音造像，由于主体为石质雕凿而成，千手刻画细致、层次丰富。通过表面装饰金箔及彩绘

图 1　大足石刻千手观音造像正射影像图

封护的手段，才得以历经年岁，保留至今。千手观音是宝顶山大佛湾造像的重要组成部分，她与其他造像有机的融为一个整体，为中国石窟艺术和宗教文化的传承发挥着重要的作用和地位。

千手观音造像自雕凿至今已有 800 多年的历史。800 多年间，千手观音见证了历史更迭。800 多年间，时光也在千手观音造像上留下了痕迹。因此，"年代价值"与"岁月价值"共同构成了千手观音造像历史价值的主要部分。历史价值也包括了历史上的每次修复，它们都是文物所经历的真实的历史事件。从 1174 年开始，仅见诸记载的维修就有四次，而没有记载的就更多了。我们所看到的这四次维修题记，所留下的历史信息是非常稀少的，有的甚至仅有一句话。历史上最后一次大规模维修是在 1889 年（光绪十五年），直到现在 120 年间都没有经过整体修缮或者说修复，而新中国成立后对千手观音的维护也仅仅是小修小补。在 1992 年还发生了人为因素的不当（破坏）活动，将千手观音造像区（大悲阁）作为独立封闭的特龛参观点，做旅游经济开发时把这个地方作为一个特殊展区，前后封闭了三年。大家试想一下，在大足湿热的气候环境下封闭三年，等于给她盖了一层厚被子，千手观音造像剧烈的破坏状况就是从这时开始出现的。当然人们为挽留千手观音观瞻也做出过努力，并对她进行过一些干预措施。但却由于错误的决定和不当的行为致使文物的保存出现了恶化。比如说面部区域，80年代开始出现金箔脱落的情况，当时的人们出于善心，买来金（铜）水进行涂抹，一年以后铜绿锈就出来了。另外，从80年代初拍的照片中可以看到千手观音的手臂还很完整，但到80年代后期有的手臂就断落了，有的信众为了观音看上去是完整的，就往上搭了一块布，诸如此类，不一而足。

这些历代的修缮行为，虽然我们无法在千手观音造像上一一索寻到对应面貌，但在对造像进行的干预调研中，尤其是在旧金箔的揭取过程中，仍可通过揭取金箔的层数发现前人的修复痕迹。对于现代文物保护工作者和绝大多数的文物研究者、爱好者来说，时间留在千手观音造像上的岁月价值与建造之初的完好面貌同样重要。对这些珍贵的历史痕迹和材料的保护，也是此次修复工作的一个重点。为了尽可能多的保存历史痕迹，修复人员将现状较差（起翘、开裂、易脱落）的旧金箔进行揭取、编号、筛选和清洗，之后将可以再次利用的旧金箔进行回贴。这虽是一项极为烦琐、耗时的修复工作，甚至是收效甚微的教条式理想实现，但对于现代修复理论与石质贴金文物的具体修复保护操作研究来说，是具有重要意义的探索实践。

此外，本次千手观音造像抢救性修复工程的开展实际正是历史的第三个意义层面，即当前进行的修复、保护干预自身作为一个重要的历史事件，它的历史意义以及对后世产生的历史影响，这一意义层面直接决定于修复工作者的实际操作活动，因此是我们要更加谨慎对待的。这也是我们就修复本体进行研究、价值分析以及根据修复原则制定修复计划的重要原因之一。

（二）艺术价值

大足石刻宝顶山造像以佛教、道教、儒教三教共存和其丰富的内容而异于前期石窟，并以其独树一帜的民族化、世俗化、生活化特色反映了9~12世纪中国民间宗教信仰和石窟艺术风格的重大发展规律和变化，为中国传统文化与外来佛教文化完美结合的典范，是中国晚期石窟艺术的杰出代表作。

这尊造像也是我国最大的集雕刻、贴金、彩绘于一体的摩崖石刻千手观音造像，是世界文化遗产大足石刻的精华龛窟和重要组成部分。7.7米高、12.5米宽的千手观音为佛教密宗形象，头戴八佛宝冠，额生慧眼，盘腿坐于莲台之上。千手观音每只手掌的掌心都绘有一只眼睛，830只手层层叠叠地向观音主尊的左右和上方伸展开，宛若孔雀开屏般的优雅姿态填满了88平方米的龛壁。主尊和手臂全部贴金，千眼、法器和背景以彩绘表现，整个造像充斥了大悲阁正壁，显示出佛法无边、庄重威严之感。千手观音造像历经沧桑岁月，时间的洗礼成就了她的另一种美感，使她的面貌更加古朴、内敛，独具韵味。1946年西南科考队的杨家骆先生对千手观音造像有如下描述："长广各数丈，制作精绝，今古所无，金碧辉煌，震心耀目。"从杨先生的评价也可以看出千手观音造像的艺术成就之高，令人赞叹。整龛造像布局严谨，气势恢宏，是全国同类型造像题材中艺术成就最高的龛窟之一，更是世界宗教艺术史上的一朵奇葩。

（三）科学研究价值

千手观音石刻造像是我国现存最大的一龛石刻千手观音造像，且多为高浮雕；表面有贴金、彩绘装饰。如此精心的设计和繁复的工艺可以认为是我国古代川渝地区石刻造像高超技术的集中体现，而其设计的灵感来源，具体的雕刻方法，以及工艺的实施过程都是我们需要研究的对象，且对我国古代技术史、艺术史和现代文物保护的方法研究都具有重要的意义。另除法器外，千手观音造像整体几乎都有金箔装饰，采用工艺正是大漆贴金工艺。大漆工艺适应川渝地区高温高湿的气候环境，是经过历史检验的贴金材料和手段，但由于现代科技的进步，传统大漆的利用场合急剧减少、工艺也少为人知。大足石刻雕造时针对石材特性和气候特点所进行了充分考虑，其独具匠心的雕刻手法、疏导水流的工艺，以及使用材料都具有较大的科学价值，尤其对川渝地区文物保护技术的研究有借鉴作用。

（四）宗教价值

千手观音蕴含价值除上述三个方面之外，还包括另一个根本性的价值，即作为崇拜对象的宗教功能价值。

首先，千手观音石刻造像作为南宋的民间石刻宗教类文物，也是南方密宗佛教造像的主要研究对象，其原本的宗教性质不能忽略。千手观音手持的众多法器一方面彰显了观音拯救众生一切苦难的佛教职能，另一方面，由于常见千手观音造像多表现32只手或48只手和背光象征性地表现"千手"，手持法器也多表现日、月、宝剑、如意珠、宝瓶、莲花、宝镜等等常见法器，而大足石刻千手观音则对830只手和272件法器给予了具体呈现，这对宋代的观音信仰研究、对密宗教义研究提供了宝贵的图像资料。除此之外，千手观音造像呈现的一些独特的法器对于外来宗教与地方文化融合的相关研究也应是十分具体、重要的案例之一。

其次，观音信仰虽然早在魏晋时期便传入我国，但是千手观音崇拜的盛行则与隋唐时期印度密教传入中土有关。她所具备的形象、品质和宗教精神等与中国传统儒家、道家宣扬的平等、仁爱思想和价值观念也十分契合。因此，观音信仰才能在中原文化中迅速地适应、改善，与地方文化、信仰相结合，成为民间信仰中的重要崇拜对象。大足石刻千手观音石刻造像的出现，正是由这样的文化历史背景环境所决定的。

古谚有云："上朝峨眉，下朝宝顶"，在现代佛教信仰中，大足石刻仍然是信众祈求、崇拜的主要对象。每年农历二月十九、六月十九、九月十九观音菩萨的三个生日期间，会有成千上万的信男善女前往大足宝顶山向千手观音焚香祈祷。

千手观音的宗教价值决定了千手观音造像的修复不仅要遵循文物修复的规律，而且要遵循宗教活动的规律、宗教文化的规律。否则，就无法全面地认识她的价值构成，就有可能将活态的文化遗产狭隘地认识为丢失原有功能价值的遗迹，在修复的过程中也无法科学合理地就遗产的整体价值予以保护。

综上所述，我们认识到大足石刻千手观音造像作为宝贵的世界遗产，她具备"历史""艺术""科学""宗教"等各方面的重要价值。在具体的修复方案制定和具体的干预实践中，项目组工作人员也就这几个价值方面进行综合考虑、合理取舍，以符合现代修复理论原则的精神内涵和操作要求。

二、千手观音造像修复工程概况

大足千手观音造像是我国最大的集雕刻、彩绘、贴金于一体的摩崖石刻造像，也是世界文化遗产大足石刻的重要代表作品，被誉为"世界石刻艺术之瑰宝"。800多年间，千手观音造像虽然经历过4次修缮，却仍然病害缠身，更因2008年"5·12"汶川大地震而面临损毁的威胁。对此，国家文物局予以高度重视，将"大足宝顶千手观音抢救加固保护项目"列为国家石质文物保护"一号工程"。自2008年开始，在国家文物局支持下，中国文化遗产研究院积极组织本院的骨干科研力量参加千手观音造像保护修复工程，同时还邀请敦煌研究院、中国地质大学（武汉）、清华大学、北京大学、北京建筑工程学院、河海大学、大足石刻研究院、洛阳古代艺术博物馆、江苏金陵文物保护研究所等高校和科研机构共同合作，开展大足石刻千手观音造像抢救性保护工程。

整个工程分为前期勘察、方案设计、方案调整、实施修复四个阶段。

2008～2009年，开展了前期勘察研究工作与工艺修复试验，并启动了千手观音修复效果及本体稳定性跟踪监测工作；2010～2011年，开展千手观音修复试验，初步得到了国内专家和文物管理部门的认可；2011年7月，项目组人员正式进入施工现场，修复项目启动。在工程实验进行过程中，由于前期修复材料、工艺试验未能经受住保存环境的严酷考验，2013年修复人员进行了样块和本体的中期试验。随后对方案进行了调整，并得到了业内专家和国家文物局的进一步肯定。

经过前期、中期在实验室及千手观音造像本体上进行的修复材料和工艺试验，项目组对修复方案进行了调整，将原先的回贴旧金箔方案，改变为使用传统髹漆贴金工艺和同尺寸新金箔进行表面贴金层的修复。修复方案的改变决定了千手观音造像最终的修复效果——尤其是修复后的视觉效果——正因如此引发了公众对该工程的热议。另外，此次涉及本体效果的修复工作还包括：造像手部及法器残缺处的补全与精修、彩绘的补绘、主尊和错位胁侍造像石质胎体的调整与补配、主尊面部补塑材料的揭取等等。2015年4月，千手观音造像保护修复工程成功通过国家文物局验收，同年6月对公众开放。

图2　项目组与专家组合影

（一）修复原则

根据《中华人民共和国文物保护法》《中国文物古迹保护准则》和

《威尼斯宪章》的相关阐述，大足石刻千手观音造像抢救性保护修复工程在保证干预对象的安全稳定性的同时，以"真实性"为根本原则指导修复工作。而由于修复工作的特殊性和复杂性特点，每一项修复项目都是具有唯一性、独特性的实践，因此修复工作在以相关原则为根本操作原则的同时，也要根据具体干预对象的保存状态和价值构成来制定具体的修复保护方案。

首先，根据上文所介绍千手观音的保存现状和病害情况可以明确的是："大足石刻千手观音造像抢救性保护修复工程"的首要任务是保证千手观音石刻造像的材料稳定性。《中国文物古迹保护准则》阐述宗旨是"对文物古迹实行有效的保护"。现代著名修复理论家切萨莱·布兰迪（Cesare Brandi）在其著作《修复理论》（*Teoria del Restauro*）中也强调材料具有优先性。布兰迪认为艺术作品的图像要依赖材料作为物质媒介才得以向个体显现，才有可能向未来传递，因此保证艺术作品物质层面的存在是至关重要的。同样，"大足石刻千手观音造像抢救性保护修复工程"的首要任务是保证千手观音的物质存在，并通过修复保护工程使其能够更加健康、稳定地传承给后人。因此，修复方案的选择，在不违反修复原则的前提下，以修复效果的稳定性为重要考虑标准之一。

其次，"保护的目的是真实、全面地保存并延续其历史信息及全部价值。"如前文所述，千手观音石刻造像作为南宋雕造、传承至今的古代艺术精品，她具有重要的历史价值。为尊重千手观音作为文物古迹的多重历史价值，修复工作务必要尽可能多地保存文物的历史痕迹，包括其形态、表面贴金、彩绘、保存环境等。因此，尽可能多地保存原材料等历史信息是修复的另一重要目标。

著名的文物修复理论家布兰迪曾说："所谓修复，一是对艺术作品的物质性存在和其美学、历史两方面性质的认识；二是考虑将其向未来传承的方法论。"所以说，文物保护的目的在于"传承"，而传承什么则需要我们修复操作前对文物的价值进行分析和判断。但是，我们也不得不承认这样一个问题（事实），那就是：试图保存文物的所有价值是不可能的，一旦干预就意味着某些信息的损耗或丧失，而不干预则会加速文物所有信息的丢失。同时，文物的价值具有多样性，不同的人看到的文物价值都不尽相同，修复者对此必须做出艰难的抉择与科学的判断。因此，价值的评估以及干预后果预判是文物保护修复不得不面对和思考的问题。

本次修复工程的一个重要干预手段即不稳定金箔的揭取、清洗和回贴操作。采取这一操作是考虑到虽然千手观音表面金箔保存状况差、病害情况复杂，但仍有部分金箔稳定性较强，可以保留或再利用；并且在金箔清洗过程中发现局部有叠加多层金箔的情况，这些都是宝贵的历史资料。综合以上情况，在保证材料稳定性的根本性要求下，在尊重、保护千手观音历史价值的目标下，以"真实性"等原则为指导，修复工作对表面金箔层采取了揭取不稳定金箔、回贴可利用旧金箔的干预方式，以实现对历史信息和材料最大程度的保留。旧金箔揭取和回贴的做法是本次修复项目的一个重要突破性操作，这对于"真实性""可识别性"等原则如何在石质贴金类文物的修复实践中运用和体现等问题来说，是十分重要的研究和贡献。

再次，作为宗教类文物，千手观音造像的修复保护要求相对其他文物具有一定特殊性。考虑到千手观音造像的宗教功能和信众信仰需要，以及其艺术价值的要求，修复后的整体统一性和艺术效果也是需要给予关注的修复效果，只能尽可能地满足千手观音各个方面的价值要求，才能尽可能完整、真实地将千手观音保护好，传承好。

"真实性"原则是现代修复理论中的根本性原则，而这一原则如何在具体修复操作中予以实践的问题却一直存在争议。根据国际、国内相关法律和指导性文件的阐述，千手观音造像修复工程将"真实性"总结为：千手观音本体保存历史信息的真实性、干预材料采用与本体同种材料的真实性、修复工艺采用传统工艺的真实性和保存空间环境的真实性。

（二）修复工艺

千手观音本体的修复主要依据来源于前期试验对材料的选择上，再结合对川渝地区各地方的石刻造像表面材料的分析结果。对原材料的开发和使用被采纳为修复的基本原则，这一方面因为传统材料有着得天独厚的材料稳定性，尤其是天然漆的许多特性至今不能被现代材料所取代；另一方面是对文物本体历史价值与信息的最大尊重，通过原材料的使用，将最大限度地保存文物的基本信息。

通过造像的正射影像图，修复人员发现了千手观音雕刻设计的规律：有三条隐线把整龛造像分为四块区域，这三条隐线是当时雕凿之初用来标注位置关系及比例的，并辅助于整体布局和雕刻分工；此外，以主尊为中轴线，两侧手的姿势走向、法印和持握法器具有较高的对称相似现象。虽然千手观音每只手的雕刻手法不同，但通过对称位置可以捕捉到相对称的两者间的表现主题、形制等基本信息。这种对称性的发现，不仅使我们了解了古人雕刻造像的方式，为今天的保护、修复工作分区提供依据，更对辨识、修复千手观音残损手、残损法器有着重要参考意义，使一些原本找不到修复依据的手印、法器的修复成为可能。

千手观音造像区域划分图　　　　　千手观音造像斜角度总体趋势图

0 1.0 2.0 3.0 4.0 5.0m

千手观音造像区域划分

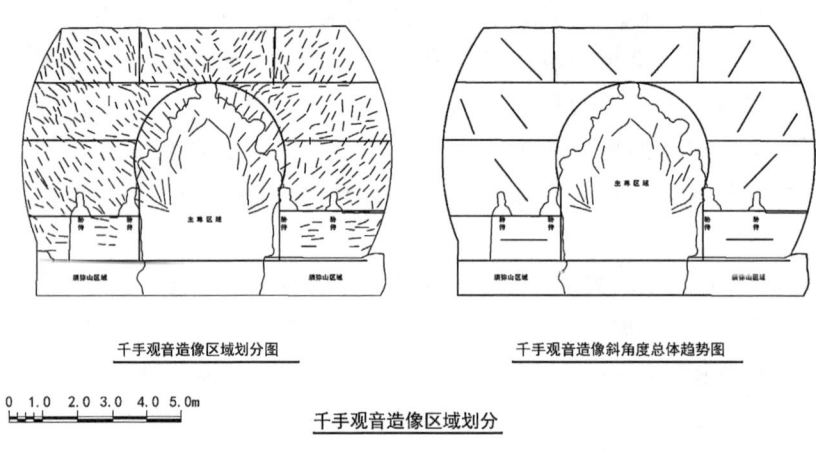

图3　千手观音造像区域划分及对称性示意图

截至目前，发现最早的千手观音大悲阁修缮题记为明代洪熙元年（1425年）的刘畋人撰《重开宝顶碑记》，碑刻中有"于是历载以来，重修毗庐殿阁，石砌七佛阶台，重整千手大悲宝阁"的记载。明代以前的有关于宝顶千手观音以及大悲阁的记录至今不明，由此，宋、元时期千手观音的开凿情况和修复情况较难确定。因此无论是哪一种关于宋、元时期千手观音的状况与效果推理都是基于理论层面的。宝顶千手观音的贴金工艺和材料，从目前肉眼所观察的效果而言，基本上保留了明清时期的贴金工艺特征。

千手观音造像主尊的贴金材料和工艺是：1. 石质胎体，2. 石膏地仗层，3. 金胶漆层，4. 金箔层。主尊贴金工序中与其他部位最大的差别就是使用了石膏作为地仗层，而未在其他部位发现大面积使用地仗的情况。而手臂的贴金存在着两种不同的贴金状况，尽管工艺大致相同，但还是存在着一定差异。主要表现在贴金层采用的封护材料的差异。两种情况分别为：A：1. 石质胎体，2. 生漆层，3. 金胶漆层，4. 金箔层。B：1 石质胎体，2 金胶漆层第一道，3 金胶漆层第二道，4 金箔层。

对彩绘的补色我们主要采用了大足千手观音造像的传统工艺和传统材料，

这种绘制技法与传统建筑彩绘中简单的效果截然不同。一方面千手观音所保存彩绘部分的技法没有复杂的色彩变化和细节，色彩在这里主要是为了烘托整体的宗教主题。其次，千手观音具有复杂纷繁的"千手"立体造型，各种立体造型形成的面已经满足了雕塑中对于"线"的追求，因此毋需采取复杂的技法，制造更加纷繁的效果。在千手观音彩绘的修复中依据了保存现状的色彩类型和技法特点，使用传统技法，如叠晕法、对晕法、点法、涂法和绘法等。

（三）项目进程

在对千手观音造像的价值进行分析、认识，并充分讨论保护修复原则在此次工程的对应体现的基础上，大足石刻千手观音造像保护修复工程确立了如下技术路线：

（1）千手观音造像保护修复工程的根本保护原则包括："真实性"原则、"整体性"原则等，将实践与理论相结合；（2）修复试验、实践与千手观音造像的本体、环境等具体情况相结合，密切跟踪、关注本体试验效果，研究与实践相结合；（3）修复材料以传统材料和传统工艺为首选，具体使用方法根据现实情况进行调整；（4）利用三维激光扫描、近景摄影留取详细资料，通过3D打印及虚拟修复技术等为修复实践提供科技支撑；（5）以红外热成像、回弹仪岩体硬度检测、电导率脱盐效果检测等无损科学检测手段指导、检查修复工程质量；（6）执行严格的大型保护工程监督机制，邀请国内外专家、学者定期参与指导与评估等。

千手观音修复初期是以"保旧"为目标的，为此从2008～2010年期间做了多次修复实验。当初计划采用旧金箔和部分新材料结合的方法进行修复。所谓的新材料，主要是贴金箔所使用的黏结性材料，纠结之处在于究竟用传统的大漆还是用化学黏结剂。在前期试验中，使用现代化学黏结剂进行旧金箔回贴，但时间不到一年，金箔很快出现了开裂起翘和脱落现象。后来中期实验的时候开始使用大漆材料回贴旧金箔，虽然效果比化学制剂好，但还是无法达到稳定性要求，这其实与旧金箔的老化有关。后来把修复工艺做了较大改动，改成使用大漆，用"减层法"进行修复，终于达到了满意效果。

同时，修复工程也参考了国内外一些与贴金有关的修复案例。如台湾地区的妈祖像修复案例，这是台湾文物保护界的同行修复的，他们对妈祖庙的修复方案进行了公众投票，最后的选择就是将黑色的妈祖头像恢复到了原本的贴金状态。另一个案例是日本的国宝中尊寺金色堂，也是世界遗产地，而且金色堂髹漆和贴金工艺与中国的工艺几乎如出一辙。还有日本国宝圣天堂彩绘修复，彩绘基本上已经消失了，但经过高光谱探测基本清晰了矿物颜料的成分，日本民众经过投票决定进行重绘，后经过六年的修复再现了圣天堂彩绘。再一个案例是意大利的圣母百花大教堂的金门，修复之前人们都认为这就是一个铜门，但其实它的表面是镏金的，由于铜锈蚀产物穿过金层到表面形成了铜绿色，从而掩盖了金色，通过激光清洗铜绿锈以后，金色大门呈现出本色。这些文物古迹的成功修复给了项目组很大的启发。

因此，在通过了修复实验的效果评审，和多次的专家论证后，专家意见认为：千手观音造像1.9平方米"贴金与彩绘修复实验区"从材料的稳定性、修复原则、整体效果进行了总体考虑，思路方向正确，应继续开展下一步工作。修复方案的变化意味着修复效果的变化，也就决定了视觉呈现时的"新和旧"。当时的试验区我们给予了充分保留，在这里可以呈现当时做的探索工作、历次试验的痕迹，它是此次修复过程的历史见证。

随着项目推进研究的深入，修复人员发现千手观音主尊面部与大佛湾其他菩萨、佛像的面部表现风格不太一样。按照千手观音主尊石质修复工艺，在对千手观音主尊面部除尘、不稳定金箔层揭取后，进行脱盐清洗时发现主尊脸部后期补塑部分。因材料老化，与本体已经有脱落现象，且补塑部分高于本体，甚至将本体的部分未风化石质遮盖。为了更好地了解千手观音主尊的原貌，将后期补塑部分用壁画揭取的方式，将其完整的揭取并进行保留。修复后千手观音双目微睁，嘴角上翘，似乎在微笑地注视着芸芸众生，有"庄严中具慈悯相，远望自生敬心"之感。

根据大足石刻千手观音造像抢救性保护工程项目要求，在项目结束验收后，还要继续对千手观音修复项目进行为期一年的四次定期回访及安全检测。项目组到现场对千手观音修复后的整体保存状况、本体稳定性等进行跟踪检测。经过对千手观音整体观察与检测分析，髹漆贴金修复未出现金箔起翘、空鼓、脱落、点状脱落等现象；彩绘修复局部出现霉变，虫害、平行于地面本体附着有较多降尘等，但未出现彩绘起甲、粉化、疱疹、片状脱落等现象；石质胎体未出现脱落、粉化、空鼓等现象；千手观音整体稳定性和保存状况较好。

（四）组织管理

由于千手观音造像抢救性保护工程的复杂性和难度，在项目的组织管理、多学科交叉攻关、专家团队意见咨询等方面均提出了特殊的要求。工程的顺利实施得益于各方的大力支持与合作：

工程的前期研究和实施阶段，国家文物局作为文博领域行政主管机构，重庆市文物局作为地方行政主管机构，对该项目审批的高效流转、关注度和经费投入等方面始终给予大力、持续的保障，并对项目组织与实施过程严格督导；重庆市政府和大足区政府对项目给予极大地配合；文物管理单位大足石刻研究院在技术、场地、设备资源等方面提供了强有力的保障。中国文化遗产研究院作为项目组织实施单位改变以往工作方式，凝练科研方向，划拨专项经费支持研究工作的开展。

由于千手观音造像抢救性保护工程涉及保护修复技术与工艺、水文地质、环境、微生物、材料学、艺术史、数字化技术等领域，故项目围绕造像本体修复面临的不同领域难题，采取开放、共享的研究方式，联合国内文博科研机构、高校等优势技术资源，采取多学科结合的方式进行联合攻关，研究与实施并行的原则在前期研究和工程实施中始终保持，成为工程得以顺利实施的直接支撑。

三、质疑与回应

历时 8 年抢救修复，800 岁千手观音涅槃重生，金身重现。然而，对千手观音造像的修复效果，官方和公众产生了两种不同的反应，在官方表示肯定和赞赏的同时，部分公众舆论则发出质疑的声音。

一些公众认为，将文物修复得如此之新，是对前人技艺的不尊重，更是对文物历史价值的破坏；一件文物的动人之处，并不是它的初始模样，而是它与时间相伴形成的样子；修复前的千手观音虽然有很多伤，但能隐约看出原来的材质和工艺、历代供奉和修复的痕迹，以及自然环境对它的作用；正是这些"不完美"显示出 800 年岁月的信息，让人感到历史的宏伟、个人的渺小，并心生敬畏，好比一张沧桑的脸庞，比一张光洁的脸庞更能给人以庄严和神圣之感。也有评论以日本招提寺千手观音木刻造像的修复为例，认为日本的修复做到了"修旧如旧"，这才是大足石刻千手观音造像修复的正确节奏。①

有些公众则对上述观点提出质疑和批评。他们发出质疑：到底何为

---

① 参考《日本人怎样修复国宝千手观音》，《壹读》2015 年 6 月 16 日；《揭秘："一号工程"宝顶山千手观音修复的背后》，《澎湃新闻》2015 年 7 月 3 日。

"旧"……是石刻雕琢成型的最初？是首次贴金的时候？是第一次贴金开始出现脱落的时候？还是后期修缮时又再贴补金箔的时刻？还有一些公众对所谓文物的沧桑美感进行了思考，他们的观点包括：中国的建筑需要定期修葺，佛像需要的是法相庄严；许多人老是说什么时光的痕迹、沧桑的美感，文物的落满灰尘是沧桑，千疮百孔断壁残垣更是时光的雕琢。但是没有什么建筑、宗教造像是为几百年后的人们获得沧桑审美而修建的；一些人并不关心文物本体的死活，只是用她们的伤痕来装点其审美的超凡脱俗而已！……

一年里，种种争议此起彼伏，项目组并未仓促作出回应，而是继续做着大量工程的后续工作。现在，在一年后的今天，在稍微冷却的温度下，我们再来分析这些讨论，也许能引发一些冷静的思考。总结人们对于千手观音造像修复的争论，可以概括为三个方面：千手观音造像修复没有本着"修旧如旧"的原则保留其沧桑的外观（部分人们认为日本修复千手观音像的做法值得我们学习）；千手观音造像为什么要髹漆贴金；修复后的千手观音造像是否恢复了"南宋面貌"。

（一）关于千手观音的"新"与"旧"

不得不承认，一直以来，"修旧如旧"可谓是文物保护的最具争议的话题。究其根本，是因为"修旧如旧"并非一个含义明确的原则，因而众说纷纭，莫衷一是，无法形成一个统一的解释。可以说，在文物保护专业领域，"修旧如旧"一词让人又敬又怕。敬的是，最初由梁思成先生提出的文物古建筑"整旧如旧"的修缮原则，超越了当时文物界对中国文物保护理念的认知，是更加全面地认识文物历史价值的先进理念；怕的是，如今大多数人对"修旧如旧"望文生义，并不了解它的提出背景和内涵，只将其视为评价文物古迹保护的唯一"修复效果标准"，从而只片面关注修复的外观效果，导致最终修复工作往往以"做旧"来解决，否则就难以保证文物的安全。从根本上来说，每一套理论背后都有其特定的时空语境和完整的知识体系，要想获得正确的理论观点，需要进行全面了解，"断章取义"或"望文生义"对于理论研究与实践探索都无益处。关于"修旧如旧"的含义和将其用在文物保护实践中的适用性等论题，已有很多文章进行过细致的探讨。我们希望这些客观、科学的观点也能被非专业领域人士和普通大众所了解，这将对中国文物古迹保护知识的普及产生重要影响。

至于文物修复经验，历史上曾与中国有着密切文化往来的日本，在文物类型、制作工艺，乃至修复理念等方面都与我国极为相似。同样作为拥有大

图4　招提寺千手观音像

量木构建筑的国家，日本古建筑修复理念往往是落架重修，甚至材料、位置也会发生变化，伊势神宫便是例证。这与国际通行的欧洲修复理念也不相同，但却是传统的继承和修复操作的实际需要。正是在这样的背景下，1994年11月1~6日在奈良举办的"与世界遗产公约相关的奈良真实性会议"，再次讨论了有关"真实性"（或"原真性"）的标准，并通过了《奈良真实性文件》。《文件》肯定了"真实性"应是出于对所有文化的尊重，必须在相关文化背景之下对遗产项目加以考虑和评判。所以日本坚持着伊势神宫每20年重建一次的传统；修复国宝中尊寺金色堂时重新髹漆贴金，恢复原初样貌；圣天堂彩绘的修复，也是采用了按原样复原的方案进行。

那么，招提寺千手观音菩萨像的修复为何没有重新贴金或者修复一新呢？这里首先需要说明的是，文物保护修复工作有基本的操作原则和标准，是为了将类型丰富、价值多样的各民族文化的文物都纳入到共同的标准中进行认识和管理，并为其保护方式的选择提供一个范围。日本人在修复木雕千手观音造像时，对它进行拆卸、整理，并尽可能多地保留原有材料，替换不可用材料，这是必要且可行的修复方式，这种修复方式符合文物保护修复工作的基本操作原则和标准。日本木雕千手观音造像的修复实践可以成为我国许多同类型文物修复参考的案例。同时，我们还应该看到，日本的修复既有招提寺千手观音像的修复方式，也有中尊寺金色堂那样的修复方式，两种不同的

图5　中尊寺金色堂

修复方式都是在现代文物保护原则下，综合考虑文物价值和文物本体保存状况后选择的修复操作。因此说，没有包治百病的一方良药。修复对象情况各异，正确的修复方法也并非只有一种。用招提寺千手观音像的修复方式作为唯一标准，去对照、批评大足千手观音造像的修复，这种做法有失公允。两个修复对象的材质、保存环境、价值构成等诸多因素都不相同，岂可相提并论？

（二）千手观音造像为什么要髹漆贴金

由于经历四个朝代、八百多年历史，千手观音造像表面多次贴金，所累积的旧金箔普遍有4层，最多处达8层。面对如此多的旧金箔，项目组最初的方案是回贴旧金箔。具体方法是，将旧金箔进行揭取回收，经过清洗、软化、熨平等操作后，再将其回贴到加固、补全后的造像胎体上。这样既可以保证千手观音造像的安全，极大程度地保留历史材料和信息，也可以保证文物古朴的外貌。这是项目组最初希望实现的预期效果。然而在试验过程中，我们发现，这种最理想的方案是无法实现的。

首先，旧金箔无论在数量上，还是质量方面，都无法满足回贴需求。留存在千手观音造像表面上的旧金箔历经百余年的岁月侵蚀，极其脆弱。经过回收、清理和软化处理后，能保留下用来回贴的金箔量不足20%，远远不够回贴之需。同时，这些保留下来用于回帖的旧金箔在质量上也无法满足修复效果的要求。由于金的物理性质和古代贴金使用的是髹漆贴金工艺，经过清理后，旧金箔上金颗粒脱落情况严重，许多旧金箔只剩下了大漆壳。如果将这种"金箔"回贴到造像表面，姑且不论其稳定性如何，就外观效果而言，也无法实现项目组的预期。事实上，如果按照原方案进行旧金箔回贴，并不能实现部分人所期待的古朴美感，而是满目疮痍，疤痕累累。

也有人说，最初的方案既然不可行，就应停止修复工作，或者在加固本体后不做其他干预。这些做法都是完全不可取的。如果放弃修复，等待未来更高端技术的出现，那么本就岌岌可危的千手观音造像随时都有毁灭的可能。2008年国家文物局考察组视察现场时，恰巧造像的一个手指掉落下来，我们才意识到，拯救这位病害缠身的千手观音迫在眉睫。否则，任其发展下去，我们随时都有可能失去它。因此，千手观音造像保护修复项目才会迅速立项、组织研究、制定方案，作为一项"抢救性"保护修复工程。而只加固本体，不做其他干预，这种做法不符合任何一个时期的文物保护修复理念。历史上的千手观音造像，不论在最初开凿时，还是历史上的多次修缮，或是此次修复前，无论在哪个时期它都不曾裸露过胎体的外观。况且，在不稳定金箔揭取后，本体外观剩下斑斑驳驳的漆层或金箔层，远远望去，已经面目模糊，分不清手、脸和法器了。如此这般，造像的艺术价值从何谈起？千手观音造像的宗教尊严又如何体现？因此，千手观音造像的金箔层必须修复。

（三）关于千手观音造像的"南宋面貌"

千手观音造像修复后，细心人发现，她的面容和修复前发生了明显的变化。也有报道说，千手观音造像恢复了"南宋风格"。那么千手观音造像的面部在修复前后有何变化？项目组又是怎样修复的呢？

首先，根据碑刻记载和学者研究，大佛湾造像的雕刻年代已经不存在争议，即"南宋赵智凤于淳熙至淳祐年间（1174~1252年）开凿"。大佛湾石刻造像被专家学者认为是将宗教与世俗密切结合的突出代表，反映了宋代川渝地区的艺术水平和世俗风貌。也有学者认为，大足石刻雕刻技术、艺术造诣之高可能受到晚唐艺术的影响。800多年间，千手观音造像经历了至少4次整体妆金。这些修缮活动保证了造像的健康状况和宗教功能，使其得以保存至今。在历次的修缮中，千手观音造像的整体特征应未发生变化，但他的面部五官确实产生了变化，但他经历了多少次、多大程度的改变，我们目前还难以确定。千手观音造像面部修改现象是此次修复中的重要发现。

作为造像的视觉核心，千手观音造像主尊是参观者和宗教信众关注的主要对象，也是塑造整体形象、凸显其艺术风格的主要对象。主尊面部属于整体雕刻的突出部分，且刻画比较细致，受自然环境的影响也比较大。从保留的修缮痕迹看，历史上主尊面部经历的干预最多。主尊花冠局部保存有目前所发现的最多金箔层，共计8层。面部除贴金外，还有较多绿色物质，且存

图6　千手观音造像保留的历史多次贴金痕迹

在多种病害。在对面部不稳定金箔层进行揭取后，修复人员发现，面部有修补痕迹，且在天目、眼睛、鼻子、嘴唇等部位存在材料补塑的情况，因而构成了千手观音造像五官略微突出的面部特征。这些补塑始于何时？通过对比20世纪40年代以来千手观音造像老照片，发现其主尊面部并非一直如此。由于这些补塑材料与造像原材料不同，因而出现开裂、老化、变形等问题。为了保证造像修复后的安全稳定性，并尽可能保留其历史信息，彩绘修复人员利用壁画揭取技术，对千手观音面部的补塑材料进行了整体揭取。揭取后千手观音的面部与保存现状不同，而与大佛湾其他菩萨、佛的面容相仿——雕刻清晰，垂目微笑，面容安详。于是，项目组立即召集专家商讨论证，会议形成一致意见：祛除可能是近代干预操作产生的补塑部分，依照胎体保存面部情况进行修复。所以，我们在修复主尊面部时，祛除了不稳定的添加部分，并依据保存的文物现状进行修复。对千手观音造像主尊和其他部分的修复，也均以实际保存痕迹为基础，以对称性为主要依据，辅以大、小佛湾同类造型做参考。千手观音面部的修复也是此次修复中遇到的特殊部分，其处理方式反映了项目组坚持以文物本体现状为原则、坚持真实性修复的工作方法和态度。而有关千手观音造像的时代风格，希望能有更多的专家学者加入研究和讨论，提出新的佐证，或者给出答案，为将来的保护修复提供更多的学术依据。

图7　千手观音造像面部补塑揭取前后及翻膜

四、"一号工程"的总结与探索

千手观音造像抢救性保护工程在立项之初即被认定为国家石质文物保护"一号工程",这一则因为造像具有极高的、综合性的价值构成;再则由于千手观音造像自身工艺的复杂性和修复难度。千手观音造像保护修复工程的顺利实施和竣工,有着非常重要的经验值得总结。这个工程是在国家文物局领导和重庆市文物部门的鼎力支持下,中国文化遗产研究院会同大足石刻研究院,联合北京大学、敦煌研究院、清华大学、中国地质大学等十多家单位共同开展的,是一个多学科联合的工作,在很多方面都具有探索性和突破性。现在千手观音的修复工程虽然完工了,但对她来说长久的保护之路才刚刚开始。

(一)对于千手观音造像价值的全面认识及探索

千手观音造像作为世界遗产地的代表性作品,又是佛教石窟造像的经典作品,其艺术价值、历史价值、宗教文化价值以及传统工艺研究价值都十分独特、珍贵。造像规模大:占崖壁面积达88平方米,是国内外现存最大的千手观音石刻造像;造像涉及工艺层面多:千手观音造像涉及石刻雕凿工艺、髹漆工艺、贴金工艺和彩绘工艺等多个层面;病害情况复杂:造像存在病害严重,从表层贴金层和彩绘层到石质胎体部分存在病害种类34种之多。石质、金箔、彩绘3大类病害分别占造像展开总面积的5.56%、66.84%、40.92%。其中有石质病害4类共8种、金箔病害5类共11种、彩绘病害5

类共15种。可以说，千手观音造像的病害已经穿过了表皮，深入石质胎体，金箔的分层、劣化、脱落程度，彩绘的粉化、脱落程度，以及内部胎体的粉化、断裂、脱落程度，均远远超乎项目组的预判。根据X光探伤结果显示，千手观音80%的手印内部，都有断裂或裂隙的情况。凸出岩面的雕刻整体稳定性较差，中部和西区发生裂隙的情况最为严重，而上部和东区发生风化的情况最为严重。正如前文所说：造像所累积的旧金箔虽然多达4层，但经过回收、清理和软化处理后，保留下能用于回贴的金箔量却只有约20%。数量上，旧金箔基本不能实现回贴修复的预想；质量上，由于老化、金颗粒脱落等各种状况制约，它也不能满足修复效果的要求。我们常说理想很美好，但是现实很残酷，文物修复实践往往如此。

正是由于造像的工艺丰富、病害复杂，要求干预层面深入，而同时我国此前并无同类型文物保护修复实践案例，这就要求此次工程不能急于求成，而必须一边研究、一边修复，将"思"与"行"紧密结合。在三年的前期调查研究中，联合多家文博单位、大专院校、多学科联合攻关；在四年的保护工程中始终坚持修复、研究、实践相结合，把"思与行"贯穿于全过程。结合文物本体病害严重、工艺复杂的特点，现代文物保护理念在修复工程中科学尝试及灵活应用。

我们对千手观音造像的价值做了较为全面的梳理。[①] 简单来说，大足千手观音造像的价值体现在历史、艺术、科学、宗教、社会诸方面。作为修复者，我们需要综合地看待各方面的价值，虽然很难做到面面俱到，但不能只看重某一个方面而忽视其他。我们希望尽可能多地保护千手观音造像的价值。而千手观音的宗教价值和社会价值在本次修复中也格外受到社会公众的关注。

有人认为，千手观音造像本是文物，而此次修复却将"宗教修缮"与"文物修复"混为一谈了。这种观点的谬误在于，不了解"宗教文化遗产"的概念。2008年，为了唤起人们对"宗教文化遗产"的全面认识和保护，国际古迹遗址理事会以"宗教遗产和圣地"作为当年"国际古迹遗址日"的主题，提醒人们关注宗教遗产。国际古迹遗址理事会这样解释他们选择的原因："一般看来，宗教活动和信仰引导人类社会标志生存空间、营建场

---

① 詹长法：《八百年瑰宝　千手观音石刻造像的遗产价值》，《世界遗产》2015年第6期。

ICOMOS International Secretariat e-news special:
**18 April 2008, International Day for Monuments and Sites
Religious Heritage and Sacred Places**

Nouvelles électroniques du Secrétariat International de l'ICOMOS, édition spéciale :
**18 avril 2008, Journée Internationale des Monuments et des Sites
Patrimoine religieux et lieux sacrés**

The International Day for Monuments and Sites was created on 18th April, 1982, by ICOMOS and later approved at the 22nd UNESCO General Conference in 1983. This special day offers an opportunity to raise public awareness concerning the diversity of the world's heritage and the efforts that are required to protect and conserve it, as well as to draw attention to its vulnerability.

Each year, ICOMOS proposes a general theme, this year's theme being "Religious Heritage and Sacred Places". The organizers of events are invited to reflect upon this theme, but it is not obligatory to follow it.

Please find below a calendar of events sorted by country which includes events organized first and foremost by ICOMOS National Committees, but also by independent organizations that wish to mark the International Day for Monuments and Sites with a special event.
You can also consult this calendar of events online:
http://www.international.icomos.org/18thapril/2008/index.htm

La Journée Internationale des Monuments et des Sites a été instituée le 18 avril 1982 par l'ICOMOS et approuvée ensuite par la Conférence Générale de l'UNESCO en 1983. Cette journée particulière offre une occasion de sensibiliser le public à la diversité du patrimoine dans le monde et aux efforts que requiert sa protection et sa conservation, et permet également d'attirer l'attention sur sa vulnérabilité.

Chaque année, l'ICOMOS propose un thème général – le thème de cette année est « Patrimoine religieux et lieux sacrés ». Les organisateurs sont invités de réfléchir sur cette thème, mais ne sont pas obligés de le suivre.

Veuillez trouver ci-dessous un calendrier d'événements classé par pays qui recense non seulement des activités organisées par les comités nationaux de l'ICOMOS, mais aussi des événements d'autres organisations afin de marquer la Journée Internationale des Monuments et des Sites.
Le calendrier d'événements est aussi disponible en ligne :
http://www.international.icomos.org/18thapril/2008/index.htm

Introduction
 Religious Heritage and Sacred Places 18 April 2008 – The International Day for Monuments and Sites
 Patrimoine religieux et lieux sacrés 18 avril 2008 – Journée Internationale des monuments et des sites

Calendar of Events / Calendrier d'événements
 Australia / Australie
 China / Chine
 Czech Republic / République Tchèque

图8 ICOMOS2008年"国际古迹遗址日"主题

所、完成作品或者建立充满深远意义和历史记忆的档案，使它已经成为当今世界遗产最重要的组成部分之一。这一遗产主题在景观中通过地名、宗教仪式以及与特定自然要素相联系的朝圣活动得以体现。此外，在创造这一遗产的过程中，许多过去和现在的社会团体融入了他们所有的艺术和科学成就，建造了或宏大或简朴的建筑物及其中的各类精美物品。对这一遗产的保护和展示已成为遗产保护领域的重要内容。"由此可知，千手观音造像属于宗教文化遗产。

2015年《中国文物古迹保护准则》修改后，将文物价值由原来的三项增加为历史、艺术、科学、社会、文化这五类价值。社会价值，主要是指文物古迹在知识的记录和传播、文化精神的传承、社会凝聚力产品等方面所具有的社会效益和价值。文化价值主要涉及以下三个方面：文物古迹因体现民族文化、地域文化、宗教文化的多样性特征所具有的价值；文物古迹的自然、景观、环境等要素因被赋予了文化内涵所具有的价值；与文物古迹相关的非物质文化遗产所具有的价值。《准则》的修订也是为了引起文物古迹保护实践对于文物的非物质层面价值的关注，正是由于它们具有的社会、文化价值成就了此件文物的诞生和传承，是我们当下可以认识她、欣赏她的基础条件。千手观音造像作为宝顶山石刻的主要造像，更是当地每年一度阴历二月十九的观音诞辰、"宝顶香会节"进香朝拜的对象。这一习俗承传逾几百年，影响遍及川渝地区。总之，千手观音造像承载的社会价值、文化价值毋庸置疑。此次千手观音造像保护修复在这个层面上进行了一次开拓性、探索性的实践，不仅针对不可移动石质文物保护的特点进行施工，在保证文物安全及文物价值真实性、完整性的前提下，充分尊重千手观音造像的宗教文物属性特点，在文物保护与艺术效果和公众需求的平衡方面进行了富有成效的探索。这是我们保护其价值的努力。

（二）对于千手观音造像中保护技艺及技术的传承及实践

对文物古迹进行保护修复，除了研究和理念分析外，保护技术是极为关键的因素。文物的研究、理念的分析以及技术的选择与应用，这三者间有着十分密切的关系，甚至也会互相影响。千手观音造像保护修复工程中所使用的保护技术都是经过多次实验室、本体试验，且经过一定的时间和保存环境检验的；是我们在综合各方面因素后，在目前能够掌握、应用到的技术中做出的对造像保护最好的选择。

如上图所示，就贴金材料和工艺，项目组进行了多轮、多种试验。2008年、2009年，修复人员选取造像局部进行第一次本体试验。试验采用的金箔

图9 显微镜下金箔层状态

黏结材料为现代化学材料（15% ZB – WB – J – 1 和 20% ZB – WB – J – 2）。在对本体表面金箔层进行清理后，利用黏结材料对本体金箔层下的风化岩体进行加固，对起甲金箔进行直接回贴处理，最后对经过加固的部分进行封护处理。这一试验效果并不理想，经加固处理的金箔很快又出现开裂、起翘和脱落等情况，且内部的石质胎体也没有得到良好的加固，安全性没有得到改善。考虑到造像赖以保存的材料的安全性、稳定性，直接加固旧金箔的方案由此基本被否定。

根据第一次本体试验的结果，修复人员确定对不稳定金箔进行揭取操作。将揭取下来的金箔进行筛选，对金颗粒保存较多、整体保存状况较好的金箔层进行软化和整平，留在修复时进行回贴。2010 年，修复人员使用经过改性的 ZB – WB – J 材料和传统大漆两种不同的黏合材料进行试验。之所以选择传统大漆作为试验材料，首先是因为千手观音造像本身的贴金工艺所采用的就是传统的大漆贴金工艺；其次，大足石刻周边的川渝和云南地区是我国漆树集中分布的地区，从就近取材的角度考虑，使用传统大漆具有优势；再次，采用造像原有的传统工艺和材料进行修复试验，对于文物非物质层面的传统工艺的研究和传承具有重要意义。

在 2010～2011 年的髹漆贴金层修复试验中，适合石质加固补全修复的现代材料 ZB – WB – J 无法实现金箔修复的稳定效果，而传统大漆和髹漆贴金工

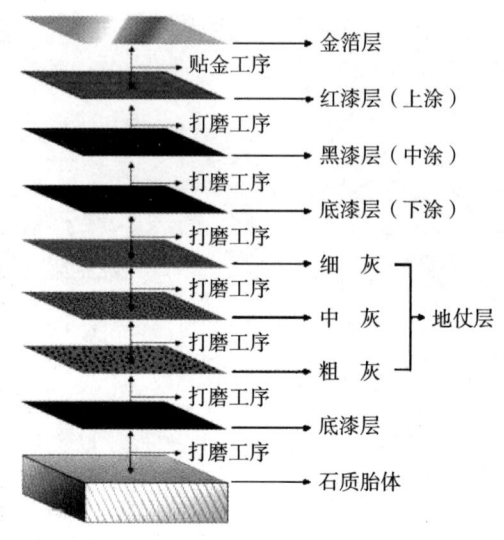

图 10　髹漆贴金工艺的基本流程图

艺却表现出更多优势。① 试验发现，生漆尤其适合川渝地区高温高湿的气候环境。传统大漆工艺不仅增强了旧金箔回贴的稳定性，还实现了回贴后使用新金箔协色或全色的可能性，能实现整体性和远观一致的修复效果；而且由于生漆渗透作用，原有石质胎体和补全部分的结合性、强度都有提升；由于大漆和金箔良好的封护作用，能够更好地保护胎体，减少外部水分的不良影响。②

根据中期评估的评审意见，为了进一步研究和探讨千手观音石刻造像贴金层修复的合理方案，自2013年1月至6月，修复人员在试验区34只手的范围内，实施新一轮的修复效果试验。经过四个试验，项目组最终研究开发出相对满意的修复工艺，其修复方法和效果也获得了专家组和国家文物局的认可。我们对所有本体试验区都予以了保留，一方面将其作为此次修复工作的一个见证；另一方面也可以继续观察试验区状态，为今后的保护修复操作提供参考。

此次金箔层的修复，使用了川渝地区造像制作的传统髹漆贴金工艺。这

---

① 生漆，是一种天然、稳定性强的有机材料，具有粘接性强、防虫、防水、耐火、耐腐的特性，至今没有任何一种合成涂料能在坚硬度、耐久性等性能上超过它。干燥后的漆膜结构是非常紧密的网状立体结构，不溶于任何溶剂，坚硬而有光泽、耐久、耐磨、耐水、耐腐蚀，绝缘性强。虽然生漆有一定毒性，但漆膜却无毒无污染，是一种绿色生态材料。

② 关于千手观音造像髹漆贴金层的修复试验，详见徐琪歆、李元涛、左洪彬：《千手观音造像髹漆贴金修复方法研究》，《中国文物科学研究》2013年第3期。

是在大足当地漆工所使用的传统髹漆工艺的基础上研究的工艺，经国家文物局批复，同意使用。此种修复工艺的运用，既保证了文物修复的安全、稳定，也保证了造像的艺术价值、文化价值，同时研究、记录了传统髹漆贴金工艺，对川渝地区的同类造像保护具有重要意义。

此项工作将传统修复技艺与现代科学手段有机结合。一方面注重传统修复技艺的传承，发掘和整理了我国传统髹漆、贴金技艺，延续了濒危非物质文化遗产的历史寿命。优先研发新型保护材料的应用，同时结合地域特点，继续使用原材料（大漆、金箔、矿物颜料）、原工艺修复；另一方面注重现代科学手段的创新应用，借助"X光"探伤技术，首次针对岩体雕刻结构稳定性研究与分析，指导了大型不可移动石质文物的保护修复工程。利用红外热成像、回弹仪岩体硬度检测、电导率脱盐效果检测等无损科学检测手段指导、检查修复工程质量。利用数字技术三维激光扫描、近景摄影详细留取资料，通过3D打印及虚拟修复技术应用为修复实践提供科技支撑。利用紫外、红外、高光谱现场无损检测分析，彩绘颜料、胶结物、纹饰机理指导彩绘修复效果。

此次修复工程中还建立了立体常态化微环境监测体系，流场效应预警设计在大型石质文物预防性保护中首次得到综合性应用研究。工程中还建立了严格的工程监督体系和有效的公众互动关系：执行严格的大型保护工程监督机制，邀请国内外专家、学者定期参与指导与评估；装置半开放式修复工作平台，开启大型、长期调查问卷活动，建立遗产与公众的互动关系；采用数据库集成系统，引用、归纳、整理、查询、演示等及科学完善的修复资料留存。

千手观音造像是世界文化遗产地大足石刻的重要单体文物，而其自身的独特性更是在国内外专业领域的重要研究对象，在宗教文化方面也具有较大的影响力；而同时千手观音造像本体保存环境特殊、病害严重、历史工艺复杂，目前国内外尚未有可供借鉴、参考的案例和技术经验。这样一尊文物造像该如何认识、如何保护，是对我国文物保护专业领域就文物的认知程度、高度和保护实践能力的一次考验，但同时也是一次机会。对千手观音造像的历史工艺、病害的考察、研究，对现代文物保护原则在保护修复具体工作实践中的认识、思考，对现代科学技术、材料在保护工作中的科学运用，既是对我国文物保护实践问题的反思，也是我国文物保护领域极具探索性、突破性的积极尝试。希望通过此次修复工程的开展，对现代修复原则在具体修复工作的实践方式进行较深入研究，以期成为现代修复原则与中国文物古迹修复实践结合中的范例，特别是要积极参与到宗教类遗产这一既特殊又具有普遍性的文化遗产修复原则的探讨中，为今后类似修复工作积累宝贵经验。

千手观音造像保护修复工程与许多其他保护工程一样，都是在对文物本体研究的基础上，综合考虑其文物价值、保护理念和保护技术等因素后的保护实践。在中国文化遗产研究院和各科研机构、团队的共同努力下，千手观音造像保护修复工程团队开展了大量的、多学科领域的研究工作，进行了一系列卓有成效的修复实践。这些研究与实践包括：对文物本体与价值的研究、工艺的发掘、现代科技参与的试验、保护理念的思考和实践、保护与维护工作的探索等等，这一切实际上是对文物保护体系进行的一次全面探索和突破性实践。我们不愿被禁锢在某些不成熟或未成系统的含糊观念中，希望通过自身的思考与实践，在以传承文物古迹为目的的前提下"现身说法"。我们在此次工程中一直坚持将"思"与"行"相结合，我们的文物保护行业也只有在不断地思考和实践中才有可能进步和发展。而探讨文物保护的理念应是什么、该怎么做，也是国家石质文物保护"一号工程"的价值和意义所在。

当然，作为具有创新型和探索性的重点保护工程，千手观音造像保护修复也不免有一些遗憾。首先，工程开始之初，修复师和技术人员对千手观音造像本体进行了细致的本体和环境调研，但是在对造像的宗教、历史及艺术方面的研究却没有足够重视，没有达到应有深度。这也使之后修复时某些部位修复依据的寻找增加了工作量，公众宣传对价值导向的强调欠缺力度。其次，囿于千手观音造像本体病害的复杂程度、材料的地域适应性等客观因素影响，对是否能有更好介入方式保留更多的旧金箔等未进行更多研究，这无疑是千手观音保护修复的另一大遗憾之处。另外，此次工程中尝试使用了三维虚拟修复的技术，但是由于种种原因，没有实现理想的效果，没有为造像本体修复提供有力的支撑、发挥预想中的作用，仅在千手观音的修复完成后的效果呈现进行了三维效果展示。该技术还在不断进步和完善过程中，在今后的其他工程中应该会得到更多运用，发挥出更好效果。

"一号工程"受到社会的广泛关注是令人欣慰的，这些关注引发的讨论交流对文物保护知识的普及，以及我国文物保护事业的发展是有所裨益的。我们希望，来自不同领域的专家学者就千手观音造像保护修复工程多研究、多发言，从而促进各个学科的良性交流与共同进步。我们也希望，通过"一号工程"，社会各界更加重视我国的文物事业，共同关注我们共有的文化遗产。

(本部分执笔人：詹长法　徐琪歆　张可)

从『石渠宝笈特展』看博物馆公共文化服务的『供』与『需』

皇家秘藏 铭心绝品
故宫博物院90周年石渠宝笈书画特展
武英殿延禧宫（两期展品不同）
9月8日—10月11日（第一期）10月13日—11月8日（第二期）

清明上河图
五牛图
游春图
兰亭序帖
伯远帖
听琴图

"石渠宝笈特展"海报　中国文物报社郭桂香供图

故宫博物院在 90 周年院庆之际推出的"石渠宝笈特展",创造了多个院史之"最",引发了观众空前的观展热情,一时间成为舆论关注的焦点,是 2015 年度最受瞩目的文化事件之一。这一展览也引发出一些需要深入思考的问题,公共文化服务在博物馆工作中的地位如何?观众对博物馆公共文化服务有哪些期待?博物馆应该如何处理"供"与"需"的关系,提升公共文化服务水平?

2015 年,对于故宫博物院来说是不平凡的一年。这一年是故宫博物院 90 年华诞,为庆祝这一盛大节日,故宫博物院新推出 18 个精彩纷呈的展览,内容涵盖了普天同庆——"清代万寿盛典展""石渠宝笈特展""大明御窑瓷器""故宫博物院汝窑瓷器展""故宫藏老照片展""越窑青瓷展"等重量级展览,创造了展出文物数量最多、内容最丰富、形式最精彩等多个院史之"最"。这些展览是故宫博物院奉献给观众的一份厚礼,不举办庆典纪念仪式,不搞庆祝活动,而是精心策划一系列各具特色的展览项目,将故宫博物院多年来的学术研究成果呈现出来,以此来回馈社会、回报观众,不仅带给观众感动和震撼,也带给观众丰富而精彩的参观体验。在这 18 个展览中,"石渠宝笈特展"参观人数最多,引起的社会反响最大,两个展期共接待观众约 17 万人次,是 2015 年最受瞩目的文化事件之一。

这一展览为什么会如此火爆?为什么火爆出现在这个时候?火爆的同时为什么也有冷热不均的现象?观众对展览的满意度如何?观众对主办方还有哪些方面的期待?博物馆公共文化服务如何能够做得更好?对这些问题,有必要做一番认真梳理,既是总结,也是反思。当前,各行各业都在积极推进供给侧改革,博物馆作为公共文化服务的重要场所,承担着重要的社会教育职能,如何更好地满足公众需求,大力提升公共文化服务能力和水平,也需要开展系统化的供给侧改革,更多地"以人为本""以观众为本",在公共文化服务体系建设中发挥更多更好的作用。

一、"石渠宝笈特展"概况

在这一展览举办之前,可能很多人并不熟悉《石渠宝笈》。《石渠宝笈》

是清代乾隆、嘉庆年间的大型著录文献，著录了清廷内府所藏历代书画藏品，分书画卷、轴、册九类。作为我国书画著录史上集大成者的旷古巨著，书中所著录的作品汇集了清皇室收藏最鼎盛时期的所有作品，而负责编撰的人员均为当时的书画大家或权威书画研究专家。由此可见，《石渠宝笈》在我国书画收藏史上具有突出的地位和价值。

"石渠宝笈特展"的展览时间为2015年9月5日至11月4日，分为"典藏篇"和"编纂篇"两个部分，分别在武英殿和延禧宫同时展出。因展览展出的宋元珍品较多，该展览又于10月12日更换部分藏品，分两期展出。作为《石渠宝笈》著录书画的第一次展览，本次展览旨在体现《石渠宝笈》编纂及其著录书画的特点，让观众了解清宫典藏书画的聚散和特质。

武英殿展区展出作品大多为宋元时代的一级品文物，规格之高、一级品之多，在故宫博物院乃至博物馆界都难得一见。比如宋代张择端的《清明上河图》，在三年多的"休眠"期后再次展出，还有《伯远帖》《展子虔游春图》《冯承素摹兰亭帖卷》《写生蛱蝶图》《渔村小雪图》《听琴图》《明宣宗行乐图》等家喻户晓的名家书画作品。此外，本次展览还集中展示了顺治、康熙、雍正、乾隆、嘉庆五位皇帝书法、绘画作品，这也实属首次。延禧宫展区整合了以往《石渠宝笈》的研究成果，并且进一步深入发掘资料，主要通过文物展示《石渠宝笈》的编辑、版本、钤印、收藏地点等，具有较高的学术性，大多数书画展品和善本图书皆为首次展出。《石渠宝笈》特展并不是一个普通的书画展览，在武英殿展区展出《石渠宝笈》著录书画的同时，延禧宫展区概述清内府书画的来源、《石渠宝笈》编纂人员、《石渠宝笈》编纂体例，同时展示《石渠宝笈》书画贮藏地点，以及《石渠宝笈》版本与玺印等。两个展区相互呼应、共为一体，方便观众更深入全面地了解、研究《石渠宝笈》及其著录的书画珍品。由此可见，《石渠宝笈》特展是一个具有很强学术性的展览，是故宫博物院多年来书画研究、征集、保存、维护成果的一个集中呈现。

书画展在故宫博物院史上不是第一次，《清明上河图》在故宫博物院展出也不是第一次，之前并没有形成排长队的现象，所以，我们有理由相信，在《石渠宝笈》策划阶段，没有人会想到这个展览和其他展览会有多大不同，也没有人会想到这个展览会引发如此强烈的观展热潮，更想不到会火爆到需要跑步入场的程度。

二、关于"石渠宝笈特展"的观点摘录

此次特展无论是展品的精美程度,还是参观人数,在故宫博物院历史上都创造了纪录,为了一睹国宝芳容,许多观众专程从全国各地赶来。在受到观众热捧的同时,也引发了新闻媒体和社会各界的广泛关注,关于"石渠宝笈特展"的报道成为舆论的热点和焦点。

下面从各个媒体的报道中摘录一些主要观点予以罗列,从中可以看出,故宫博物院如何对待此次展览,公众是如何看待此次展览,公众对此次展览是否满意,还有哪些方面的期待。我们尽可能将不同的观点都列举出来,多角度、多层次有利于更全面、更清晰地看清问题的真相和本质。

(一)专家观点

观点1:花两年多精心策划,首次集中呈现重要藏品

"石渠宝笈特展"我们是精心策划的,用了两年多时间,对于《石渠》著录过去的历史状况和它所揭示的文化内涵,做了一个精心的策划。我们每年都有书画展,《石渠宝笈》很多著录的书画,每年都可以看到一些,这次把它相对集中起来,比如《伯远帖》、《游春图》、顾恺之的《列女图卷》、张择端的《清明上河图》、冯摹《兰亭序》、赵孟頫的《洛神赋》,还有《听琴图》,这样一些重要的藏品,能够在一个展览里呈现,在故宫的历史上也是没有的。

——故宫博物院院长单霁翔:站在大众的立场

观点2:展览说明制作精良

"石渠宝笈"的展品说明制作令人称道。几乎每一件书画边都有展牌,用手机扫描展牌上的二维码后,能听到专家对画作的详细解说。展牌也做得用心,详细标注画作的释文,并讲述其年代背景、艺术特征以及学术辨伪,其中不乏新近的研究成果。

——【故宫90周年】两岸大展:北京的"石渠宝笈",
台北的"范宽"

观点3：展品的安排还需加强

普通观众不专业、看不懂，这很正常，但再好的展览也需要宣传、讲解，能否拉近观众与国宝的距离，让观众对传统文化感兴趣、有收获，作为展览主办方，确实还有很多事情可做。

拿这次故宫的"石渠宝笈大展"来说，是否可以拉长展线，布置与《清明上河图》相关的展览？这样观众沿途可以看到更多的文物，使等待的时间不至于太枯燥？

是否可以在展厅前设置一个序厅，挂出一幅复制品并安排讲解？如果观众可以事先赏析，心中有数，面对真迹时就可以看得更尽兴。

其他几幅画名迹，是否可以安排到其他展厅？如果有人不愿排队，可以直接去看其他几幅难得一见的珍品，而不必排长队非要等候这幅《清明上河图》不可。

——石渠宝笈大展，观众都是看热闹的？

观点4：观众多为一睹《清明上河图》

此次展览，很多观众主要是冲着北宋张择端《清明上河图》而来。《清明上河图》全长528厘米，全卷铺开陈列。10年前，为了庆祝故宫博物院80年院庆，这幅作品曾经展出，之后只分别在香港和日本展出，但都未曾全卷展开。"石渠宝笈特展"开展以来，《清明上河图》掀起了最大的观展高潮，为一睹国宝真容，该展品所在的武英殿展区一直排长队，展柜前也是人满为患，观展队伍移动缓慢，甚至被限时限流观看。现场工作人员不时催促观众移动起来。

——观众狂奔入宫观展，故宫博物院院长单霁翔今早现场致歉

观点5：关注《清明上河图》是一个好的开始

观众能这么关注《清明上河图》这个现象来说，是一个很好的开始。说明普通大众在关注着中华传统文化，能够不惜排着六七个小时的队伍来看展览，这是对中国传统文化的一种敬畏，一种朝圣。通过关注《清明上河图》，同样也能让普通大众来关注其他的历代文物，这是一个过程。

——《石渠宝笈》特展，为什么会如此火？

观点6：《石渠宝笈》受热捧绝不仅仅是《清明上河图》的"神图"效应

此次相当多观众是奔着《清明上河图》来的——然而在故宫博物院建院80周年展出时观者寥寥，也就是说，此次排队绝不仅仅是《清明上河图》的"神图"效应。

——12小时看"石渠宝笈"值不值得？

观点7：《清明上河图》之前展出观众不多

"我在故宫这些年，《清明上河图》就展出了七八次。前面那几次没什么人看，根本就不用排队。每次我去看，只有三三两两的人在看。"

——北京故宫博物院余辉

观点8：北京的"石渠宝笈"受热捧，台北范宽大展的场面则冷清得多

台北故宫博物院的翡翠玉白菜、五花肉型石虽然名声最大，但真正被馆内专家认定为"镇馆之宝"的，是3件古画：范宽的《溪山行旅图》、郭熙的《早春图》以及李唐的《万壑松风图》。《溪山行旅图》是传世范宽作品中最受重视的真迹。这幅巨碑式山水画作被后世画家视为北宋山水的典范作品之一，为世人取法。以至于很多画家即便从未见过范宽真迹，却不断用笔墨寻访心中的"范宽"。可以说，范宽之后的一千年，虽然绘画作品生出种种变貌，其余绪始终萦绕在画家笔下。

被大陆游客淹没的台北故宫博物院里，毛公鼎、翡翠玉白菜、清宫旧藏工艺品展柜前人头攒动。相比之下，范宽大展的场面则冷清得多。这景象还真有些契合《溪山行旅图》中描绘的景象：巍巍高山之中，唯有寥寥数人安然穿行其间，气氛宁静而悠长。

在北京故宫博物院，因为《清明上河图》的号召力，9月开始的"石渠宝笈"特展带来了空前的大客流。在院长单霁翔的努力下，跑步进宫的状况虽然不见了，但仍需要排五六个小时队。节日期间，武英殿外的长龙也许还可能更长。

——【故宫90周年】两岸大展：北京的"石渠宝笈"，台北的"范宽"

观点9：专业的学术研究成果展览变身为大众嘉年华

"石渠宝笈特展"是历时数年筹备的学术成果展，而非精品展，目的在于让观众了解著录"庸俗的清宫皇家收藏"的《石渠宝笈》和著录书画的价值。"编纂篇"以著录的书画来源、编纂人员、编纂体例、贮藏地点及版本与玺印来逐次解析《石渠宝笈》诸编的内容与特征，观众能感受到顺治、康熙、乾隆、嘉庆诸帝的艺术趣味，甚至汉化程度。"典藏篇"以著录书画为轴，揭示书画收藏、流传、辨伪的历史。遗憾的是，缺乏引导的观众蜂拥武英殿，经过漫长等待，方一睹《清明上河图》真容。这种观展体验算不上美妙。

——"石渠宝笈特展"的背后

观点10："石渠宝笈特展"第二期没有出现火爆场面

与观众连夜排队，站十几个小时一睹《清明上河图》形成鲜明对照，《兰亭序》并没有吸引大量观众前往。故宫博物院"石渠宝笈特展"第二期开幕两天，没有出现之前的火爆场面。武英殿门口一如平时的空旷。之前为应对观众排队临时搭建的小卖部少有人光顾，而观众更是可以"长驱直入"，在自己喜欢的作品前面尽情欣赏。

——石渠宝笈特展第二期没有出现之前的火爆场面

观点11：由"大众嘉年华"回归到"学术展"

"清明"登场人纷纷，回库观众欲断魂。没有了《清明上河图》，近日在故宫展出的"石渠宝笈特展"第二期显然已没有了第一期的火爆人气和魅力。尽管该期仍然展出了不少国宝级古代书画，但观众流量锐减，该展已经由"大众嘉年华"回归到"学术展"，武英殿外只有零星的几个观众入场，展厅内的观展人群也明显少了很多，每幅画前两三人看展，可谓是轻松观展。

——故宫石渠宝笈特展第二期人气远不及第一期

观点12：观众对藏品冷热不均，看热闹者不在少数

同在一个展厅，同样可称赫赫名迹的展子虔（传）《游春图》、唐韩滉《五牛图》以及"三希堂法帖"之一的《伯远帖》却观者寥寥，这一冷一热，厚此而薄彼，就显出多数观众的看热闹心态，再联想起不久前故宫的大水缸被刻了字，南京明孝陵的600年神道石刻同样被攀爬、刻字，不由让人心生感慨，观众素养离欣赏并珍惜文物确实还有一段距离，主办方办了一场文化盛宴，而大多数人只是来看看热闹，看见了，但没看进去。

——石渠宝笈大展，观众都是看热闹的？

观点13：冰火两重天

随着故宫博物院90岁大寿的临近，包括石渠宝笈特展、文物修复技艺特展、汝窑瓷器展等一批重量级展览相继登场。然而自开展以来持续火爆的石渠宝笈特展国庆期间依然抢尽风头，动辄要排上6个小时的观展长队。与其他展厅相比，简直就是"冰火两重天"。

——石渠宝笈特展数千人排队　其他展厅则极为冷清

观点14：是否观展史上奇观，应该感动，也应该反思

就在第一期《清明上河图》10月12日撤展前几天，最后一批观众离开展览所在地武英殿的时间是凌晨一点多，而10月12日撤展当天最晚的观众直排队至凌晨3点方告结束，以至于故宫博物院几位院长深夜带着职工给排队者送热茶水……不知这是不是古今观展史上前所未有的奇观，似乎该感动，似乎又该反思？

——从"石渠宝笈"看到被压制的汉民族正气与性情

（二）观众心声

观点15：办展览像开运动会

有一个老人，70岁了，他说你们故宫办一个展览，怎么跟运动会似的？我很早来了，排在前面，我跑不过那些年轻人，结果他们都跑在前面。

——故宫博物院院长单霁翔：站在大众的立场

观点 16：耗时费力看展是值得的

文物是稀缺资源，而稀缺资源市场定价自然高，排队也寻常，如医院专家号、春运车票。出于保护和传承久远的目的，文物建筑限制参观人数，文物展示亦有严格规范，如古代书画、古籍善本等纸绢制品宜在凉爽的秋季，这决定了古代书画珍品每年只能有二个月左右的展示期。从这个角度说，花60元进故宫，额外的一次性观赏到近300件国之重宝，时间成本和体力付出是值得的。虽然看《清明上河图》未必是看艺术，在屠呦呦故居前拍照也未必想获诺贝尔奖，但附庸风雅，总好过追求恶俗。

——"石渠宝笈特展"的背后

观点 17：看国宝很激动

笔者也为一睹国宝真容排队7小时，在漫长的等待中我发现，队伍中有拉着行李箱刚下火车的"国宝粉"："在电视上看了新闻马上就从扬州过来了。"有一大家人特地从香港来看展览："国宝嘛，很难得、很自豪！"有行动迟缓的八旬老人："能活着看见国宝，很激动！"也有五岁的小娃娃："跟着爸爸妈妈来看最美的中国画。"

——"故宫跑"说明了啥

观点 18：等待是值得的！

值！值！值！但也累，亲眼观赏清顺治、康熙、雍正、乾隆、嘉庆五朝宸翰，近距离观赏《清明上河图》《伯远帖》《列女图》《游春图》等等好多双手加起来都数不完的名作，随便一幅都是国宝珍品，视觉、文化双享受的同时，深深的幸福感也难以表述，真的很有幸，很难得一见！最后补充一句，等待是值得的！

——看"石渠宝笈"是种什么感受："小和团"亲身经历

（三）"石渠宝笈特展"中的几个"没想到"

观点 19：没想到会有这么大的社会反响

我们也没预计到会有这么大社会反响。10年前《清明上河图》展出,当时也是络绎不绝,人来人往的,但是没有排起队来。

这次的观众从四面八方,从国内外,从全国各地来看展览,两天以后就出了媒体所说的"故宫跑"。我们注意到这个现象,我就去看观众是一个什么样的心情,什么促使他们都来。很多人都说,我们明白这次展出是非常震撼的一个阵容,所以一定要看。

——故宫博物院院长单霁翔:站在大众的立场

观点20:没想到会引来观众"爆棚"

对于排队过长的问题,单霁翔表示一些举世闻名的国际大展、难得一见的稀世珍宝,总是会引来观众"爆棚",排队数小时的参观景象也已成了"国际惯例"。比如2002年《清明上河图》在上海博物馆展出时,也出现了排队长达6小时以上的现象;2004年上海美术馆举办《法国印象派绘画珍品展》,百余观众在凌晨4时(即开始售票前5个小时)就已经在排队等候;2011年达·芬奇大展在英国伦敦国家美术馆展出时,展厅外连夜排起长队;而2013年"达·芬奇"自画像在山东省博物馆展出时,引发了每天上万名参观者,排队长度达到一公里。此次《清明上河图》全卷展出,引发了观众参观的热潮,虽然排队盛况是故宫博物院近年来难得一见的,但并没有因此现场失控。总体上,观众们非常配合故宫博物院的疏导措施,展厅内也能够保持安静、有序的参观氛围。

——《清明上河图》为什么这么火?

观点21:没想到闭馆时间一延再延

展期快一个月时,也就是第一期要结束的时候(《清明上河图》仅在第一期展览中展出),就开始出现了大量观众来参观"石渠宝笈特展"的现象——从来没有过,在武英殿的队居然一直排到了太和门广场,队伍非常长。始料未及,我们对社会宣布,坚持要看"石渠宝笈特展"的观众,任何一个人我们都会让他一定看到,不会提前闭馆,所以我们闭馆时间就一再拖延。

——故宫博物院院长单霁翔:站在大众的立场

(四) 展览之外话展览

观点 22：文物应摆脱宝物的狭隘"身份"

只有让更多人有机会欣赏，文物才能摆脱仅仅作为宝物的狭隘"身份"，成为文化的有机组成部分并被世代传承。我们拥有五千年的文明，拥有世人羡慕的文化遗产，这是我们的幸运。而运用市场经济思维、现代科技手段，更好地传播这些文化遗产承载的内涵，既是我们作为文化消费者的需求，也是我们作为文化继承者的责任。

——"故宫跑"说明了啥

观点 23：选入小学课本成古画经典符号

事实上，光有艺术价值、亲民性还不够，也需要极大的曝光度。《清明上河图》被选入国人小学课本为其成为第一神图也立功很多。这种被印入教科书的曝光度有着超强的能量，让国人为之"膜拜"。

余辉告诉新京报记者，在国人从小到大的美术普及中，古代书画很少有被"艺普"的机会。而《清明上河图》则出现在小学课本中，成为被艺术普及的古代书画，这让其成为大众认知中国古画的经典符号。

为此，此前挤爆武英殿的 70%～80% 的人群都是青年人也不难理解，"《清明上河图》是他们从小到大接触的极少的古代书画"，余辉称。

——故宫石渠宝笈特展第二期人气远不及第一期

观点 24：更多人开始关注《石渠宝笈》和古代绘画

从今年 9 月开始，"圈内"和圈外的朋友都在谈论故宫的"石渠宝笈特展"，还为此排队六七个小时去参观，因为这个展览，很多业内人士开始重新关注《石渠宝笈》和古代绘画的诸多问题，在展览活动的海量宣传中，部分雅好文化的"圈外"人士也开始知晓"石渠宝笈"这四个字。大量关于《石渠宝笈》的文章在网络和微信上传播，一时间，"去看《石渠宝笈》展览了吗？"成为朋友间的问候语，而展览的热度也一直延续到了拍卖市场。

——古代书画的"石渠宝笈"和"朋友圈"效应

观点 25：青少年博物馆教育很重要

周功鑫接受京华时报记者专访时表示，在台北故宫工作 30 多年，尤其看重青少年的博物馆教育。如果博物馆教育做好了，就不会出现公众只看《清明上河图》，而冷落《五牛图》的现象了。

——台北故宫工作 30 年看重青少年博物馆教育

三、从"石渠宝笈特展"看博物馆公共文化服务的改革与发展

如上是对社会各界关于"石渠宝笈特展"的看法分门别类做了罗列，通过罗列，可以看出其中的一些规律。有赞扬者，也有质疑者；有理性分析者，也有提出希冀者，可谓众说纷纭，众说纷纭本身也说明了这个事件的社会反响是巨大的。

2015 年，其他博物馆也有不少高规格的古代书画展览，如台北故宫"典范与流传——范宽及其传派特展"、美国纽约大都会博物馆"中国古代书画精品展"、苏州博物馆"十洲高会——吴门画派之仇英特展"……但唯独"石渠宝笈特展"引发的社会反响最大，当然，这与北京的特殊地位、城市人口数量、故宫的国内国际影响等多种因素有关。但无论是纵向比，还是横向比，"石渠宝笈特展"的影响力都不容忽视，它成功地引起了社会的广泛关注和公众的强烈共鸣，成为极其罕见的一个文化现象，这一现象本身就值得重视、值得深思。

（一）"石渠宝笈特展"受热捧的根源分析

"石渠宝笈特展"的影响是巨大的，这是毫无疑问的一个共识。之所以如此，应该说是天时、地利、人和多方面因素共同使然。

所谓"天时"，是近些年随着经济社会的快速发展，人们在物质生活水平逐步提高的同时，精神文化需求不断增长，文化意识渐渐觉醒，对传统文化的关注度越来越高，参观博物馆、游览名胜古迹等文化旅游成为人们越来越青睐的休闲娱乐方式，文化消费在国民消费结构中所占的比重越来越大。文物作为承载鲜活历史、蕴涵丰富文化内涵的重要文化资源，越来越成为现代生活的重要元素，与每个人的生活息息相关，这是社会发展的必然趋势，也是社会进步的重要表现。

所谓"地利"，故宫博物院在公众心目中具有不可替代的神圣地位，她是世界文化遗产，是我国收藏文物最丰富的博物馆，是中外游客神驰向往的

参观景点，来北京旅游，故宫是必选项。故宫博物院是世界上游客最多的博物馆，近年来每年接待的游客量都在1500万左右。作为世界上规模最大的古代宫殿建筑群和世界著名的古代文化艺术博物馆，故宫已然具有超凡的吸引力，再加上"石渠宝笈特展"和其他诸多展览等丰厚的"赠品"，不被她吸引好像是不可能的，观众蜂拥而至自然在情理之中。

所谓"人和"，一是近年来博物馆事业蓬勃发展，公众对博物馆的认知度和兴趣度有了很大程度提升，尤其是博物馆免费开放以来，越来越多的人开始走进博物馆，爱上博物馆，把参观博物馆、接受传统文化熏陶作为一种重要的生活方式；二是此次展览正值故宫博物院90周年院庆之际，故宫博物院做了充分前期准备和宣传工作，引发了公众的极大兴趣。互联网时代的信息传播速度之快、范围之广是惊人的，不同媒体的宣传效应，机场、地铁、公交汽车上的广告，网上展览，以及微信朋友圈的传播效应，让参观"石渠宝笈"一时间成为人心所向，"看'石渠宝笈'了吗?""看'清明上河图'了吗?"也成了那段时间朋友见面的问候语。基于如上多种因素，"石渠宝笈"火了，每天观众如潮，外地乃至外国观众坐高铁、乘飞机来参观者不在少数，无论是主办方还是公众，都始料未及。

（二）展览引发的问题及措施分析

故宫博物院的展览天天有，新展览每年也有不少。据悉，近年来故宫博物院每年有各种展览40余个，同时展出的文物藏品数量近1万件，以多种形式满足观众参观的需求。但"遭遇"如此盛况，也还是第一次，确实出乎意料，因此刚开始的措手不及也在情理之中。

1. "故宫跑"的应对措施

在"石渠宝笈特展"开始的第二天，就出现了早晨午门一开就有千人跑步冲向武英殿的情形，被网友戏称"故宫跑""皇宫运动会"。"故宫跑"现象出现后，故宫博物院高度重视，立刻研究解决，很快就采取了一系列应对措施。如赶制胸牌，引导观众排队有序入场；在等待区设置凳子，方便观众休息；筹备图书和宣传册页，让观众事先做功课了解展品情况；组织员工和志愿者给排队的观众介绍展品和观展技巧。这些措施可谓"亡羊补牢"，虽是"临时抱佛脚"，但也体现了故宫博物院对观众的人文关怀，或多或少可以给辛苦排队的观众带来一些欣喜和安慰。

故宫博物院还有一点也值得肯定，那就是为了确保每一个想看展览的观众都能如愿，闭馆时间一延再延，因此一时间出现了夜游故宫的奇特景观。

多年来，故宫博物院都是五点准时清场，这次破例了，在故宫博物院史上也许是个创举。还有一点让观众颇为感动，撤展的前一天，单霁翔院长亲自去安慰排队的观众：只有最后一个观众走了，我们才闭馆，但你们要看得快一点，因为后面的观众排队太辛苦。晚上观众没水喝，食堂烧了2500杯茶送来，入夜观众饿了，故宫准备了800碗方便面发给他们。最后一位观众看完已经凌晨四点，午门外，等着看最后一天展览的观众已经开始排队。

2. 参观中的冷热不均

冷热不均也是观展中非常明显的现象，第一期《清明上河图》和其他展品的冷热不均，武英殿和延禧宫的冷热不均，以及一期和二期的冷热不均。其实故宫博物院在引导观众有序观展方面也做了不少努力，如在参观建议中提醒观众：武英殿的东西配殿及延禧宫展厅也有大量的书画精品，比如《五牛图》《洛神图卷》等均为难得一见的书画珍品，希望观众不要错过。尽管如此，还是有很多观众出了武英殿主殿就结束参观。有的观众可能太过"专一"，将注意力只集中于《清明上河图》上，一睹国宝芳容就已经非常满足了；有的观众可能是排了好几个小时队后有点体力不支了，以至于无心无力再欣赏其他国宝了。

"石渠宝笈特展"确实热闹了好一阵子，现场的热闹、媒体的热闹、朋友圈的热闹。究竟应该如何看待这个热闹？"虽然是个热闹，但毕竟围绕着艺术，凑了热闹，也就凑近了艺术。正如佛家所谓'法门万千'，走进艺术的法门也可因人而异，热闹恐怕是其中一扇普适性最大的门。"[①] 凑热闹自有凑热闹的道理，相信凑热闹的人各有各的收获、各有各的认识、各有各的体悟。

但热闹过后，还是有必要冷静下来思考一些问题。其实这一展览是有很多亮点的，《五牛图》《伯远帖》《展子虔游春图》《冯承素摹兰亭帖卷》《写生蛱蝶图》《渔村小雪图》《听琴图》《明宣宗行乐图》等都是经典之作，平时在故宫博物院乃至博物馆界都难得一见。还有顺治、康熙、雍正、乾隆、嘉庆五位皇帝书法、绘画作品的集中展示，都极其珍贵。可是在《清明上河图》的光环下，所有这些亮点都没亮起来，这不能不说是个遗憾，这也是今后策展中应该注意的一个问题。

有一点可以肯定，那就是虽然它们都是经典之作，但在老百姓心中的分

---

① 《评论：观众排长队看故宫石渠宝笈展与艺术无关》，《新民晚报》2015年12月30日。

量是不同的，分量不同并不是作品本身价值的差别，而是普及程度的差别。《清明上河图》由于入选了小学课本，几乎成了无人不知无人不晓的名作，其他作品的精美程度和艺术价值即使毫不逊色，但在老百姓心中的知名度，或者说亲切程度，远远赶不上《清明上河图》。正如台北故宫博物院的镇馆之宝——范宽的《溪山行旅图》也是北宋山水画中的杰作，在艺术家的心目中具有极其崇高的地位，可是在观众心目中的地位远不及翡翠玉白菜，它的被冷落也在情理之中了。

3. 观展体验与配套服务

此次展览成功与否，不能简单地妄下结论，但无论如何，这是一次值得载入故宫史册，载入中国文物博物馆事业史册的重要展览，它是一个时代发展的如实写照，也是一次博物馆精品和观众的强烈碰撞。通过此次展览，可以看出博物馆发展的一些规律，也能发现博物馆在陈列展览、公共文化服务、宣传教育等方面的现状和问题，特别值得认真梳理研究。

尽管到场的每一个人都如愿以偿地看到了期待已久的《清明上河图》，但那样一幅人物众多、场景复杂、内涵丰富的巨著，要在3分钟内看完，一边看还一边被工作人员催促着要移动起来，这样的观感体验一定谈不上美妙，只能算是"惊鸿一瞥"，相信每一位观众"被惊艳到"的同时也会觉得"意犹未尽"，这样的观展满足的可能只是好奇心，也可能是"看过《清明上河图》""看过国宝"的虚荣心，离真正的欣赏、品读恐怕还有相当大的差距。也或许，在很多人看来，"看过"就足矣，就不再有遗憾了。这一现象该喜还是忧？

不容否认，这次"石渠宝笈特展"对故宫博物院和其他所有博物馆来说，都是一个很好的案例，既有经验可供总结，也有教训可供吸取。如展陈设计应该更多考虑观众的观感体验和其他需求，更多考虑可能会出现的种种情形并提前做出预案等。如果故宫博物院100年院庆之际《清明上河图》能够再度亮相的话，相信一定会有更科学更合理的展陈设计，更完善更人性化的配套服务，也会引导观众更加理性更有秩序地观展。

通过梳理"石渠宝笈特展"和由此引发的社会现象、社会热点讨论、以及对相关领域的延伸和辐射，还是能看出一些现象，或许也可称为规律的东西：社会公众的精神文化需求呈不断高涨趋势，或许还不够理性、不够成熟，但毕竟是一个好的开端，表现出对传统文化的关注和尊重，也是自身文化意识觉醒的一个重要体现。这一点非常可贵，需要有关部门认真分析并积极予以引导，使之汇聚成一股强大的正能量，成为中国优秀传统文化传播的一个重要推动力。

（三）博物馆公共文化服务水平如何提升

公共文化服务体系构建是提高全民族文化素质，增强民族凝聚力的一个重要途径。2015年，中共中央办公厅、国务院办公厅印发了《关于加快构建现代公共文化服务体系的意见》。《意见》指出，"从基本国情出发，认真研究人民群众的精神文化需求，因地制宜，科学规划，分类指导，按照一定标准推动实现基本公共文化服务均等化，切实保障人民群众基本文化权益，促进实现社会公平"，要"提升公共文化服务效能"和"丰富优秀公共文化产品供给"。《中华人民共和国国民经济和社会发展第十三个五年规划纲要》指出："加强文化产品、惠民服务与群众文化需求对接。"这是对新时期公共文化服务工作的要求，也是对博物馆工作的要求。

关于博物馆公共服务体系，目前并无明确定义。根据《博物馆条例》[①]等相关法规和文件，并参照《国家一级博物馆运行评估指标体系（试行）》，可做一初步界定。博物馆公共服务的范围主要是博物馆工作中与公众联系较为紧密的部分，具体包括"陈列展览""社会教育"和"公共关系与服务"三部分内容，"陈列展览"包括基本陈列、临时展览、特展、借展、巡展等；"社会教育"包括博物馆讲解和教育项目等；"公共关系与服务"包括宣传推广、网站建设、数字博物馆建设、文化产品开发等等。

国家一级博物馆是我国博物馆的"第一方队"，引领着我国博物馆事业的发展方向。《国家一级博物馆运行评估报告》（2011年度）"存在的问题"部分也指出："社会责任意识和社会教育职能尚需强化。""博物馆作为公共文化基础设施和公益性文化服务机构，构成了公共文化服务网络的重要组成部分，代表着一个地方乃至国家的文化形象。根据往年对国家一级馆进行的运行评估报告显示，公共服务能力成为制约博物馆发展的瓶颈和短板。"[②] 这就意味着，一级博物馆的公共服务功能还没有得到充分发挥，迫切需要加强。国家一级博物馆尚且如此，由此也可以推断，公共文化服务是目前我国博物馆普遍较为欠缺的领域，需要大力加强。

近年来，随着社会公众的精神文化需求越来越强烈，博物馆作为传承人类文明的重要场所，作为承担公共文化服务职能的重要机构，其重要性越来

---

① 2015年2月9日公布，自2015年3月20日起施行。
② 《提升博物馆公共服务能力》，见中国雕塑网：http://www.cndiaosu.net，访问日期：2014年10月17日。

越凸显。因此,无论是文物行政主管部门,还是博物馆自身,工作理念都在悄然间发生着变化,公共文化服务在博物馆工作中的分量越来越重。文物行政部门一方面从政策、制度、资金等方面予以引导和支持,另一方面通过定级、评估等方式对博物馆工作进行全面考核。这些措施有利于博物馆不断创新工作理念和方法,逐步提高自身的管理能力和服务水平。

1. 博物馆公共文化服务要贯穿创新、开放、共享的发展理念

十八届五中全会提出了"创新、协调、绿色、开放、共享"五大发展理念,对于博物馆发展也有着重要指导意义。在博物馆公共文化服务领域,创新、开放、共享这三大理念尤为重要,应贯穿始终。

创新,意味着理念的创新和技术手段的创新。理念的创新意味着博物馆不能仅重视收藏、保护和研究,不能满足于安全正常开放,一定要牢固树立公共服务的理念,要更多地关注展陈设计,更多强调公众参与,更多引导观众互动,让博物馆变成不仅有丰厚文化底蕴,而且是有趣味、有吸引力的场所,变成一个能够让人终身学习的场所。技术手段的创新具有丰富的内涵。当前,现代科技日新月异,博物馆展陈和观众观展的方式都在发生着变化,电子沙盘、多媒体互动展示、数字博物馆等现代科技的应用越来越普遍。与此同时,二维码技术在博物馆展陈的应用使得观展更加便捷,在很大程度上提高了观众的参观兴趣,加深了观众对展品的认知。此外,"随着移动互联网和手机智能终端技术的发展,博物馆的公共服务与推广工作也在不断开拓创新。现代博物馆利用官方微博、官方微信、手机自助导览等新媒体技术,围绕丰富的展览资讯与藏品资源,不断形成一整套使观众从参展前到展览中直至展览结束后都能够进行持续关注和享受服务的平台体系,将科技与信息手段最大限度地渗透到观众实际观展体验中。"[①] 科技的创新为观众带来了全新的体验,也为博物馆发展带来了新的契机。

开放,意味着向社会开放、向公众开放、向市场开放。博物馆不能故步自封,要加强与其他博物馆间的合作和交流,促进展览和藏品的流动,让更多文物"活"起来;博物馆要更多面向基层,推出更多进乡村、进社区、进校园、进军营、进企业等活动;要加强与学校间的合作与交流,让博物馆教育和学校教育紧密结合,二者互相促进,共同为提高国民素质服务。与此同时,博物馆也要向市场开放。《中华人民共和国国民经济和社会发展第十三

---

① 刘洋:《新技术应用创新博物馆观展方式》,《中国文物报》2013 年 11 月 27 日。

个五年规划纲要》的"主要目标"中指出:"公共文化服务体系基本建成,文化产业成为国民经济支柱性产业。"博物馆藏品数量巨大、种类齐全、内涵丰富,在发展文化产业方面具有得天独厚的优势。作为重要的公共文化服务机构,需要博物馆人进一步解放思想,凝聚智慧,开发更多富有创意、特色鲜明、富有生命力和市场竞争力的文化产品,一方面可以促使博物馆的社会教育功能得到延伸,另一方面可以为博物馆赢得一定的经济效益,提升博物馆的自身造血功能。博物馆要充分利用这一契机,做好前期调研,利用好市场的优势和活力,在文化创意产品开发领域为博物馆的发展打开另一扇窗。

共享,意味着博物馆征集、收藏、保护、研究的成果要由全社会共享,博物馆应该通过举办更多有感召力和亲和力的展览和活动,吸引更多公众走进博物馆,领略精美文物的独特魅力,感受传统文化的博大精深。共享并不意味着公众只能被动地接受博物馆提供的产品和服务,真正的共享应该是参与式共享,也就是说公众可以参与到博物馆的工作当中,当然前提是博物馆要有引导公众参与的理念,要设计具体可行的参与方式。如博物馆展览和活动的策划过程中可以引入公众参与,动员公众建言献策,了解公众的愿望和需求,对公众的合理化建议要尽量吸收采纳,不断优化展览和活动方案,这样一方面可以大幅提高展览和活动的合理性,另一方面也可以提升博物馆的亲民性,让公众觉得博物馆并非遥不可及,而是就在自己身边,而且能够参与其中。这样的博物馆一定是有吸引力的博物馆,是公众乐意前往的博物馆。

"石渠宝笈特展"展出的精品之多,实属难能可贵,这些珍宝几百年来都只是皇室秘藏,这次能够拿出来供全民共享,故宫博物院无疑下了很大决心,也做了充分的前期准备工作,这一举动也反映出故宫博物院更为开放的工作作风。这一展览的意义也是毋庸置疑的,在重要的时间节点,推出如此"重量级"的展览,背后付出的艰辛自然是巨大的。十八大以来,习近平总书记对文物工作做出了系列重要指示批示,多次强调"要让收藏在禁宫里的文物、陈列在广阔大地上的遗产、书写在古籍里的文字都活起来",故宫博物院举办一系列展览就是"让文物活起来",让更多公众能够欣赏、品味、享用这些珍贵的文化遗产。

2. 博物馆公共文化服务要更多注重观众的体验

博物馆作为提供公共文化服务的主要阵地,具有天然的优势,可谓"有物可言",丰富的藏品是取之不尽用之不竭的资源,经过深入的挖掘、系统的解读、专业的设计,一定能讲述出中国好故事,发出中国好声音,其前提是要"言之有物",信息要力求真实,表达要力求新颖,互动要力求有效,深刻而不晦涩,精致而不做作,生动而不浮躁,就一定能引起观众的强烈共鸣,带给观众愉悦的文化体验。更加重视观众需求,重视观众体验,是博物馆未来发展的必然趋势。

眼下,人们越来越注重精神"进补",流连于博物馆、美术馆,已成为越来越多人的自发选择。虽然我国博物馆事业进步显著,已能基本满足观众需求,但说起参观体验,恐怕不少人有话要说:展陈方式较陈旧、参观路线不合理、讲解文字欠生动……策展水平不高,引来诸多吐槽。① 在这种情形下,如何提升博物馆的公共文化服务水平,是博物馆人需要面对并解决的一个重要问题。博物馆的展陈,既需要"以物为本",也需要"以人为本"。"以物为本"意味着要深入研究每一件展品,充分挖掘它的内涵、价值,阐释它的流传史以及背后的故事,并且准确、简洁地将相关信息呈现给观众。"以人为本"意味着要充分了解观众的诉求,了解观众的兴趣点所在,因为展览的最终目的是服务观众,让观众了解展品、读懂展品,并在参观中获得愉悦的体验。

或许在现阶段,公众的整体文化素养还不是很高,对某些展览不感兴趣,参观中走马观花、囫囵吞枣的现象还比较常见,但这不能成为博物馆懈怠的理由。无论是哪个展览,总会有细心的观众认真品读、深入研究,因此必须处理好每一个细节,做到精益求精,就像老师应该讲好每一堂课,哪怕只有一个学生听讲。

"享受博物馆"是欧美国家非常注重的一个理念。"享受博物馆"是指博物馆不仅要提供丰富、有特色的展品,也应该提供优质、专业和有趣味的公共服务,不仅能让观者获得知识,更能让他们流连忘返,让传播文明、提升公众文明指数和幸福指数的公共职能得到落实。"要把博物馆办成可以让人待着不走的地方"。在英国的伦敦自然博物馆,游客可以买书,累了可以吃饭、休息,处处充满着祥和的文化氛围。优质服务是展览的延伸,通过这种精神牵引,让大家钟情博物馆文化。② "享受博物馆"的理念对博物馆提出了更高的要求,要求博物馆全方位考虑观众的需求,全方位提升服务水平。希望在不久的将来,国人对博物馆的感受能有一个质的飞跃,流连忘返于博物馆的人越来越多。

---

① 《博物馆策展 如何从闹心变贴心》,《人民日报》2015年11月10日。
② 耿银平:《多一些"享受博物馆"理念》,《光明日报》2013年11月20日。

3. 博物馆公共文化服务要经常化、多样化

根据《国际博物馆协会章程》，① 博物馆是一个为社会及其发展服务的、非盈利的永久性机构，并向大众开放。它为研究、教育、欣赏之目的征集、保护、研究、传播并展出人类及人类环境的物证。《博物馆条例》② 要求："博物馆应当根据自身特点、条件，运用现代信息技术，开展形式多样、生动活泼的社会教育和服务活动，参与社区文化建设和对外文化交流与合作。"

博物馆是展示文化的重要窗口，终极目标是"为社会及其发展服务"，因此，征集收藏、保护研究、举办活动，其目的都应该是为教育和传播服务，教育和传播面对的应该是最广大的公众。博物馆不能是高高在上的象牙塔，而要成为文化的殿堂，成为社会教育的重要场所。要成为教育场所，就必须始终坚持以人为本的工作理念，增强服务意识，时时处处为观众着想，展厅的布置，展品的陈列，说明牌的制作，讲解的安排，都要把观众的需求放在首位，把观众是否满意作为重要的衡量标准。

博物馆免费开放是一项重要的文化惠民政策，这一政策带来的一个重要变化是，走进博物馆的人越来越多，对博物馆感兴趣的人越来越多，把参观博物馆作为一种生活方式的人也越来越多。近年来全国博物馆每年举办陈列展览超过 2 万个，年观众人数约 7 亿人次，由此可见，博物馆在公众生活中的作用越来越凸显。但同时也不容否认，当前我国的博物馆还处于粗放式发展阶段，博物馆数量大幅增长，场馆越建越大、越建越豪华，但真正能够赢得观众广泛好评的展览并不是很多，因此，很多专家呼吁，博物馆要由"数量增长"向"质量提升"转变。

由"数量增长"向"质量提升"转变不是一句简单的口号，需要从源头工作做起，从细节做起。精益求精应该是博物馆人的基本态度，认真对待每一次展览、每一件展品、每一项活动、每一个设计、每一处细节，因为细节决定成败。事实证明，只要是精品，就一定能得到观众的认可。博物馆不仅要提高服务水平，也要提高服务频次，让公众能经常性地享受到优质的公共文化服务，享受到文物事业发展的成果，感受到中华文化的独特魅力。

"2008 年以来，我国博物馆进入免费开放时代，博物馆的开放、服务从

---

① 2007 年 8 月 24 日维也纳国际博物馆协会第二十一届全体大会通过。
② 2015 年 2 月 9 日由中华人民共和国国务院公布，自 2015 年 3 月 20 日起施行。

总体做法、主要措施,到取得的突出成效、发挥的积极作用,都是令人瞩目的。但大多数取得免费开放欠收门票补贴和专项经费补助的博物馆,都或多或少地呈现出一些人们不愿看到的疲态、弊端:大锅饭,养懒人,惰性上扬,活力不足,积极性、创造性弱化,研究、陈列、文创、传播等让文物'活'起来的能力,特别是高质量、高品位文化产品研发、供给的能力亟待提升、加强。"① 针对这一现象,需要积极寻求突破口,通过创新体制机制、完善资金投入方式、引入市场竞争等方式,不断完善博物馆免费开放政策,为博物馆发展增添新的活力和动力,为公众提供更多高质量的服务,更好地发挥优质文化资源的作用。

我国博物馆发展中的另一个问题是分布严重不均衡。中小城市博物馆数量偏少,小博物馆藏品偏少,级别也偏低。为此,一方面要考虑博物馆的均衡发展,另一方面要充分利用大馆资源帮扶中小城市博物馆,使中小城市市民也能享受到优质的公共文化服务。同时也要尽可能扩大博物馆的辐射面,近年来倡导的博物馆进校园、进社区、进厂矿、进军营,就是扩大博物馆辐射面的主要方式,通过这些多样化的服务,可以让更多的人享受到文物保护的成果,更好地体现博物馆公共文化服务的均等化。

在做好实体展览的同时,博物馆也要顺应互联网时代的发展趋势,通过虚拟博物馆、数字博物馆等形式,丰富展陈手段和内容,增强博物馆公共文化服务的可及性。开发文化创意产品也是促进博物馆文化服务多样化的一个重要手段。通过文化创意产品的开发,一方面可以更好传承和传播优秀文化资源,使之更好地融入当代生活,另一方面可以让更多公众欣赏、享用到优秀文化资源,满足公众多样化的精神文化需求,潜移默化地达到以文化人的效果。

4. 博物馆公共文化服务要协调好"供"与"需"的矛盾

"作为故宫博物院90周岁华诞重要组成部分的'石渠宝笈特展',尽管主办方所要传达的历史文化内涵、艺术审美价值和专业学术精髓,未必都能为每一位参观者所彻悟,策展团队的初衷也完全不在于迎合'体验经济'、'粉丝文化'的当下风潮,但展览的轰动效应,仍可折射出文化需求与供给之间的不协调,进而向文博机构提出了一份需要解答的问卷:如何把更多的

---

① 李耀申:《发展文博创意产业 规范文创经营活动》,《中国文物报》2016年3月28日。

文物精品展示给公众？"①

诚然，近年来博物馆事业迅猛发展，博物馆数量大幅增加，但文物精品展览有多少，被公众广泛认可的展览又有多少，博物馆公共文化服务的总体质量如何，恐怕还不容乐观，距公众的需求还有较大差距。这是一个现实问题，也是博物馆人应该深入思考并认真面对的问题。既为公共文化服务，就必须始终以公众的需求为导向，把公众的兴趣点和满意度作为开展服务的出发点和落脚点。在各行各业都在积极推进供给侧改革的背景下，博物馆领域也应该来一场彻底的供给侧改革，要努力提高公共文化服务的质量和效率，尽可能满足公众多方面的需求，不能仅从专业角度认为"应该这样"或"应该那样"。为此，对公众需求的调查分析应该作为博物馆一项长期的基础的工作。不同的展览和服务项目有不同的目标定位、不同的受众群体，因此，要有针对性地开展前期调查分析，根据调查结果确定展览和服务的形式和内容，甚至细节。服务过程中，也可以根据公众的反馈做出调整，使公众的满意度达到最大化。服务结束后，还应及时总结分析，通过不断的实践总结经验教训，为下一次更好的服务提供借鉴和参考。

"常听到这样的观点，认为历史文物在今天的流行文化中，'曲高和寡'甚至'乏人问津'。但故宫特展的蜿蜒长队、首博特展的观展热情，让人欣喜又不失为提醒：公众不是没有'文化追求'，而是他们能够触摸到的有质量、有品位的文化产品不多。与其简单抱怨公众对历史、对文物不感兴趣，不妨问一问，我们是否能够'让收藏在禁宫里的文物、陈列在广阔大地上的遗产、书写在古籍里的文字都活起来'？"② "让文物活起来"，就是让文物在现代生活中更好地发挥作用。要发挥好文物作用，很重要的一点是要找到文物与现代生活的契合点，找到文物与公众的契合点，开发出优质的文化服务与文化产品，真正做到古为今用，让公众认知文物的深刻内涵，了解文物背后的精彩故事，感受文物的独特魅力，这是文物保护的真正目的，也是其文化价值的重要体现。

《关于加快构建现代公共文化服务体系的意见》③ 中指出："在公共文化

---

① 跃森：《把更多的文物精品展示给公众——"石渠宝笈特展"观后》，《中国文物报》2015年9月23日。
② 杨雪梅：《让历史文物"活"起来》，《人民日报》2016年3月18日。
③ 中共中央办公厅、国务院办公厅2015年1月14日印发。

服务体系建设中统筹考虑群众的基本文化需求和多样化文化需求，推动公共文化服务向优质服务转变，实现标准化和个性化服务的有机统一。""建立群众文化需求反馈机制，及时准确了解和掌握群众文化需求，制定公共文化服务提供目录，开展'菜单式'、'订单式'服务。"博物馆开展公共文化服务，也应牢固树立"供给"和"需求"相匹配的理念，一方面要满足公众的基本文化需求，另一方面也要满足其多样化的文化需求，针对不同的需求开发不同的文化服务和产品。要充分了解本馆资源优势，充分了解和尊重公众诉求，建立需求调查和效果反馈机制，在特色和质量上下功夫，形成良性循环的需求导向服务供给模式，从根本上提高博物馆公共文化服务的质量和水平。

陈列展示是博物馆公共文化服务最主要的方式，是体现博物馆价值和功能的主要渠道，博物馆陈列展示应关注和满足不同阶层、不同受众群体的需要，形式可以不拘一格，既要有阳春白雪，也要有下里巴人，要不断探索和创新展示内容和展示形式，提高展陈质量。做好展陈的同时，博物馆也应努力改善环境，不断拓展社会教育和服务功能，让博物馆成为让人流连忘返的地方。"一流的服务感动人，一流的展览吸引人，一流的教育发展人，一流的环境留住人。"[1] 这应该是博物馆公共文化服务的目标和宗旨。

为更好地发挥博物馆公共文化服务的效能，博物馆在提高展陈和服务水平的同时，也要重视宣传工作。"酒香也怕巷子深"，通过这次"石渠宝笈特展"也可以得出这一结论。同样是《清明上河图》，同样是在故宫博物院展出，前几次展览都没有造成轰动效应，唯独这次引发了空前的社会关注度。一方面与时代的变迁和发展进步有关，与近年来公众对传统文化、对文化遗产的关注度明显提升有关，但同时也不能否认，这次展览的宣传力度之大也是引发社会高度关注的重要原因之一。因此，博物馆一方面要着力提高展陈和服务水平，另一方面要善于利用各类媒体，尤其是新媒体，加大宣传力度，扩大博物馆公共文化服务的辐射面。

通过展览，不仅可以看出博物馆自身的问题，也可以看出一些社会问题，包括国民教育、国民素质、文化传播、文化需求等多方面的问题，因此可以说，小展览折射出的是大社会。"小"，并非规模小、影响小，这次展览的"豪华阵容"前所未有，社会反响之大有目共睹，"小"，仅是相对于社会发

---

[1] 王斌：《走向大千世界，建设公众满意博物馆——山东博物馆着力提升公共文化服务水平》，《中国文物报》2014年4月27日。

展大局而言，相对于整个文博事业而言。大社会，是指社会生活的各个层面。通过此次展览，更多的人对文物、对"国宝"产生新的感性认识，虽然与"国宝"的相会只是"惊鸿一瞥"，但"国宝"的精美程度、漫长的排队等待过程，定会给每一位现场观众留下深刻印象。参观的意犹未尽或许能激发出观众对文物的浓厚兴趣，更多地去关注文物、研究文物、保护文物。观众不惜耗时费力来观展也充分说明，人民群众的文化需求在不断增长，作为公共文化机构的博物馆应高度重视这一现象，积极加以引导，利用好丰富的资源，大力加强博物馆的社会教育和社会服务功能，将博物馆作为传播中华优秀传统文化的重要场所，作为培育和弘扬社会主义核心价值观的重要阵地，在潜移默化中提升国民素质，增强全社会的文化自觉和文化自信，为建设社会主义文化强国做出更大贡献。

附件："石渠宝笈特展"相关报道：

序号	作者	名称	来源	时间
1	李健亚	故宫首次推出"石渠宝笈展"揭秘十大必看国宝背后的故事	新京报	2015-09-08
2	王珏	故宫推出"石渠宝笈特展"《清明上河图》完整展出	人民日报	2015-09-09
3	朱戟影	故宫90周年特展人头攒动 石渠宝笈何"宝"之有？	澎湃新闻	2015-09-14
4	李韵	石渠宝笈特展的参观秘笈：一生一次的邂逅	光明日报	2015-09-16
5	王宏伟，熊思雨	石渠宝笈大展，观众都是看热闹的？	新华日报	2015-09-17
6	杜希萌	故宫改进管理措施 解决聚集等候、"故宫跑"等现象	央广网	2015-09-19
7	赵振江	"故宫跑"今起不再：观众分组领号排队	澎湃新闻	2015-09-19
8	韩帮文	《清明上河图》为什么这么火？	新快报	2015-09-20
9	翟群	故宫："石渠宝笈特展"不止《清明上河图》	中国文化报	2015-09-22
10	跃森	把更多的文物精品展示给公众——"石渠宝笈特展"观后	中国文物报	2015-09-23
11	孙行之	【故宫90周年】两岸大展：北京的"石渠宝笈"，台北的"范宽"	第一财经网站	2015-09-25
12	王林娇	石渠宝笈：一个文气的名字如何引爆故宫大展？	雅昌艺术网	2015-09-26
13	曾君	推动学术研究 引导观众审美趣味——故宫博物院举办《石渠宝笈》国际学术研讨会简述	中国文物报	2015-09-30

续表

序号	作者	名称	来源	时间
14	林明杰	观众排长队看故宫石渠宝笈展与艺术无关	新民晚报	2015-10-03
15	李洁，刘畅	石渠宝笈特展数千人排队 其他展厅则极为冷清	千龙网	2015-10-04
16	朱威	12小时看"石渠宝笈"值不值得？	新京报	2015-10-15
17	夏琳	《石渠宝笈》特展，为什么会如此火？——专访故宫博物院书画部主任、古书画研究所所长曾君		2015-10-15
18	顾村言	从"石渠宝笈"看到被压制的汉民族正气与性情	艺术观	2015-10-16
19	陈若茜	单霁翔：《石渠宝笈》背后的研究是几代人的积累	东方早报	2015-10-14
20	王岩	"石渠宝笈特展"第二期突然冷场	北京青年报	2015-10-15
21	李健亚	故宫石渠宝笈特展第二期人气远不及第一期	新京报	2015-10-21
22	林丽鹂	"故宫跑"说明了啥	人民日报	2015-10-23
23	朱威	"石渠宝笈特展"的背后	中国文物报	2015-11-13
24	郑晓芬	古代书画的"石渠宝笈"和"朋友圈"效应	雅昌艺术网	2015-12-16
25	田超	台北故宫工作30年看重青少年博物馆教育	京华时报	2016-01-16

（本部分执笔人：杨爱英 刘爱河）

海上丝绸之路申遗进程与展望

淳熙十年岁在昭阳单阏闰月廿有四日郡守司马倓同典宗赵子涛提舶林劢统军韩俊以遣舶祈风于延福寺舶通远善利广福王祠下惨歇事以也遍览胜槩火恖於懷古堂待朝天而后归

福建泉州九日山祈风石刻　国家文物局水下文化遗产保护中心姜波供图

海上丝绸之路是古代人们借助季风与洋流利用传统航海技术开展贸易往来与文化交流的海上通道。泉州、广州、宁波和南京堪称中国古代海港城市的典型，成为中国申报"海上丝绸之路：中国史迹"的代表性港口。在前期调研和学术研究的基础上，通过申遗工作来充分展示海上丝绸之路文化遗产的核心价值，是一项颇具挑战性的艰巨任务。

"海上丝绸之路"与"陆上丝绸之路"是东西方文明交流的纽带，二者相辅相成、相得益彰。从世界文明发展史的历程来看，由于地理环境的隔绝，在欧亚非旧大陆形成了相对独立的区域文明板块，如东亚文明板块、南亚文明板块、波斯—阿拉伯文明板块、埃及两河流域文明板块、地中海文明板块等等，陆上丝绸之路和海上丝绸之路则是沟通东西、推动不同文明板块由分散走向整体的桥梁和孔道。古往今来，海上丝绸之路和陆上丝绸之路沿线留下的历史古迹，承载了人类文明交流史的历史记忆，成为人类共同的珍贵遗产。

1990年，联合国教科文组织推动"文明对话：丝绸之路考察"活动，对丝绸之路沙漠路线进行了系列考察活动；次年，又组织了"和平之舟：海上丝绸之路考察"活动。1998年，中国国家文物局启动丝绸之路申遗工作。2007年，中国、哈萨克斯坦、塔吉克斯坦、乌兹别克斯坦、吉尔吉斯斯坦五国决定启动丝绸之路联合申遗工作；2011年，联合申遗策略作出调整，决定由中、哈、吉三国率先启动"丝绸之路：起始段和天山廊道的路网"申遗工作，2013年正式提交申遗文本。2014年6月23日，在卡塔尔多哈举行的世界文化遗产大会上，由中国、哈萨克斯坦、吉尔吉斯斯坦共同申报的"丝绸之路：长安—天山廊道的路网"被列入联合国教科文世界文化遗产名录。

2013年秋，习近平总书记提出"一带一路"发展战略，有关海上丝绸之路文化遗产保护与研究工作日益受到各界的重视，各高校和研究机构纷纷启动海上丝绸之路研究项目，有关海上丝绸之路的学术会议和文物展览也在各地频频举办。2015年，中国国家文物局继成功申报"丝绸之路：长安—天山廊道的路网"世界文化遗产项目之后，启动了海上丝绸之路申遗工作。

一、海上丝绸之路的学术解读

海上丝绸之路是古代人们借助季风与洋流，利用传统航海技术开展东西方交流的海上通道,也是东、西方不同文明板块之间经济、文化、科技、宗教和思想相互传输的纽带。简言之,海上丝绸之路就是古代风帆贸易的海上交通线路。参与海上丝绸之路贸易活动的族群主要有:中国人、波斯—阿拉伯人、印度人、马来人以及大航海时代以后的西方殖民贸易者。

以古代中国为视角,海上丝绸之路形成于秦汉时期,成熟于隋唐五代,兴盛于宋元明时期,衰落于清代中晚期。海上丝绸之路既包括国家管控的官方贸易,也涵盖民间自发的贸易。官方贸易以郑和下西洋(1405～1433 年)为巅峰,民间贸易则以明代"隆庆开海"(1567 年)为标志,曾一度达到极度繁盛的状态。

从世界范围内来看,以风帆贸易为主要特征的海上丝绸之路,其时代下限应以蒸汽轮船的出现为标志。蒸汽轮船出现以前,风帆贸易的显著特点是:(1) 借助季风与洋流,故航线是由地理环境与海洋因素决定的;(2) 以帆船为运载工具,这与依靠马队与驼队为运载工具的丝绸之路有着明显的区别;(3) 导航技术上借助罗盘或天文导航("牵星过洋");(4) 参与贸易活动的主要是古代中国人、印度人、波斯—阿拉伯人,以及后来的西方殖民贸易者;(5) 贸易品主要是地域特产或传统手工作坊产品。进入蒸汽轮船时代以后,海洋贸易发生了显著变化:(1) 动力系统不再依赖季风与洋流,航线可以有较大的人为选择;(2) 轮船取代传统的木质帆船;(3) 由于海洋测绘技术的发展,具有经纬度的海图结合罗盘成为主要的导航手段;(4) 西方殖民贸易者成为海洋贸易的主角;(5) 蒸汽机是工业革命的标志,近现代工业产品逐渐成为海洋贸易品的主流。

还有一点值得提出的是,从中国的角度来看,进入蒸汽轮船时代以后,中国海洋贸易的管理机制也发生了重大改变。自唐代以来,中国封建王朝为了管理海外贸易,开始在海港城市设立"市舶司"一类的管理机构,其功能类似于今天的海关。这种体制下的贸易,历经宋、元、明、清,一直延续至清代广州港的"十三行"而不变。清末由于《辛丑条约》的签订,中国彻底丧失关税自主权(赔款以海关税和盐税作为担保,使得中国海关被西方国家完全控制),东方国家传统意义上的海上丝绸之路贸易彻底沦为殖民贸易,在海洋贸易性质上是一个重大转变。

海上丝绸之路反映了古代不同文明板块之间及其内部的文化交流。从很早的时候,就形成了相对独立的贸易圈,如东北亚贸易圈、环南海贸易圈、孟加拉湾贸易圈、波斯湾—阿拉伯海—红海—东非贸易圈和地中海贸易圈,由此而对应形成了古代东亚儒家文明圈、印度文明圈、波斯—阿拉伯文明圈和地中海文明圈。海上丝绸之路成为联结上述文明板块的桥梁与纽带,由于航海贸易的带动,不同板块之间的族群、语言、宗教、思想与科技相互灌输和传递,使得由于地理环境隔绝而成的相对独立的文明板块共同走向整体的世界文明史。

由不同族群主导的海上贸易活动形成了各自的贸易线路与网络,古代中国人的海上贸易线路,以"郑和下西洋"为例,其主要的海上航线为:南京—泉州—越南占城—印尼巨港—斯里兰卡"锡兰山"(加勒港)—印度古里(卡利卡特)—波斯湾忽鲁谟斯(霍尔木兹)。这条航线将环南海贸易圈、印度—斯里兰卡贸易圈和波斯—阿拉伯贸易圈连贯成一条国际性的海上贸易网络,并进而延展至东非和地中海世界。进入地理大发现和大航海时代以后,西方殖民贸易者建立了有别于古代波斯—阿拉伯、印度人和中国人的贸易航线,如葡萄牙人的贸易线路为:里斯本—开普敦—霍尔木兹—果阿—马六甲—澳门—长崎;西班牙人的贸易线路为菲律宾马尼拉港—墨西哥阿卡普尔科港—秘鲁。澳门—马尼拉则是对接葡萄牙人贸易网络与西班牙人贸易网络的航线。

对于中外文化交流而言,海上丝绸之路还与一系列重大事件和著名人物相关联,如法显西行、鉴真东渡、义净求法、郑和下西洋、马可·波罗东游、伊本·白图泰旅行等,这些重大事件或著名人物,在海上丝绸之路沿线都遗留了珍贵的遗产,如与郑和航海相关联的泉州"郑和行香碑"和斯里兰卡的"郑和布施锡兰山碑",与鉴真东渡相关联的扬州大明寺与日本奈良唐招提寺,与法显求法相关联的斯里兰卡无畏山寺遗址,与马可·波罗东游相关联的泉州港与杭州城古迹等等。这些重要的史迹,见证和承载了海上丝绸之路的历史传统和文化记忆。

二、中国海上丝绸之路遗址构成

海上丝绸之路文化遗产是风帆贸易传统遗留下来的珍贵遗产,包括港口、沉船与贸易品等相关遗迹,而尤以海港遗址为代表,从而形成有别于内陆城市形态的"海港模式"。作为海港模式的文化遗迹,其核心遗产包括海洋贸易管理机构、航运设施、海洋贸易与生产场所、海事与宗教祭祀设施、沉船与船厂遗址、外交馆驿等。中国境内的主要海港遗址有广州港、泉州港、福州港、漳州港、宁波港、南京港、扬州港、合浦港、登州港等。此外,由于不同航线上海洋贸易的发展，形成了面向东北亚和东南亚的两个"放洋之地"，如浙江的舟山群岛和广东的上下川岛，前者主要面向朝鲜半岛和日本列岛，故有新罗礁一类的地名保留至今；后者主要面向东南亚和印度洋，宋代以来在上川岛对岸的广海卫城设巡检司，管理海洋贸易。当然，进入"地理大发现"时代以后，上川岛还成为基督教试图登陆中国的重要跳板，岛上的方济各·沙忽略（教廷"七圣"之一）墓园与新地天主教堂，正是与此相关的文化遗产。

港口与航运设施是古代海上丝绸之路的重要遗产，就目前的情况而言，评估以后拟列入海上丝绸之路申遗点的此类遗迹有：泉州的江口码头与石虎湾码头、广州南海神庙外侧的明清码头以及作为导航标志的泉州万寿塔和六胜塔等。比较可惜的是，漳州月港（明代"隆庆开海"以后最重要的贸易港）、宁波港的"下番滩"遗址、舟山群岛的双屿港（17世纪前后最重要的贸易海港之一）三处港口遗址，或因现场遗迹破损严重，或因被现代城区覆盖，或因考古工作未能发现遗迹，而未能列入海上丝绸之路申遗的遗址点。广州港珠江沿岸的三支桅杆"赤岗塔""琶洲塔"和"莲花塔"，是指引船舶进入广州港的重要航标塔，因为后期不合时宜的维修或重建，影响了遗产的真实性与完整性，同样未能列为海上丝绸之路遗产点。此外，汉代的合浦港、唐代的扬州港和明清时期的登州港，因各种因素未能列入申遗遗址点，均属憾事。

生产与贸易遗迹方面，经调研评估预计列入申遗遗址点名单的有德化窑、漳州窑、龙泉窑遗迹以及宁波的永丰库遗址、泉州土坑村海洋贸易家族聚落遗迹。从文献与考古成果来看，中国古代瓷器的生产，最重要的外销瓷窑有景德镇窑系、龙泉窑系和漳州窑系，此外还有德化窑、磁灶窑、建窑等。这次，素有"瓷都"之称的景德镇窑址未能列入，不能不说是一个遗憾。宁波的永丰库遗址作为官方贸易仓储遗迹、泉州土坑村作为从事海洋贸易的刘氏家族聚落遗址分别被列入申遗点，应该说是对官方贸易和民间贸易遗产的分别体现。

海事与宗教遗迹方面，泉州堪称突出的载体。这里的九日山石刻反映了风帆贸易背景下的祈风祭祀传统，弥足珍贵；开元寺、清净寺、老君岩、草庵遗址、天后宫，则展示了多元宗教背景下的国际贸易港口文化景观。作为海洋保护神，中国古代有妈祖、观音、南海神和龙王；郑和航海活动之后，郑和也作为保护神的形象在海上丝绸之路沿线得到祭祀崇拜。莆田妈祖祖祠、泉州天后宫和广州南海神庙作为海洋祭祀传统的代表性遗产，被列入申遗点。

但是舟山普陀寺（观音）、登州港的龙王庙、福建长乐的显应宫（巡海大臣或郑和）未能入列。

墓葬遗迹是海上丝绸之路贸易活动参与人的遗产，如郑和墓、洪保墓、浡尼国王墓、泉州的"世家坑"（锡兰人后裔墓葬）以及泉州、广州的伊斯兰墓葬遗迹等。这些墓葬遗迹，有的是中国古代航海家的遗塚，有的则是从海路来华寓居中国的外国人墓葬，反映了古代海上交通的史实。不过，稍显欠缺的是，有名的苏禄王墓（在山东德州）因故未能入选海上丝绸之路申遗遗址点名单。

作为风帆贸易的运输载体，有关海船的遗迹，是海上丝绸之路的重要见证。在这方面，"南海Ⅰ号"堪称重要的考古实证。这是一艘南宋时期的商船，从泉州港（？）出发前往东南亚的贸易船，沉没于"放洋之地"的上川岛海域，非常生动地展示了宋元时期满载船货出洋贸易的海船情形。南京宝船厂遗址是明代郑和下西洋时期打造"宝船"的造船厂遗址，与文献中著名的"龙江船厂"关系密切，该遗址的发掘与研究，有助于揭开郑和宝船的神秘面纱。

三、海上丝绸之路申报世界遗产状况

海上丝绸之路沿线已经有一系列海港遗址被列入世界文化遗产名录，多以城市古建筑作为遗产主体，且多为大航海时代以后的殖民时代建筑古迹，如斯里兰卡的加勒港为葡萄牙和英国风格建筑，马来西亚的马六甲与乔治城主体为葡萄牙、荷兰和英国风格建筑，菲律宾的维甘古城为西班牙殖民时代建筑。值得一提的是，印度果阿、伊朗加隆岛（霍尔木兹王国）以及东非肯尼亚的海港遗址，地面上保留至今的也往往是葡萄牙、荷兰和英国殖民时代的建筑古迹。此外，沙特阿拉伯的吉达港，则是阿拉伯朝圣贸易海港的风格，而且直到现在还在发挥功能，算是"活态"的文化遗产。

列入世界文化遗产名录的海港古迹中，越南的会安港堪称独树一帜，此处世界遗产充分展示了中国式的建筑风格（以福建、广东的建筑风格为主）。此外，马六甲的打铁街一带，约略还可以看出郑和航海时代的港市印记。由此可见，属于古典航海时代、具备东方特色的航海遗产，尚属少见。中国率先申报世界文化遗产名录的"海上丝绸之路：中国史迹"正好可以弥补这一缺憾。

作为宗教朝圣活动的海上线路，海上丝绸之路沿线也有不少宗教遗迹被

列入世界文化遗产，著名者如中国澳门的索菲亚教堂（天主教遗迹）、越南的美山遗址（印度教遗迹）、印度尼西亚的波多浮屠（佛教与印度教遗迹）等。而代表中国航海传统的妈祖信仰，迄今尚无列入世界文化遗产名录者。海上丝绸之路申遗项目中被中国方面列入申遗遗址点的莆田妈祖祖庭、泉州天后宫正好可以填补这一空白。

海上丝绸之路沿线港口遗址已经被列入世界文化遗产名录者，据我们的初步统计，包括以下遗产地：

1. 马六甲和乔治城

马六甲是满刺加王国的首都，也是海上丝绸之路上的重要港口，郑和曾在此设立"官厂"，作为主要的海上贸易据点。据有关学者的研究与调查，郑和官厂应该就在马六甲旧城的打铁街一带。2008 年，马六甲和乔治城被列入世界文化遗产名录。其中乔治城保留了 16 世纪以来的不同风格的建筑古迹，主要以葡萄牙风格、荷兰风格和英国风格为主，部分建筑兼具中国风格和当地土著特色。

2. 菲律宾维甘古城

维甘历史古城位于菲律宾南伊洛克斯省，1999 年评为世界文化遗产。维甘古城始建于 16 世纪，是亚洲保存最完好的西班牙殖民城市，以西班牙风格的建筑为主体，融入了菲律宾土著建筑风格，同时约略也可看到中国的建筑特色。

3. 斯里兰卡加勒港

加勒古城（Old Town of Galle nd its Fortifications），位于斯里兰卡西南，是印度洋航线上的重要海港，著名的郑和布施锡兰山碑就发现于此。加勒城堡 1988 年列入世界文化遗产名录。它是 16 世纪由葡萄牙人建造的，18 世纪被英国控制，是欧洲人在南亚及东南地区建筑防卫要塞的典型代表，融合了欧洲的建筑艺术和南亚的文化传统。

4. 越南会安港

越南会安港兴盛于 16 世纪，是东南亚最重要的贸易港口之一，18 世纪淤塞废弃，1999 年被列入世界文化遗产名录。会安古城是海外最具中国特色的海港城市，分为五个区，分别由福建帮、广东帮、潮州帮、海南帮和客家帮占据，相应建起了福建会馆、广肇会馆、潮州会馆、琼府会馆和作为五帮会馆的中华会馆。略显遗憾的是，国内学术界对这一珍贵的世界文化遗产尚未开展深入的研究。

5. 沙特阿拉伯吉达港

沙特阿拉伯的吉达港始建于 647 年，是红海沿岸重要的贸易中转港，17 世纪起作为朝圣者的中转港而兴盛，是麦加的主要进出口岸，2014 年被列入世界文化遗产名录。吉达港完整保存了阿拉伯港口城市景观，作为朝圣地和贸易港口的历史印记让人印象深刻：朝圣之路自港口出发穿城而过，两侧商铺鳞次栉比，是典型的朝圣贸易港口。特别值得一提的是，此处港口时至今日还保留了以往的格局与功能，申遗工作特别强调了现有城市景观与功能的延续与保护，堪称"活态"文化遗产的典型。

6. 与海上丝绸之路相关联的三处"线性文化遗产"

与海上丝绸之路相关联的三处遗产，除了著名的"丝绸之路：长安与天山廊道的路网"（2014 年列入世界文化遗产名录，本文从略）以外，还有两处世界文化遗产：阿曼的"乳香之路"和以色列的"熏香之路"。二者均与古希腊、罗马时代以来逐步形成的东方香料商道有关。这条香料贸易之路，起自阿拉伯湾的也门、阿曼，向西跋涉，辗转抵达地中海东岸的加沙港口，由此再转运欧洲各地，全程有 56 个驿站，蜿蜒 2400 公里。

其中，以色列南部的内盖大沙漠的"熏香之路"约有 150 公里，2005 年被列入世界文化遗产名录。这段商路东起约旦河的莫阿，西抵哈鲁扎古城。沿途主要遗址有 10 个，包括 4 座古城：哈鲁扎、马姆希特、阿夫达特、希夫塔；4 座城堡：卡兹拉、纳卡鲁特、马哈马勒、盖拉封；2 个驿站：莫阿、沙哈罗尼姆。这些遗址规模和复杂建筑见证了纳巴泰人长达 700 多年的繁华香料商贸。这些遗址包括剧院、教堂、酒馆、兵站、仓库、水库沟渠、浴池、油作坊、陶器作坊、民宅、墓窟等。到 7 世纪中叶，阿拉伯人称霸后，内盖夫香料之路绿洲城镇几乎全部荒废。

这条中东香料贸易的商路的另一部分，阿曼的"乳香之路"于 2000 年被列入世界文化遗产名录，包括四个遗址：盛产乳香的杜克河谷；出口乳香的霍尔罗港口；保留古代往来沙漠商队足迹的绿洲叙氏尔；位于佐法尔省的巴利迪城。

应该说，以色列和阿曼的香料贸易路线与海上丝绸之路是密切相关的商贸线路，而阿曼的祖法儿港则是连接中东地区陆上香料之路与海上丝绸之路的节点。从祖法儿出发，从海路向东可以抵达印度、斯里兰卡、东南亚直至中国东南沿海。祖法儿港在中国古代航海文献中曾反复被提及，值得重视。

值得特别注意的是，目前还有两处遗产正在或已经申报世界文化遗产，它们是印度的季风贸易之路（暂定名）和日本的宗像冲之岛祭祀遗址。前者是风帆贸易的代表性遗产，后者则与航海祭祀传统有关。印度的季风贸易之路，主要包括了印度次大陆西南部的古里（卡利卡特）、奎隆、果阿等海港遗址。据研究，古印度至迟在《梨俱吠陀》时代就已经认识到了季风的规律并借此开展海上航行活动。日本的宗像冲之岛祭祀遗址，是 4~9 世纪航海祭祀传统的重要遗存，特别是与遣唐使航海活动有关，宗像神社的僧人曾参加对遣唐使航海安全的祈祷仪式。此外，该遗址考古发掘出土的文物中有丰富的航海贸易文物，如中国的唐三彩、萨珊朝波斯玻璃碗等等。据了解，该遗址已经被日本方面提请申报世界文化遗产。

四、中国有关海上丝绸之路申遗工作进程

（一）海上丝绸之路申遗前期工作

2015 年 1 月 30 日，国家文物局在北京召集 ICOMOS 中国委员会委员，召开了海上丝绸之路申遗工作预备会议。2015 年 3 月 28~30 日，国家文物局在南京召开海上丝绸之路申遗工作会议，会议就申遗工作作出部署，申遗工作正式启动。会议要求沿海各省于 2015 年 9 月提交海上丝绸之路申遗点推荐名单。

截至 2015 年 9 月，沿海各省累计推荐 173 个遗址点作为海丝申遗潜力点。2015 年 9~12 月，受国家文物局委托，国家文物局水下文化遗产保护中心完成"海上丝绸之路前期研究"项目和申遗潜力点遗址调查工作。期间，广东省文物局、福建省文物局等还就推荐海上丝绸之路申遗点召开专题会议，对各遗址点的遗产价值和保存现状进行考核与评估。这些评估和论证工作，为国家文物局最终确定海上丝绸之路申遗工作方案奠定了坚实基础。

（二）学术课题与学术会议

1. 学术课题

2015 年，国家文物局委托国家文物局水下文化遗产保护中心开展"海上丝绸之路申遗前期研究""海上丝绸之路申遗点核查"和"海上丝绸之路主题研究"。按照课题组的研究，确定了海上丝绸之路的基本内涵与时空框架：海上丝绸之路是古代人们借助季风与洋流等自然条件，利用传统航海技术开展东西方交流的海上通道，也是东西方不同文明板块之间经济、文化、科技、宗教和思想相互传输的纽带。参与海上丝绸之路贸易活动的族群主要有：古代中国人、波斯—阿拉伯人、印度人、马来人以及大航海时代以后的西方殖民贸易者。海上丝绸之路文化遗产是古典时代风帆贸易遗留下来的珍贵遗产，包括港口、沉船与贸易品等相关遗迹，而尤以海港遗址为代表，其核心遗产包括海洋贸易管理机构、航运设施、海洋贸易与生产场所、海事与宗教祭祀设施、沉船与船厂遗址、外交馆驿等。中国境内的主要海港遗址有广州港、泉州港、福州港、漳州港、宁波港、南京港、扬州港、合浦港、登州港等。海上丝绸之路历史从秦汉时期一直延续至明清时期，建议以秦汉代时期为上限，以轮船取代帆船的年代为下限。

2008~2010年，由国际科学院联盟和中国社会科学院共同开展"古代中国与地中海世界"项目，中国社会科学院考古研究所白云翔研究员担任课题负责人，以外来物品（金银器）、拜占庭金币、波斯萨珊朝银币为重点，开展考古专题调查与研究。该项目同时邀请瑞典、丹麦、奥地利、澳大利亚、俄罗斯等国的学者共同参与。

2010~2013年，姜波完成中国社会科学院重点课题"海上丝绸之路的考古学研究"项目，该项目以沉船、港口和贸易品等考古资料为线索，重点调查了泉州港、漳州月港两处海港遗址，同时对有关海外交通的中外文文献进行了初步的梳理工作，初步勾勒出海上丝绸之路的历史面貌。

2010~2015年，由厦门大学吴春明教授牵头组织的国家社科基金重大课题"环中国海海洋文化遗产调查"项目启动实施。该项目以中国沿海海洋文化遗产调查与研究为目标，涉及航海史、造船史、海洋贸易史、海洋祭祀传统等诸多领域。其中有关沉船与外销瓷的研究，与海上丝绸之路尤为密切。

2013~2014年，中国文化遗产研究院启动"古代中国与印度洋海上交流"项目（项目负责人：姜波），该项目通过对中国沿海港口遗迹的初步调查，对与中国海洋贸易密集的东南亚沉船、东北亚沉船进行了考古学梳理，并对印度、斯里兰卡、伊朗等地发现的中国文物进行了重点调查，勾勒出从中国东南沿海到印度洋、波斯湾地区的海上交流面貌。

2014~2016年，中国文化遗产研究院启动"海上丝绸之路港口遗址调查"项目（项目负责人：姜波）。该项目以泉州、广州、宁波和南京四处海港遗址为重点，对相关的海洋贸易与宗教遗迹进行实地踏查，并对泉州港、漳州月港的港市街巷进行重点测绘。

2. 学术会议

2015年6月13日，"2015年文化遗产日"浙江主场城市活动在衢州举行，与会专家就上虞禁山早期越窑遗址与海上丝绸之路的关系进行了专门讨论。2015年12月5日"海上丝绸之路与环南海社会文化史学术研讨会"在广东暨南大学举行。会议就南海贸易与华侨史，与环南海的社会、文化、经济交流活动进行了学术探讨。

2015年12月8～10日，国家文物局、海南省人民政府共同主办的"第二届海上丝绸之路文化遗产保护论坛"在海口举行。来自中国、东盟诸国以及英国、肯尼亚等相关国家的专家、学者出席本次会议。本届论坛以"中国与东盟及其他相关国家海上传统交往、贸易、文化交流和未来水下文化遗产保护与合作"为主题，探讨古代中国与东盟及其他相关国家海上传统交往、贸易、文化交流和未来水下文化遗产保护与合作，本次会议还发表了《第二届海上丝绸之路文化遗产保护论坛倡议书》。

3. 有关海上丝绸之路的文物展览活动

近年来，国内文博机构举办了一系列有关海上丝绸之路的文物展览：

2015年9月23日，"牵星过洋——万历时代的海贸传奇"展览在广东省博物馆展出。本次展览分为五个空间单元，参展文物615件，包括"南澳一号""万历号""迪沙鲁号"等沉船出水文物。本次展览以沉船和贸易品生动解读了明代万历年间海上丝绸之路的繁荣面貌。

2014年以来，由福建博物院等筹展的"丝路帆远——海上丝绸之路文物精品展"在国内外博物馆巡回展览。此项展览荟萃了沿海各省重要的海上丝绸之路文物，包括来自福建、上海、广东、广西、海南、浙江、江苏、山东等省市共51家博物馆的馆藏文物240余组件（不同展览地点的参展文物数目有增减），包括瓷器、丝绸、香料等等。本年度此次展览在海南省博物馆开展。

2011年以来，由海南省博物馆筹展的"大海的方向——华光礁Ⅰ号沉船特展"在海南省博物馆开展，此后又在国内多家博物馆巡回展览。该展览围绕西沙"华光礁Ⅰ号"沉船，用沉船出水文物生动展示了南海水下考古的成果和海上丝绸之路（南海段）的繁盛。

此外，存放"南海Ⅰ号"沉船的广东海上丝绸之路博物馆也设置了有关"南海Ⅰ号"出水文物的常设展览，并在2015年展出了最新的考古成果，引起广泛关注。

五、海上丝绸之路申遗策略与展望

从目前的形势与现状来看，海上丝绸之路申遗工作将是一项十分艰巨的任务。主要存在以下情况：（1）海上丝绸之路虽然串联了沿线多个国家，但海上丝绸之路申遗工作将面临不得不面临中国单独先行申报世界文化遗产。（2）中国境内的海上丝绸之路遗迹十分丰富，但由于时间紧迫，遗产点的选择将不得不做出一定的取舍，只能选择部分遗产价值丰富、保存状况较好且管理规范的遗产点先行申报。（3）由于涉及的遗产点多，且各遗产点保存状况、研究水平和规划管理方面的情况参差不齐，短时间内完成文本编制、环境整治和保护规划工作将面临很大的困难。（4）目前的海上丝绸之路学术研究水平、海上丝绸之路遗产的保存现状和海丝申遗工作进展并不合拍，这将导致现有列入申遗工作的遗产点不能全面表述海上丝绸之路历史价值的窘况。

鉴于以上情况，建议：

1. 做好海上丝绸之路文化遗产实地调查与研究工作，确定海上丝绸之路遗产的核心价值与关键遗址点，为申遗提供学术支撑。海上丝绸之路遗产的核心价值在于风帆贸易传统下的文明交流史迹，海港遗址是关键的遗产点。泉州、广州、宁波和南京作为关键性的海港遗址来表述"海上丝绸之路：中国史迹"具有一定的代表性和可操作性。

2. 组建优秀团队，负责海丝申遗文本编制工作，尽快完成相关遗产点的环境整治和保护规划。

3. 审时度势，及时公布相关研究成果，适度开展有关海上丝绸之路申遗宣传工作；国际上，应与海上丝绸之路沿线相关国家作好沟通。

海上丝绸之路涉及沿线多个国家和地区，不但国内的各个遗产点需要进行协调，也急需开展国际沟通与对话。在国际协作方面，斯里兰卡、伊朗、沙特阿拉伯、肯尼亚、摩洛哥等国对海丝申遗持积极支持的态度；日本、印度对海丝申遗也非常积极，但希望联合申报；越南、菲律宾是海上丝绸之路上的重要国家，目前对海丝申遗的态度尚不明了。国家文物局已从不同途径向国际学术界传递了中国推动海上丝绸之路申遗工作的信息，得到一定反响。建议今后进一步加强国际宣传工作，以学术会议、交流访问和文物展览等方式，推介海丝文化遗产核心价值，为申遗工作创造良好的国际学术氛围。

（本部分执笔人：姜波　赵云）

传统村落的保护与发展

——以贵州塘都村为例

贵州塘都村中心水塘及部分传统建筑　中国文化遗产研究院供图

要认识传统村落的衰落，不能简单以"保护意识不够"去解读，而是应跳出"文化遗产中心观"的局限，站在更加宏观的视野中去理解各种传统流失的原因。文章通过对贵州塘都村传统手工艺现状的田野调查，以社会学的视角，基本经济社会生活数据，呈现遗产传承背后涉及的生计、公共服务等问题。传统村落文化遗产保护本身并不是终点，而是为解决更广义上的"三农"问题提供一种途径，保护传统村落不仅要面向文化的保护，更是为了维系农业生产和农村生活中的基本秩序。

一、传统村落的困境与保护

（一）村落的终结？

法国农村社会学家孟德拉斯（Henri Mendras）在其经典著作《农民的终结》中指出："10亿~20亿农民站在工业文明的入口处，这就是在20世纪下半叶当今世界向社会科学提出的主要问题。"这一过程的结果，便是农民的职业身份发生转变。李培林则进一步将"农民的终结"视角扩展到"村落的终结"这一更为宏观的范畴。他认为，村落不同于农民本身，而是一种生活制度和关系网络，随着农民的终结，村落也会最终面临终结的命运。①

村落的终结正在中国切实发生。改革开放以来，尤其是21世纪以来，中国社会发生了深刻变迁。其中最为显著、影响面最广的一个现象，是伴随着城市化进程的加快，农村的生产、生活形态产生了质的变化，大量村落迅速消失或逐步走向衰亡。1990~2010年间，我国行政村数量从100多万个减少到64万多个，每年减少1.8万个，每天减少约50个。②

大量村落的消失，直接导致了村落中的文化遗产面临衰败、破坏乃至消亡的困境。湖南大学中国村落文化中心曾对我国17个省，902个乡镇，9 707多个村庄做了调查，2004年调查的传统村落总数有9 707个，但是到2010年

---

① 李培林：《村落的终结——羊城村的故事》，商务印书馆，2004年。
② 该数据引自李培林：《从"农民的终结"到"村落的终结"》，《传承》2012年第15期。

仅存 5 709 个,平均每年递减 7.3%,每天消亡 1.6 个①。

面对村落的消亡,学术界开始行动。20 世纪 90 年代开始,清华大学陈志华教授组建调查研究团队,对乡土建筑进行调查,提出"以乡土聚落为单元的整体研究和整体保护"的方法论,并与自 20 世纪 70 年代便开始致力于中华传统文化保护与传承的台北《汉声杂志》合作,将调查成果结集出版。他们并不局限在建筑本身,而是从乡土文化的整体中研究建筑,将其置于完整的社会、历史、环境背景中,采取史学和人类学的方法,在动态中研究乡土建筑,包括建筑的发展演变,也包括源流和地区间的交互影响。

随着学界的推动,传统村落的保护也逐步纳入到法治轨道。2002 年,《中华人民共和国文物保护法》正式提出历史文化村镇的保护条款。2012 年 4 月 16 日,住房城乡建设部、文化部、国家文物局、财政部联合发布《关于开展传统村落调查的通知》,并于 2012 年 12 月、2013 年 8 月、2014 年 11 月陆续公布了三批列入中国传统村落名录的村落名单共 1 561 个。2014 年,住房城乡建设部、文化部、国家文物局、财政部等部门出台了《关于切实加强中国传统村落保护的指导意见》和《关于做好中国传统村落保护项目实施工作的意见》,经规划评审、实地核查等程序后确定了列入中央财政支持的两批传统村落名录,研究、布置了近几年传统村落保护发展要做好的基础性工作等。

传统村落保护行动的积极作用,首先是进一步厘清了对传统村落概念的认知。一直以来,更常见的一种称呼是"古村落",特别是改革开放以后,随着旅游业的兴起,古村落的概念影响力逐步扩大。不过,如果强调"古"字,实际上是从时间维度上将村落的价值窄化,仅仅聚焦于它的历史性,而忽略了更为深厚和丰富的文化内涵。同时,"古"呈现出过去式的概念,即将村落本身在时间线上固化、静止化,并不利于以更客观、可持续的视角去理解村落的演变与发展。

2011 年,中央四部委在征求了专家学者的意见后,将判断传统村落的重点放在其文化内涵和独特的地域特色方面,最终决定将"古村落"的概念延展为"传统村落"。2012 年 4 月 16 日,国务院发布《关于开展传统村落调查的通知》,对传统村落进行了明确界定:村落形成较早,拥有较丰富的传统

---

① 该数据引自《平均每天消亡 1.6 个 传统村落保护迫在眉睫》,载光明网:http://news.gmw.cn/2014-01/09/content_10062432.htm,访问日期:2014 年 1 月 9 日。

资源，具有一定历史、文化、科学、艺术、社会和经济价值，应予以保护的村落。①

（二）"文化中心观"的局限

在传统村落保护行动如火如荼进行的同时，我们也看到一些文化遗产学者在视野上存在着一定局限。在文化遗产领域中，对于传统村落的保护与发展，仍然存在一种"文化中心观"，即将文化置于村落问题的核心，将文化的保护作为传统村落相关工作的最终目的。文化学者冯骥才曾发问："少数民族生活在他们的村寨里，更生活在他们自己创造的文化里。如果他们传统的村寨瓦解了，文化消散了，这个民族也就名存实亡，不复存在。"② 在他看来，"村寨瓦解，文化消散"是民族村落面临的最根本挑战。也有人指出文化遗产保护的观念问题，即乡村文化遗产保护的症结是快速城镇化的同时文化遗产保护观念的严重滞后，城乡二元化的社会结构又加剧了乡村文化遗产的破坏速度。③

这种"文化中心观"窄化了传统村落的内涵与价值，将传统村落在社会变迁中面临的挑战局限在了一个文化框架之中。传统村落中文化遗产的保护，与传统村落的保护属于两个维度，后者所涉及的要素要远比前者更多、更深刻。传统村落面临的挑战，绝非"保护观念滞后"可以解释，在这些所谓落后观念的背后，还有更为根本性的困境，需要我们以更加宏观的视野去观察。

当下，传统村落面临的两个困境：一方面是大量传统乡土建筑建筑年久失修、杂草丛生，村落中的公共空间功能不再，新建现代民居与原有景观冲突明显，这可以被归为物质层面的破败；另一方面则是村落的空心化，人口的老龄化，年轻劳力不断外流，造成村落文化传统的断裂，对文化遗产的传承、认同感、热爱都逐步消亡，这是精神层面的衰亡。因此，文化遗产学者们认识到，要保住传统村落的价值，最重要的是留住人。杜晓帆认为，人是文化遗产保护中的灵魂。村落的变化来自于人的变化，因此必须满足人的基本需求，在满足村民追求现代生活的前提下，考虑与之配套、相互协调的建

---

① 《关于加强传统村落保护的通知》，载中央人民政府网：http://www.mohurd.gov.cn，访问日期：2012年4月16日。
② 冯骥才：《传统村落的困境与出路——兼谈传统村落是另一类文化遗产》，《民间文化论坛》2013年第1期。
③ 罗德胤：《抢救中国传统村落》，《瞭望》2015年第7期。

筑或改造方案，否则传统村落是难以保住的。①

不过，这种思路虽然看到了人的因素，但对于人的讨论往往流于浪漫化的表面，空泛提及"留住人、满足人"等概念，并未触及深层结构。社会学者贺雪峰在讨论农村现代化时曾提出一个尖锐的问题，即"为了谁的现代化"。他指出，农业现代化本身不是目的，"而是要通过国家政策支持甚至财政补贴来解决当前中国数以亿计粮农农业生产和农村生活中的基本秩序问题"。② 笔者认为，经济学者和社会学者所提出的问题，是文化遗产学界应该借鉴吸收的资源。贺雪峰的提问同样适用于传统村落的保护。我们应该问"为了谁的村落保护"。村落的保护的终极目标不应只是保护，而同样是贺雪峰所说的"农业生产和农村生活中的基本秩序问题"。

本文首先将以贵州省内少数民族传统村落为例，对现有的民族村落保护与发展模式进行梳理，以期从中总结出正在开展的若干类传统村落的保护发展路径。以贵州省黔东南苗族侗族自治州黄平县塘都村为案例，在为期两个月驻村田野调查的基础上，以该村的生活景观、传统建筑和传统手工艺为切入，通过社会学的视角，分析该村基本经济社会生活数据，描述该村传统文化传承与发展的困境。同时，以现有模式与塘都村具体问题为基础，提出若干解决传统村落问题的策略，并对传统村落文化遗产保护工作本身进行思考。

二、贵州少数民族传统村落保护发展模式

贵州省是我国传统村落分布最多的省份之一，又是我国少数民族人口集居、地形起伏大、交通闭塞、经济发展相对滞后的地区。贵州省内传统村落的分布极不均衡，集中分布在东部地区，特别是在黔东南苗族侗族自治州西南、东南部分地区传统村落，许多村落彼此相邻，这里也成为全国传统村落最为密集的地区。

另外，传统村落所在地区人口相对稀少，城镇化水平低，经济发展滞后，无论是经济总量还是各项均值都明显低于全省平均水平。其中含 10 个以上传统村落的县（市）人均 GDP 仅相当于全省平均水平的 65%，贫困人口发生率则是全省平均水平的 1.36 倍。传统村落最多的黎平县，人均 GDP 刚刚超

---

① 杜晓帆：《保持村落文化遗产在时代变迁中的生命力》，《世界遗产》2015 年第 6 期。

② 贺雪峰：《为谁的农业现代化》，《开放时代》2015 年第 5 期。

过 1 万元（10129 元），仅为全省均值的 57%，相当于全国平均水平的 26%，发展差距十分明显。①

因此，贵州的传统村落具有一定的独特性，更具有一定的典型性。对贵州传统村落进行调查与分析，能够在一定程度体现全国范围内传统村落最迫切面临的挑战，并思考相应的解决之道。

为此，在具体深入调查塘都村的同时，我们还调查了贵州 10 余处村寨，主要包括雷山控拜苗寨、地扪侗寨、郎德上寨、西江千户苗寨等。

（一）雷山控拜苗寨

控拜村位于贵州省雷山县西江镇。2008 年至今，由贵州师范大学组织开展调查与保护工作。通过多次调查，深入了解了该村寨面临串户道路问题、银饰加工问题、火灾问题和饮水问题等。尤其是银饰加工，控拜苗寨拥有独特的称号"银匠村"，苗族银饰艺术在中国首屈一指，并被文化部批准列入"首批国家级非物质文化遗产名录"。受外界影响，控拜也不可避免地加入"城市生活方式追逐者"，控拜银饰锻造技艺逐渐蜕变为大众旅游商品的加工工具，银饰图样蕴涵的苗族文化象征意义正在被现代消费文化价值意象代替，控拜的文化集体记忆出现断裂的危险。为此，立足于居民需求，贵州师范大学开展了村寨步行道修建、银饰制品集体创作两项主要工作，赢得了当地居民的支持，为村寨保护提供了宝贵经验，目前正在积极村落文化景观保护的实践研究。

（二）地扪侗寨

地扪侗寨是一座景观物质实体和历史文化环境都保存良好的侗族古村落，地扪人文生态博物馆是我国最早的一座民办生态博物馆。这是一个没有围墙的超大型博物馆：15 个村，46 个自然寨，覆盖人口 1.5 万余人，地理面积 172 平方公里，这块土地上人们传统的人生哲学、生产生活方式、生活礼仪等，都是博物馆的组成部分。博物馆的宗旨在于促进当地原生态文化的保育和传承，收集整理和储存各种文化记忆，并在符合自然和人文生态保护的前提下适度地开展乡村和侗族文化的生态旅游，并重点帮助社区居民培育生态种养业和传统手工业，以推动当地社区经济的发展。这个由村寨群落组成的博物馆包括文化社区、社区文化活动中心、社区文化研究中心以及若干个资

---

① 数据引自佟玉权、龙花楼：《贵州民族传统村落的空间分异因素》，《经济地理》2015 年第 3 期。

料信息中心。该村寨保护以尽量不干涉居民生活为前提，着重日常的记录，旨在引导居民自觉保护，隐约含有文物保护的基本原则"最小干预"思想，其中部分理念值得一定借鉴。

（三）朗德上寨

郎德上寨隶属雷山县郎德镇，始建于明洪武初年，后多次战乱，几经焚毁。清光绪年间逐渐重修，遂成现规模。全寨现有128户，530人。村寨周围树木葱茏，清澈的望丰河绕寨脚而过。寨内86幢吊脚楼依山而筑，栉比相连，次第升高，依坡势或坐西朝东，或坐南朝西北，错落有致排列，甚为雅致。苗寨建在坡地上，房屋多选择在30°~70°的斜坡上，呈上下两级，进深各约3.3米，两级屋基高差为2米。保坎用鹅卵石或开山取石砌成。房屋前两排柱子落在下一级地基上，形成"吊脚楼"。2001年，朗德上寨古建筑群被列为第五批全国重点文物保护单位，村内建筑受到较好保护。

（四）西江千户苗寨

西江千户苗寨，位于贵州省黔东南苗族侗族自治州雷山县东北部的雷公山麓，由10余个依山而建的自然村寨相连成片，是目前中国乃至全世界最大的苗族聚居村寨。目前，西江千户苗寨已成为旅游的热点，村寨日常生活中的节日、祭祀、礼仪、巫术、建筑、歌舞、服饰以及生产活动，都变成了演出性的展示。黔东南州各地有特色的苗族服饰和歌舞都集中到西江进行展演，吸引着来自全国各地的游客，当地村民取得一定经济效益，但对其传统的生活造成较大冲击，保护与利用关系如何协调成为难题。

（五）比较分析

通过村落现场的调查分析发现：村寨保护分为主动保护与被动保护两种模式，雷山控拜苗寨的保护属于主动保护模式，以居民需求为出发点，加强集体记忆的传承，主动通过修建村寨步行道、银饰制品集体创作等途径，赢得居民支持，但是实际调查中发现村寨内留守的主要是老人和小孩，青壮村民大多在外打工，割裂了传统所赋存的环境，整体性保护任重道远。相对而言，地扪生态博物馆是一种被动的保护模式，以尽量减少外界对侗族社会自然发展的影响力为目标，然而寨民对于生态博物馆的概念仍不十分明了，认为博物馆只是建筑在寨脚的那座研究中心，与自己的生活并无直接联系，可能需要更久的时间才能真正参与到管理之中。目前博物馆缺乏社区参与，仍是一个架构在侗寨内的"无关建筑"。朗德上寨和西江千户苗寨分别从文物保护及旅游开发利用角度进行主动式保护，但其片面性问题暴露无遗，在朗德上寨"见物不见人",看到了珍贵的古建筑,留守居民却寥寥无几,寨内的博物馆也少人问津。而在西江千户苗寨"见人不见物",游客的爆满与日俱增,表演成分愈演愈浓,连当地村民们都像游客一样看着各种歌舞表演,却失去了传统文化的原汁。

但是,无论是主动还是被动,无论开发程度如何,目前的传统村落都面临一个普遍的问题,即无论如何开发、发展都无法阻止青壮年劳动力外流的趋势,因为从根本上而言,旅游开发还是手工艺产品的外销,都只能解决少数人的生计问题。大多数人依旧还是需要靠外出打工维持生活。即使是发展本身,似乎都难以跳出"旅游开发"这一思路。旅游开发的模式有村内自主进行和借助外界资本运营两种方法,西江千户苗寨成立了公司,引入大量资金进行开发,成本非常高,必须要通过赚取高额门票收入来获利,由此所带来的开发过度,传统生活方式受到冲击的问题不可避免。朗德上寨一度为文物工作者所认可,但当地村民却因西江的开发导致的大量游客流失而面临生计的困境,表面上宁静而满是乡愁的村庄,实则面临空心化的挑战,当地镇政府更是面临巨大的压力,而不得不效仿西江模式,引入资金,对朗德上寨进行开发。

由此,引出对传统村落保护与发展的另一层思考:如果说要跳出文化遗产视野的局限,站在更宏观的视野去解读和解决传统村落问题,那么,文化遗产本身在这一进程中究竟扮演什么角色,处于一个什么地位?依靠文化遗产进行产品和旅游的开发,是否是唯一的,或者说是最好的模式?这个模式背后所牵涉的经济、社会等背景,又对其有何影响?

具体到塘都村,上述模式和思考,结合该村的现状,又能为其下一步的保护与发展提供何种借鉴?塘都村的路径是那一条:究竟是西江模式?还是朗德上寨模式?抑或通过传统手工艺走出去进行产品开发?带着这些问题,我们对塘都村进行了深入调查。

三、塘都村文化与社会现状调查

(一)村落概况

黄平地处黔中丘原向黔东低山丘陵过渡地带。地势由西、西北向东、东南部逐渐降低。山脉多呈北东走向。地形北部山地隆起为黔北高原武陵山脉的延伸,南部隆起山地为苗岭山脉的余系,中部为河谷坝子和陵地带。境内平均海拔约800米,地势切割较深,山高坡陡,属于典型的低中山地貌。

塘都偅家寨①位于贵州省黄平县重兴乡，距离黄平县城35公里，距重兴乡政府驻地8公里。全村共10个行政小组，寨居370多户，1700多人口，其中偅家人占该村总人口数的98%，是黄平县仅次余枫香的又一大偅家人聚居地。

　　根据政府网站所提供的经济数据，②塘都全村生产总值154万元，2010年人均纯收入由2000年的786元提升到了1600元。全寨总面积3.2平方公里，田土面积889亩，以种植水稻、玉米、小麦和马铃薯为主。农业生产基本以家庭为单位，在农忙时节会与邻里协调互助。农户所生产的农产品基本不进入市场销售，在农业上属于典型自给自足的小农经济。塘都成年定居者统一的职业是农民，但身兼多职，第二、第三产业的从业者一般不会荒废自家的田地，在农忙时节关门谢客。

　　偅家人是一个历史悠久的古老民族，有其自身独特的语言、特征和习俗。虽然没有文字，但民间通过绘图、口述历史、民间传说等其他信息传承方式，将丰富的民族文化流传至今。偅家是被官方承认的56个中华民族以外的未识别民族，有一套完整的语言体系。有自己的音位系统和语法系统。偅语是汉藏语系苗瑶族语中具有独自民族特点的一种语言。

　　在祖先的神话身份方面，偅家人普遍认为自己是"射日英雄"的后裔。该神话故事主要是以英雄祖先射日为母体，发展出好几种故事分支，虽然这些神话典故并没有实证可考，但是偅家人世代流传下来纪念祖先的"红缨花帽"和家家户户供奉神龛上的红弓白箭，展现出他们对祖先的敬仰，对自己"神话"身份的认同。

　　自2012年起，中国文化遗产研究院对塘都偅寨进行了数年的跟踪调查，对其传统建筑、非物质文化遗产、产业形态、生产生活方式等村落各个方面进行了全方位的研究。尤其是针对其保护与发展中面临的挑战，通过多次驻村调研、与村民密切联系等方式，获得丰富的一手资料，也通过塘都村以小

---

　　① 塘都村主要人口为偅家人。偅家人属56个中华民族以外的未识别民族，曾被认定为苗族一支，但其自身并不承认这种划分。目前，其户籍、身份证民族栏目均填写为"偅家人"。现有人口约5万，主要分布在黔东南的黄平、凯里、关岭，其中黄平县境内约有2万多人，占全部偅家的一半多。关于偅家族群身份认同，可参见李技文：《偅家人的社会技艺与族群认同》，《湖北民族学院学报（哲学社会科学版）》2010年第5期。偅家人的相关民族识别问题不是本文关注对象，不做展开论述。

　　② http://www.gzjcdj.gov.cn/wcqx/detailView.jsp?id=9236。

见大，对总体上传统村落保护与发展的问题进行了深入思考。

下面，我们将首先对塘都村的村落景观进行梳理。随后从建筑形式和手工艺两方面进行分析，并以社会学和经济学为分析框架，对其背后的生产生活逻辑进行剖析，以期对村落保护与发展进行更为宏观的思辨。

（二）村落生活空间与景观

村落起源于家宅田地的安置，随后扩大到邻里，再到社区，并逐步与周边的村落、乡镇发生关系。费孝通在《乡土中国》中的一些结论对塘都村同样成立："土地平等继承的原则下，兄弟分别继承祖上的遗业，使人口在一地方一代一代的积起来，成为相当大的村落"，"每个孩子都是在人家眼中看着长大的，在孩子眼里周围的人也是从小就看惯的。这是一个'熟悉'的社会，没有陌生人的社会"。

1. 家

塘都典型的居住格局，包括了主屋、牲口棚/仓储、简易棚、厕所，它们没有整合在同一屋檐下，以主屋为中心分布，不设院墙。

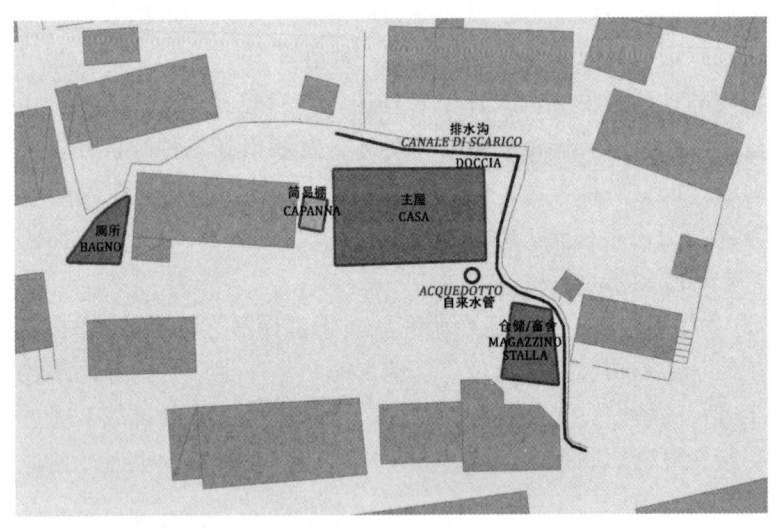

图1　居住结构

主屋是从塘都原有大地主手上中收购的有着百年历史的老房子，这从它较别户人家更高更大的屋顶就可看出。房屋布局规整，三开间，两进深，一层半。

堂屋位于中央，由于采光有限，白天有人在家在的时候，大门会时刻敞

图 2　住家平面及各建筑

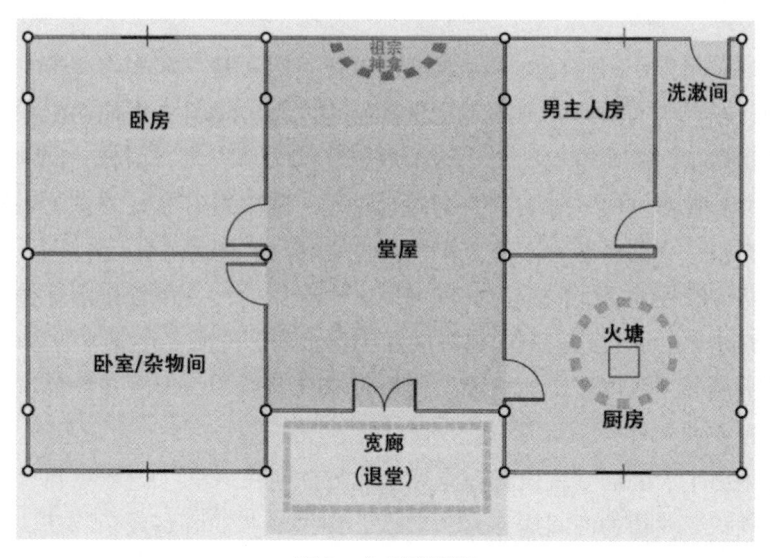

（卫生间　露天浴室　仓储/畜舍　主屋）

图 3　主屋平面图

（卧房　祖宗牌位　男主人房　洗漱间　堂屋　火塘　卧室/杂物间　宽廊（退堂）　厨房）

开。堂屋就好似这栋老宅的颜面，会被不时经过它前面的人下意识地扫一眼，视线会很自然地掠过供给主人家的祖先牌位和家中长辈的照片，一个家庭会把它最引以为傲的东西摆在这里展示给外人。尽管塘都自称依旧延续着传统的信仰，但是屋内供奉的却是天地君亲师，不少礼仪已经汉化。堂屋内置的家具简单并且易于移动，收割下的稻谷有时会临时堆放在这里干燥几天再入仓，会客和十人以下宴请等活动将在这里进行。非常时期，它还会被改成简易灵堂供人吊唁。

图4　堂屋内景

屋的东南方是厨房，火塘也放置于这里。厨房是一家人内部最主要的交流空间，东升的太阳会最先照亮这里并使它升温。早起去耕地的农户要在这里准备稍后出门需要带上的早午饭。农妇将剩饭、玉米、饲料一同搅拌，拿去屋外喂养牲畜。白天时间，大家各自忙碌，锅中留有充足的食物供家庭成员饿时充饥。直到傍晚一天的劳作结束时一家人才重新团聚。

厨房一直往北，通向屋外的洗漱间，由于屋内没有设置排水设施，所有的生活废水都会通过这里倒向屋外的露天排水沟。洗浴多在露天的浴区进行，堡坎是天然的视线屏蔽，加之晚上村里没有公共照明，即时在户外洗浴也并不易被窥探。

家中男主人的居室就设置在堂屋东北方，他在这里"把守"对外出入的另一个入口。西边的两间居室地位较次，用做晚辈的卧室或杂物房。谷仓需要使用梯子爬至二层。

主屋正面外挑的屋檐下是宽廊，也称退堂，挡雨而又有充足的采光，用以应对黔东南晴雨不定的天气，也成了农户重要的劳动与社交空间。

主屋前方置有一小块水泥平地，连接着主屋、牲口棚与厕所。牲口棚要

图5　厨房内景

图6　洗漱间

图7~9　退堂空间内的各种活动

尽可能局促以减少牲畜的不必要的活动，阴暗潮湿对牲畜并不会造成太大的影响。而对于贮存谷物的粮仓，则尽可能垫高避免老鼠，并采用干燥通风的木结构为佳。厕所设置于主屋西南侧,避免夏季东南风将异味带向主屋,在没有冲水设施之前这样的布置是完全必要的。

水泥平地也作为谷物和洗涤衣物后的晒场,在潮湿多雨的天气面前,农户必须尽可能多加晾晒,才可防止生虫霉变。

图10　水泥地晒场

2. 邻里

虽然水泥平地的所属权是私人的,但是使用属性却是半公共的。由这块空地通向其他四户人家,是这一小团体通往村中心和劳作的必经之路。邻里出入来往,心照不宣地遵守使用约定。这是一块互不设防的领地,大家彼此信任,彼此照顾,也彼此观察、效仿。由这块空间也发展了邻里间生产生活上的互助。虽说这是一不起眼的地块,但是对维系着小社区的社会关系和邻里感情却有着重要作用。住家与开敞院落结合的居住模式是塘都颇为典型的居住特征。设想,当每户都将自己的领地圈出建围墙的时候,也在意味着对彼此的不信任感产生。居住形式与景观的变迁是村民行为与心理活动的映射,村民不会直言说对谁的不满,但是会通过建设行为间接表达出来。

3. 社区

从家到小集体再往上就到了社区,在此要进行更复杂的社交活动。中间的一个节点是水井,在没有入户水管之前,这里是村民每日生活必经场所,自然成了重要的信息交流场所,而农妇往往在水井边停留的时间也更长。即使目前饮水工程入户,不少人家还坚持认为水井的水质更好。

继续延伸就到了社区生活,不少偡家传统已经在时代发展过程中消失,村东边一块的水泥空地曾经是原来的祖鼓坪,但是自从封建迷信的风俗破除

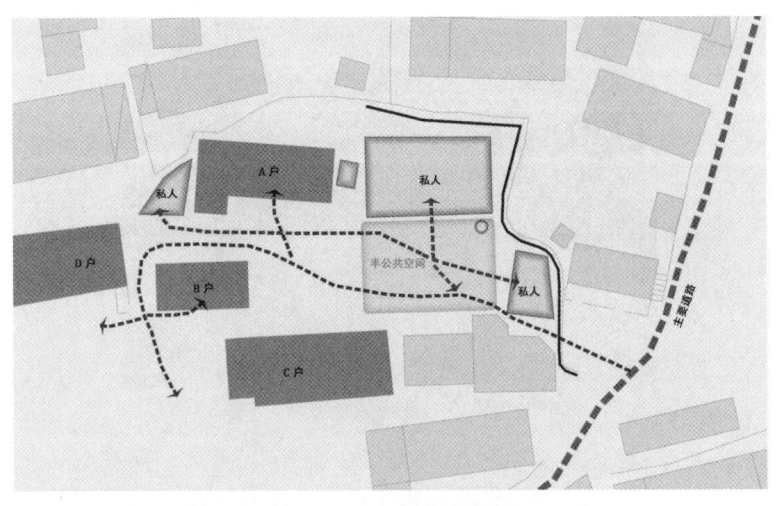

图 11 晒场：半公共空间

图 12 塘都大水井

了以后，就不再做祭祀之用，目前的用途是公共晒场，但是村民坚信这块地依旧有灵性，因此没有村民会在这上面私搭乱建。村西口的一块平坦的水田是民俗活动踩亲节用的芦笙场，除了在春节使用之外，平时作为私家的田地耕种。

小学虽然与僳家人传统生活关系不大，却是目前村中最主要的公共场所。六个年纪，一个学前班，180多名学生，牵涉塘都村一百多户家庭，而且大部分是外出务工村民的家庭。学校的校龄近90年，超过了村中最年长老人的年龄，不难推想小学之于这里的意义。

此外的活动公共活动场所还包括商铺、村办公室、村卫生室。商铺在当

图 13　曾经的祖鼓坪

图 14　芦笙场

图 15　塘都小学

下可看做是另一种形式的"水井"，但分布更取决于物流的便捷性，这也是信息汇集扩散的地方，与村民生活的相关度高于村办公室和卫生室。

如果往更大的地理范围推演，就会到乡、镇这一级别，这些的存在发展源于这一地区村民物资的交易，即"赶场"，就近几个比较大的集市位于重兴、重安、谷陇，这些地方会出现更复杂的功能分化，以重兴乡为例，设有邮局、银行、旅店、公安等服务或政府职能部门。但已经超过课题探讨的范围，在此不进行详述。

通过以上叙述，我们可以将塘都村民的日常生活进行分类，找到其对应的空间场所以及营造的设施。

  日常起居包含的场所：住家、庭院、道路、水井。
  生产劳作可具体分为农耕、养殖、手工业，分别对应以下场所：
    农耕：梯田、水渠、水井、田埂、牛棚、粮仓。
    养殖：牲口棚、庭院、稻田（稻鱼或稻鸭）。
    手工业：家庭作坊。
  社会交际可分社区服务、买卖交易、文化民俗，分别对应以下场所：
    社区服务：学校、卫生室、社区服务中心。
    买卖交易：商铺，露天售卖。
    文化民俗：祖鼓坪，芦笙场，墓区，休息平台，土地庙，石菩萨。
  外部联系包括：道路、桥梁、候车平台和指路牌（将军箭）。

我们注意到，活动与场所有时候不是一一对应的关系，一个地点兼具多种用途。当用途的重要性减弱的时候，场所就容易荒废，最典型的例子就是村里的祖鼓坪和芦笙场，这两块地点没有任何标记，历史全靠村民口传。当"信仰"存在的时候，地点是被人敬畏的；这一份"信仰"若消失了，场所的重要性相应减弱；如果"信仰"可以过渡到"文化"，场所依旧可以辨识或被有意识维护，若连"文化"都不存在的话，这个场所将极有可能被叠压在新的建设活动之下。类似的还有水井，它现在依旧被妥善维护，但是将来自来水入户以后，它的使用频率会减少，这时就有必要把它的功能从"使用"转化至"公共文化"，作为村落的历史记忆给予标识保留。

塘都村聚落的一大特点是传统建筑形制非常统一，既没有类似侗族鼓楼那样精巧地标，也没有苗族吊脚楼那样错层的搭接，没有风雨桥，没有谷仓群。在塘都，甚至没有一栋真正意义上用传统方式营造的公共建筑。塘都的建筑逻辑很质朴，遵循一个"原型"：三开间、两进深的对称木结构建筑。它既可放置于最狭窄的平坝，也满足一家人最基本的生活起居。在塘都，即使有更空旷的平地，村民也不会扩大建筑体量。这个适应当地环境的建筑"原型"一旦确立便开始普及。

很难得知这个"原型"是何时、何地、由谁发明的，但是可以推测的是，当地资源的有限性决定了可供选用的建筑材料，而建筑技术在一定区域内扩散过程中，工匠、商贩、甚至是因婚迁出妇女都在自觉或不自觉地扮演信息的传播者。民居建筑本身如同物种进化，在接受人类社会和自然环境的校检。经济、实用、高效的居住模型会被复制，并且因地调整、完善，最终和自然融为一体。这正是乡土建筑——"有建筑师的建筑"的体现，一代代无名的"没有受过正规训练的建造者展现了一种令人钦佩的把建筑融入自然环境中的才能。他们没有采取那种我们竭力'征服'自然的行为，而是乐于接受气候与地形的挑战"，"无名的建造者们不仅很好地理解控制社区增长的需要，同时还理解建筑本身的极限"。①

从历时角度看，塘都村社区的传统风貌的形成大部分源于这一群体长久以来的无意识营造和群体经验。正如《乡土遗产保护宪章》所言，"乡土性几乎不可能通过单体建筑来表现，最好是通过群体表达，并作为文化景观不可分割的一部分"。② 固然我们可以从塘都建筑群体中找到某一单体作为其特征典型，但是村落景观更多以综效作为突出价值，且脱离不了背景环境。

再看农业景观，塘都村是非常典型的山地耕作，水田面积932亩，占总耕地面积的83.3%。是村庄占地面积的5.8倍。修筑水田需要在坡地开凿、平整、加固。在生产力相对落后的年代，不可能对环境实施太大的干预。梯田建得太宽容易垮塌，太窄则影响生产效率，只有在一次次摸索中寻找梯田合适宽度，加固所用石块的厚度与砌筑的倾角及工序。这个漫长的过程正是塘都先民认识并改造自然环境尝试。梯田的砌筑没有教科书，只有靠老一辈口传心授。项目组成员根据村民言传绘制了梯田外围石墙

---

① 伯纳德·鲁道夫斯基：《没有建筑师的建筑》，天津大学出版社，2011年版。
② 1999年，ICOMOS：《乡土遗产保护宪章》。

的剖面图（图16），而更为可贵的是这位村民对于这份农业景观的认知和骄傲："这（梯田）不仅仅是一种物理力学、地质构造学和建筑工程学，更是数学、美学、化学和水利灌溉学。"我们不能把塘都的梯田和云南哈尼、广西龙脊、贵州加榜梯田比较，光凭视觉的印象就简单认为塘都人少了一些聪明才智或坚韧不拔。每一个农业景观都有它诞生的地理特点和文化背景，而且遗产没有优劣，杰出也罢，平凡也罢，并不构成最终能否延续因素。

梯田营造过后还需要不间断的维护、耕种才能保证产出，村民需要遵照一年农时才能获得丰收。春耕夏耘、秋收冬藏，农业景观也因此在周期性的变化，可称作是"活着"的景观。村民是景观的画家，却不知自己也是画中

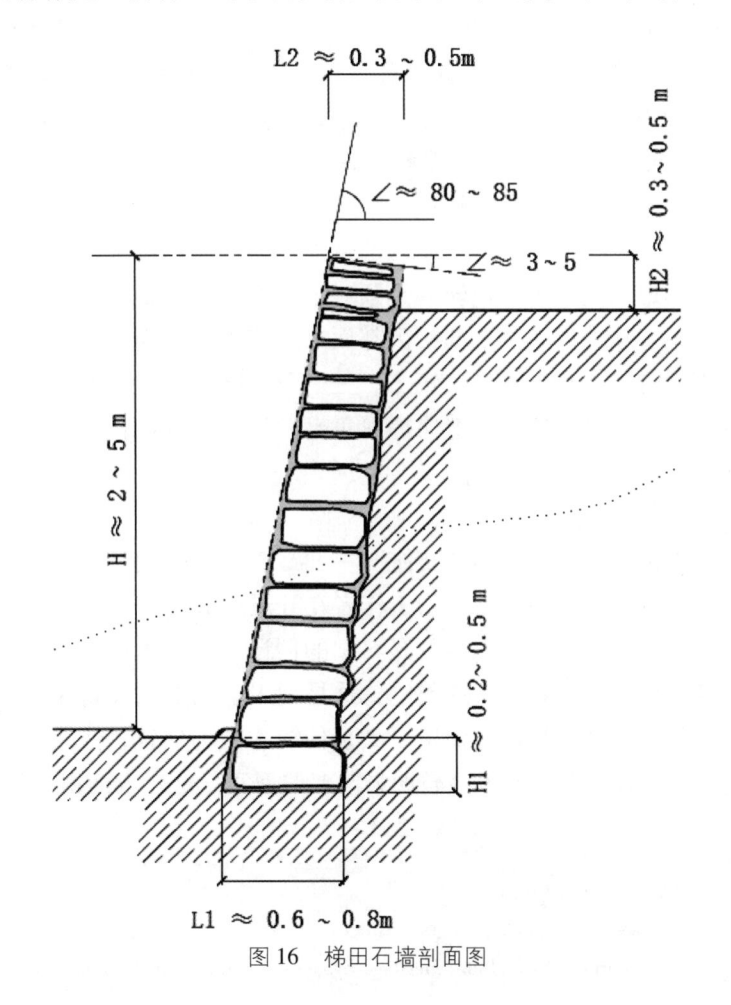

图16 梯田石墙剖面图

人。当画中人消失的时候,画面也黯然凋敝。农业景观的背后何尝不是塘都村传统价值观的体现:"对于传统的农民来说,保农便是保土,保土就是保根,有根的农业才给本分牢靠的,而无根的工商,宛如柳絮浮在事,难以为继。土地然拜和祖宗崇拜依然是最基本的崇拜。土地崇拜实际上还是祖宗崇拜的依托,因为是土地保证了祖脉的延续。"①

塘都村以及贵州大部分山村受地理所限,农业生产效率低下,但这是否意味着我们就要在现代化的进程中摒弃这一传统的耕种方式?如果说在世界遗产的分布和密度上,欧美国家占优势,那在全球重要农业遗产系统中,发展中国家的数量则是占压倒性多数(发展中国家农业遗产与发达国家农业遗产比例为 3∶1)。② 目前得到承认的农业遗产包括山地稻作系统(东亚与喜马拉雅)、混合种植/多文化农业系统(南美洲)、林下耕作系统(太平洋岛国)、游牧和半游牧畜牧系统(全球高海拔地区)、古灌溉以及水土管理系统(中亚、北非)、复合多层家庭园林系统(中国、印度、亚马逊)、低地系统、部落农业遗产系统、高价值作物和香料系统,狩猎采集系统。③ 当联合国粮农组织和发达国家已经把目光投向食品安全、绿色农业、有机种植的时候,我们更应该考虑以产量提高换生态系统失衡,或是把耕地转化为建筑用地,这样不可逆转的干预对于塘都的发展是否值得?要延续农业景观,并不意味着要塘都全部村民都回来继续种田,而是当我们触及保护与发展规划的时候,相对于设置第二、三产业,鼓励农业和养殖业或许是一条可行的道路,也是我们从遗产保护视角出发下延续塘都村精神与特质最理性的选择。

(三) 传统建筑及更新

塘都村作为传统村落,其"传统"一面最直观的表现是其木结构的建筑群落风貌。这类建筑的保护是文物工作者在开展少数民族村落保护中最关注的环节。上文中提到的朗德上寨便是典型的例证,该村木结构干栏式建筑基本没有受到现代式样砖石建筑的影响,这是列入全国重点文物保护单位所起到的效果。但是,塘都村虽然保留了大量传统木结构建筑,依然面临砖石建筑越来越多,整体风貌正在发生较明显改变的现实。这一方面由于村民的个

---

① 李培林:《村落的终结》。
② http://www.fao.org/giahs/giahs-sites/en/。
③ Globally Important Agricultural Heritage Systems A Legacy for the Future。

传统村落的保护与发展——以贵州塘都村为例 227

图 17~24 塘都一年四季农业景观

人喜好逐步多元化，另一方面也由于砖石建筑成本相对较低，尤其是当该村与重安镇的村级公路于 2015 年正式通车后，向村内运输石材的成本大大降低，建造砖石房屋实质上也是一种经济行为。有了这样一个初步认识，我们便能够更加客观理性地看待砖石建筑的建造。

在塘都村，房屋的改造、拆建在村民的一生中总会或多或少出现，尤其是对于木结构建筑。这自村落建立之时就已经开始，也是村落在漫长岁月中的自我更新。基于使用价值的物件为满足主体发展的需求，都会出现或多或少的改变。与其把传统乡土建筑看作一种固有的状态，不如把它理解为现象或一系列事件与行为的叠加更为合适。

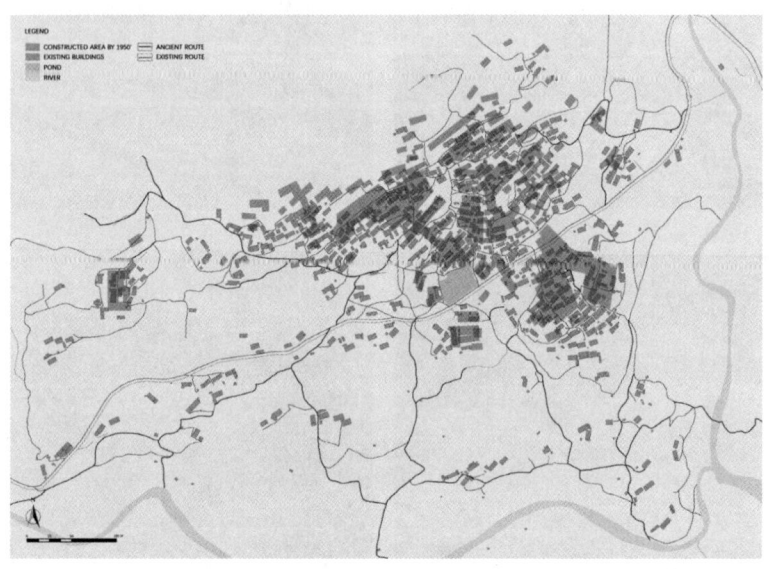

图 25　1950 年测绘图与 2012 年测绘图叠加
（深色：1950 建设区域；浅灰色：现有建筑）

先比较塘都 60 年前的测绘地图和 2012 年的测绘图。经测算，塘都的建筑面积增长了约一倍，与该地区人口增长持平。塘都村的中心没有偏移，村落在原有基础上向外扩张，尤其是沿通村公路的两侧，其中又以西南方增长显著。塘都村近些年来景观的变迁中有相当大比例是通过拆除老房子建新房而实现，但这除了个人主观选择之外，或许外部的政策变动也在推动这一进程。1986 年开始的宅基地管理使村民的建房行为受到限制，即每户只能拥有一套房屋，如果农户家庭人口增长需要增加住宅，则必须向乡政府提交申请材料接受审批。政策本身并无问题，但是也诱导了村民很大程度上需要拆掉以前的老房子建新房，而不是保留老房子，另择地建新房。这一政策直接作用于塘都的聚落风貌。若没有它，很可能的情况是塘都沿公路新建的砖房会更加密集，而村落中心则会保留相对较多的老房子。此外另一个事件是前几年在贵州黔东南雷山县推广的旧房改造文件（《房改是治理农村火灾的根本出路》），文件指出除保护历史价值特别突出的村落之外，鼓励该县各地推进木房改砖房的行动，加紧砖厂建设。虽然这个文件不直接面向塘都村，但是如此的政策氛围在某种程度上加快了老木房消失的速度。

1. 房屋更新形式

下面就现状分析房屋更新的几种主要形式。

（1）保留木结构，更换木板

这种形式的翻修对原有建筑改动较小，以村长邻居的住宅为例，项目组成员若干次探访不经意间记录这一过程。2014年底，依旧是老式的木房，一层为褐色木板，二层用竹夹泥做外墙。2015年5月，房主购置了木板，着手准备修缮。2015年9月，木房修整完毕。新旧比较之下，最显著的变化是窗户面积的扩大，房屋变得更加通透。建筑的韵律也因此发生了改变，原本房屋以竖向线条为主，但是新房屋显然突出了横向线条。新的木房为棕黄色，可以看到部分褐色木板包保留，这两种颜色在今后会慢慢统一，直到下一次的修缮更替。这个案例中翻修不影响原有的居住格局，户主生活习惯保留继续。

图26　木房修缮前后对比

如果我们再比较其他建筑修缮的案例，如AL014的住宅，原有的木板被砖块替代，但是它的格局和形式依旧是传统的。但是到BC024的时候，我们几乎难以确认这到底是修缮行为，还是将部分木结构穿插到新的建筑。面对BC013，大多数人都不会再以传统定义它，而是以"砖房"笼统地称呼它，但它的本质却是传统的延续。

图 27　AL014 住宅

图 28　BC024 住宅

图 29　BC013 住宅

（2）新建木房

这是当下较为流行的方式，通常是把原有的老木房拆除，在原址上新建。项目组对其中典型的一栋新木房进行了测绘。

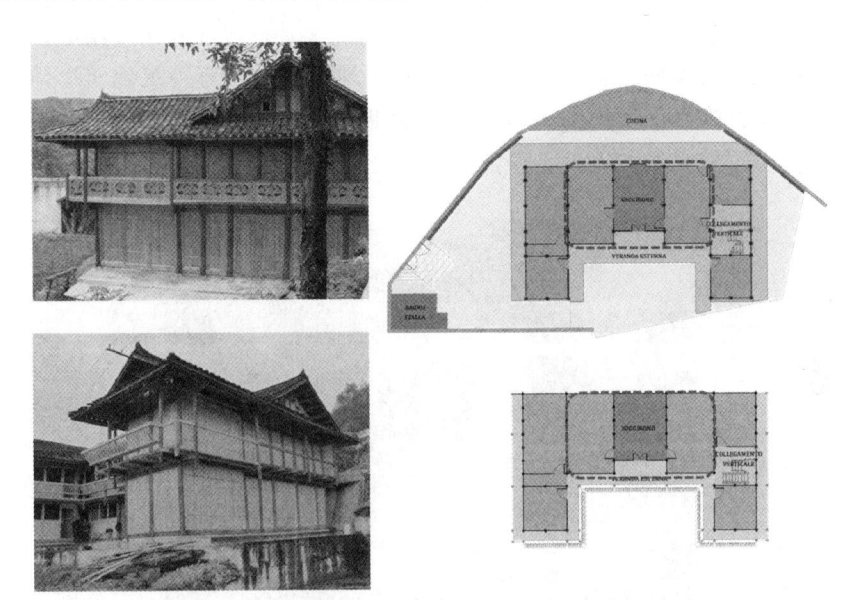

图30　新建木房外观与平面

与村中其他老木房相比，新木房最显著的变化是使用面积的扩大。塘都传统老木房大多为一层或一层加半层的仓储空间，房屋内部不设固定楼梯。而新木房在塘都的出现始于2000年后，统计下来总共57栋。工匠很自豪地说："以前老房子不好，现在的新木房好，有两层。"可见，新木房对于塘都建筑的意义在于建筑技术跃进后带来使用面积的提高，但这并不是塘都木匠们突发奇想地创造，而是从剑河学艺的木匠们带来的建造技术。现在新木房修建往往是建筑施工队以包工包料（人工、木料）方式进行。

相对于原有的"丨"形的老木房，新木房的平面变成了"［"形。如何理解这一过程传统的延续？新木房实际是以老木房为核心单元，在左右扩展两翼。它对称的格局没有改变，同时将室外的垂直交通引入了室内。而出挑的屋檐依旧，可见退堂空间之于农户的意义，而且这一空间也被复制到了二楼，成了环绕房屋三面的游廊。

新木房并没有将厕所与牲口棚整合到新的建筑形式内部，在给排水系统没有完善之前，集合多功能的单体建筑对农户不意味着便捷，相反还会带来更多的麻烦。

新家最重要的变化是水泥砖围墙与防盗门的出现，暗示财富增长的同时，需要把个人领地围合、封锁才能获得安全感，也带来了"景观私有化"。出于人身财产安全或是其他因素的考虑，农户修筑围墙的行为无可厚非，但毋庸置疑的是水泥院墙在垂直景观上不可避免地遮挡了原有传统建筑形体，导致景观通透性降低，民居的"性格"从开朗变为"内向"。当所有农户都把自家院落围合的时候，也就是塘都的村落景观真正变质的一天。

图 31　新木房的防盗门

（3）新建砖房

砖房在我们研究塘都村落风貌之初就是众矢之的，我们过分将建筑之优劣归结于材料的属性，但这有失公允。在塘都也有造型别致的砖房，如村长家的二层小屋。相反，当我们太刻意拘泥于材料的和谐表象时倒会适得其反，例如某传统村落的公共厕所。以仿木漆掩盖后面的砖混机构，殊不知加剧了建筑内外的矛盾。

据统计，塘都二层以上占地面积大于 30 平方米的砖混结构民居一共 123 栋。这些建筑并非"怪胎"，传统的烙印在它们身上依旧可以识别。

首先，就平面形式而言，"丨"形占据了多数，"L"形的也不相上下，后者较前者多出的一角是垂直交通的添加。忽略这一角的话，建筑平面依旧沿袭了传统的平面格局。

屋顶由坡屋顶到平屋顶的变化显而易见，只有少量现代砖混建筑在使用坡屋顶。按理说平屋顶并不利于黔东南多雨潮湿的天气，但是由于现代防水

图 32　某传统村落的仿木结构厕所外部及细部

材料的使用，坡屋顶的必要性不及以前显著，反倒是增加的阳台空间更有利于农户晾晒谷物。但是传统的退堂之于现代砖混建筑依旧不可少，没有哪一户会忽略它，只是形式发生了改变，或长条形贯通整个二层平面，或作为一个方形凸出，再或者变为半圆形。

图 33～36　现代砖混建筑

就立面材料而言，砖房的选择有贴瓷砖、涂料或者不加装饰保留水泥表面，这也是造成塘都新建砖房五味杂陈的原因。但这些材料的使用确是与砖混建筑的保养密切相关，为了尽可能延长砖房的使用寿命。而木房的表里如一则很大程度上避免了建筑外立面色彩的混搭。

现代砖房大多不再使用传统木门窗，而是使用防盗门。这在以前相对封闭的山区并没有存在的必要，外来人很少，邻里之间相互照应，家犬足以。但是通村道路修建以后，外来人的出现增多，防盗门窗的使用是村民出于人身财产安全考虑反映在建筑形式上的心理写照。但也有另一层含义，即社区的贫富分化已经开始。就如同现在仍居住在老木房的主人所言，家徒四壁，就算遭小偷也损失不了什么。不为过地说，老木房之于村民犹如"贫穷的象征"。在这点上他们的心理非常矛盾，既不忍心拆掉祖宗留下的家宅，又要承受住在老房子带来的自卑感。这样一来，现代砖房的修建成了先富裕起来一部分人向社区的宣言。社区居民的行为模式有很强的参照性和模仿性，新富阶层的建设竞赛会吸引更多人尾随，这种带动效应是加速村落景观变化的直接原因。

2. 农户行为分析

结合上述案例，从农户角度出发，他们选择房屋更新或重建一般会考虑如下几个因素：

一是弥补原有建筑的不足和满足新的需求。

砖房可以弥补老木房本身材料性能上的欠缺，如防火、防盗等这些安全性的因素和简化房屋维护程序。这些需求既有来自于个人，也来自与社区成员彼此之间的参考。新老建筑最大的区别在于建筑体量的增长，这意味着使用面积的扩大，从村民角度出发，能有更多的使用面积何乐而不为。但是，体量增加如远高于实际使用需求就不是一种理性的行为，而非常规体量的建筑对于景观的入侵较其他方面更为显著。正如我们之前讨论过的，塘都农户是小家庭，4~5口人的家庭是否有必要住3层楼房值得商榷，这也是我们可以和村民交流和探讨的。

二是技术与和获取材料的便捷性。

光有需求而没有实现的手段也无法促成行为。砖房的修建并不需要过于复杂的工艺，混凝土骨架浇筑的同时就可以盖砖，这毋需专业工匠，妇女老幼都可以参与。材料的可获性随着物流渠道的完善将越来越方便，塘都在2014年刚刚成立一家私营砖厂，从每天切割砖的声音的频率就能推断这里的需求有多大。

此外，砖房的分布与住户离主要道路的远近相关，越是靠近主要道路砖房出现的比例也越高，这是山地高差所带来的运费成本差异。在主要道路周边20米范围内建筑中砖混建筑和木构建筑的比例是53∶48，到50米范围内这个比例为103∶133，而达到100米时则变化为163∶336。将塘都与邻村的野落村比较，由于后者有一条大车路通向地势较高的中心，也导致了它内部出现高密集度的砖混建筑群。而汽车目前还无法开上塘都，运砖、水泥必须依靠人力或牲畜，无形中就是建造成本的增加。相比之下木头较轻，从塘都木匠了解到，几个人半天就可以把建造木房需要的木料扛到山上，如果是亲友帮忙，连运费都可以忽略不计。

所以就本质而言，技术与材料的考量实际上是农户对建造成本的核算。而正因为这其中是经济原因在作用，也意味着政府有可能通过"无形的手"实施调控，比如关停污染严重的小砖厂或增加税收，对木材生产加工企业的提供利好政策，再或者对传统村落的内部道路进行宽度限制。农户对经济的敏感性将驱使他们将做出某些调整。

三是审美趣味、文化氛围与政策影响。

如果上述一、二两项是较为客观的因素，那么审美趣味、文化氛围则带有较强的主观性。村民的审美趣味既来源于出生的环境，也来源于他后天的阅历。全球化、现代化正在逐步消磨建筑与景观的地域性，在塘都，甚至可以看到西式柱头和装饰线脚在塘都民居装饰中的"引用"。农村不同于城市建设活动的特点在于其自主性，村民是建筑的设计者、施工者和使用者。但这也带来了双面性，既需要肯定村民的创造力和主观能动性，也要看到个体建设之于景观的消极影响。然而，当一个社区有足够的凝聚力和文化自信的时候，他们就能通过建筑表达出来，这是可以诱导和激发的。政策影响是一方面，但是若生硬地推行某一种形式的建筑，也会引发村民的抵触情绪，当他们改变居住环境的权利被剥夺又生计无望的时候，选择离开家乡也就不足为奇了。

图37　西式装饰元素在塘都民居中的应用

（四）传统手工艺的传承与困境——以银饰为例

除了建筑，传统村落最重要的遗产要素还包括非物质文化遗产。许多传统村落，如本文此前提到的控拜村，便以自身的传统手工艺产品作为突破口，形成"走出去"的规模效应，以求传统的保护与村子的发展。塘都村在这一领域也具有一定特色，其最典型的是银饰工艺。但是，我们发现，塘都的银饰工艺不能仅看其技艺本身的工艺和艺术特色，必须要将其置于一个社会环境之中，去思考其背后的传统工艺运行、维系、发展的机制，才有可能对该村是否能够通过传统手工艺实现突破，形成客观的认识。

1. 僙家银饰工艺的艺术及经济社会特征

僙家人对银饰的器重程度胜过金钱，也是姑娘们身份的象征。僙家的银饰分为头饰、颈饰和手饰三个部分。其造型精致、古朴，图案结构渗透了大自然情趣和劳动生活的创意，体现了僙家银匠大胆的艺术构思和超凡的艺术想象。仅从头饰的耳环造型中即可窥视一二。耳环有大耳环、小耳环、圈耳环和蚕型耳环四种。大耳环是由一小空心圆锥，一枚小绣球和一根两头尖，且空心的半环形体组成；耳环下端用小银链把小绣球吊在圆锥下面，绣球上吊有小蝴蝶和葵花瓣。小耳环是用一根五寸长的银丝扭成，形如蚯蚓盘转，据说这小耳环是用来告诫姑娘们不要嫁到没有蚯蚓的地方去，因为那里土地贫瘠，不能耕种。圈耳环与小耳环相似，比小耳只稍大，尾端刻有许多花环丝纹。蚕形耳环状如蚕蛹，通身螺旋斑点纹，造型精巧；寓意姑娘们要勤于养蚕，像蚕娘吐丝一样默默地为人类作出贡献，只有养蚕，才能保证针线来源，有吃有穿。头饰的其他部分，以及颈饰和手饰，也都有着丰富的纹样和寓意。

银饰的生产和流通，与僙家村落共同体中传统的财富流动模式和文化礼仪行为密切相关。传统的家庭关系和财产继承对女性并不有利，她作为必将流出的一分子，经济地位很难保障。而银饰的出现使这不平等地位得到些许平衡。银饰一般由男方负责购置，订婚娶亲时赠予女方，女方则传给女儿作嫁妆，但不一定是全部，自己可以留一部分作为后续生活的保障，女儿再带着母亲的赠予和新郎的彩礼到新的家庭。理论上看似乎只要传宗接续，女方的银饰会一直积攒，但是银饰在生活拮据时用来典当贩卖并不稀奇。同时由于银饰的折旧和僙家人审美倾向的变换，老式的银饰需要不断加工更新才能后续传递，这一部分费用支出相当于银两的损耗。银饰的传承关系限于母与女之间，或者是婆媳之间，是一种"阴性"的财产继承。在僙家内部传统的经济形态中，如果说家宅和生产资料这些不可移动资产的继承权以男性为主导的话，女性则是通过姻联关系推动社会财富的流动。

㑚家银饰目前仍主要作为仪式物品而存在、流通、传承，既有经济上维系性别权力平衡的意味，更有文化上凝聚族群认同的功能。在黄平㑚家主要三个村寨——望坝、枫香、塘都中，塘都银匠最多，银饰打造工艺水平最高。周边㑚家人只要是需要银饰，大都会请塘都的银匠。塘都村银饰传承情况相对较好，现有十户左右进行银饰加工。一般是客户拿银子给银匠加工，银匠只收取加工费，价格约为 20～30 元/两，一套完整银饰加工费约为 8 700 元。银匠自身不囤银，依照客户要求确定，多为传统纹饰。

老银匠 A 今年 63 岁，银饰工艺是家传手艺，到他这一辈是第四代银匠。他 18 岁开始打银，曾经收过不少村内的徒弟。但这些曾经的徒弟中，真正坚持下来的不多，因为需要吃苦，而且也需要一定的天分，不少年轻人都是干两三天就放弃了，最终选择了外出打工。

A 的一个徒弟 B，是村里比较活跃的一个年轻银匠，今年 30 岁。B 的爱人与 A 的儿媳妇是姐妹关系，也因此而师从 A。除了继承 A 的工艺之外，B 还自己创作了一些新颖的纹样，用在小型饰品上，属于在银饰上有所创新。

另外一个银匠 C 比较有经营头脑，自己印有名片，C 的语言表述能力较强，甚至能把自己的银饰纹路和社会主义、改革开放的内容结合。他的儿子不时在 QQ 上面放上自家银饰的照片，但自己并没有继承这门技艺的意愿。

不论 A、B、C 哪位银匠，都没有因为打银而放弃农田的耕种，即使有些地块离家有一小时的步行距离。他们似乎也不计较如果拿种田的时间多打制一些银饰会带来更可观的收入，而是强调"有田不种，荒废就可惜了"。A 与 C 的每年由打银所获的利润减去家庭开销约在 1～1.2 万元。B 的月收入平均为 5 000 元，最好的时候能达到 8 000 元，家庭开支每个月在 2 000～3 000 元。

2. 传承的困境及其原因

在我们的调研中，发现的一个明显现象是年轻人基本不愿意从事银匠职业，最年轻的银匠 B 也已有 30 岁。有一位老银匠的儿子曾经和他去龙场镇一起打工，学习银匠手艺，但是觉得没什么意思，希望自己闯一闯，所以去了浙江。C 的儿子也并没有打算继承银匠手艺，认为如果将来有别的出路，就不从事这项职业。

这个现象对于银饰工艺的传承而言可谓非常不利。银饰制作工艺多为祖传或师传，但是后者也是建立在姻联或亲属关系上。传统而言，非银匠世家的人想进入这个行当并不容易。正如上文提到，B 也是由于与 A 有亲戚关系才得以拜师。这也是由于僳家族群内部需求有限，银匠明白多一个同行就相当于少一部分客户，因此银匠之间的竞争也在暗自进行对于手工艺者，他的资产不仅是田地，还有作坊，更重要的是客户群。因此，如果银匠的儿子都不学了，这门手艺的延续就比较危险。

为什么难以传承？我们通过考察，发现传统手工艺在塘都的传承所面临的挑战主要存在于三个层面，一是文化保护意识层面，由于外出打工和求学，与外界交往增多，对传统生活方式的需求程度逐步减弱；二是造成保护意识缺失的直接动因——生计层面，个体的经济理性选择，即年轻人为了获得更好的生计，做出更有利于自己的选择——外出打工；三是传统村落公共服务的缺失，导致整体村落环境的破败，让有城市生活经历的年轻人更不愿意留在乡村。这三者之间构成一个环环相扣的循环，不断削弱传统文化传承的根基。

（1）人口流失与"保护观念"的滞后

根据 2015 年重安镇计生办的数据，塘都村户籍人口 1 626 人，其中常住人口 1 173 人，男女比例为 1.04∶1。各年龄段比例如下，其中 20～59 岁年龄段劳动力人口占总人口的 53.7%。60 岁以上人口已经达到 19.3%，老龄化比较严重。根据重安镇人口计生办的数据，塘都目前的人口出生率为 8.03‰，死亡率 3.09‰。人口的流出现状堪忧，根据村委会户籍统计资料，2010～2014 年，流出与回迁的比例极不协调，流出 643 人，返回仅为 116 人，流出人口是返回人口的 5 倍还多。

塘都年轻一代与外界的文化和生活方式的直接接触，使其体会到现代生活方式与村落既有的生活方式的不同，以致从根本上不认可传统村落的生活。从这个角度说，并不是年轻人对手工艺不感兴趣，而是对手工艺背后的一整套生活方式和社会运行方式不感兴趣。

比如我们对一位银匠的女儿 D 的访谈。D 18 岁，初中还差半年毕业时外出打工，地点是浙江。选择浙江，是因为哥哥在那里打工。哥哥 25 岁，曾经和爸爸在龙场镇学习打银饰，但是觉得没什么意思，希望自己闯一闯，所以去了浙江。D 打工时月收入 2 000 元，但后来经济不景气，就失业回家，下一步怎么办还没具体打算。她反复强调，农村人不如城里人有条件读书，所以读书不是出路，只能出去打工。大部分都是去浙江和广东。

D对塘都的传统婚恋模式非常排斥。她对自己同龄人十几岁就结婚、生孩子感到很不接受："郁闷！那种生活不是我想要的！结婚那么早干嘛呢？我还想再出去自由几年。"这已经是现代生活方式对她所产生的影响。塘都传统上的婚姻模式是父母包办、幼年订婚，个别也有指腹为婚。但是，现在的塘都年轻人，大部分与D一样，随着越来越多的人出门打工，在打工地恋爱、结婚的情况很多，打破了地域和民族的界限。

　　僮家人的传统节日——踩亲节的逐步变化也体现出这种婚恋模式的演变。每年正月初二和十五是僮家一年一度盛大的"踩亲节"，枫香寨、塘都等僮家人聚居较集中的村寨都要举行隆重的"踩亲"活动，四邻八寨的僮家青年男女欢聚在一起，跳芦笙、对山歌、赛马。他们利用这个机会相互结交，谈情说爱。但是，近年来，踩亲节逐步成为一种仪式化的表演活动，甚至塘都村并非每年都举办踩亲节。年轻男女聚会和谈情说爱的方式也随着现代生活的进入发生了极大变化。

　　传统婚恋观的转变，只是传统文化发生变化的一方面体现。年轻一代对于手工艺品价值本身理解也出现了变化——从"日常生活需要"变成了"仪式性、象征性"的事物。D的妈妈为她准备了一套三件套盛装，手工的刺绣，再拿到重安镇去制作，把蜡染那部分缝到一起；爸爸也为女儿打了一套银饰，而且项圈上有专门一个饰品是为女儿特别制作的。但对于传统服装和手工艺，D更多是从其"符号"意义角度去理解。比如谈到出嫁时候的服装，她知道穿得好象征着家里条件好，是很重要的一种身份和财富的象征，但认为"不怎么好看，只是很值钱，很重要"。D自己已经不会制作这类嫁妆，更不知道上面的纹样的含义，也没有任何兴趣学习传承。与此形成对比的是塘都村的一位老年妇女，当我们要给她拍照的时候，她一个劲儿说自己没有穿戴上正式服装，直到穿上正装、戴好头饰，才允许拍照。老人仍视民族服装为正式服装，而年轻人则视其为一种仪式性的服装。另外，如今的塘都村，传统上以银饰作为最主要嫁妆的模式也在悄然转变，更时兴的做法是购置汽车代替传统嫁妆。

　　（2）生计的选择

　　如果说人的流失是传统手工艺消亡的直接原因，便要进一步提问：为什么人要流失？人可不可以不流失？传统村落保护的根本问题是观念问题吗？我们发现，任何手工艺都首先是一种生计手段，人在具体的经济社会条件下，必然做出有利于自身和家庭生计的理性选择。简单批评"观念滞后"是对传统村落的片面理解,更无助解决任何实质问题。

A. 支出

根据上文的测算,银匠平均一年下来的结余在 1~1.5 万元之间。这在塘都村处于一个什么样的位置?需要通过全村的一个生计分析来观测。我们把一个农户一生中最大的几项开销进行测算——礼仪性开销、教育、住房、医疗等。

礼仪性支出:新生儿出生的喜宴花费在几千元左右;婚礼的彩礼从 2 万元到 6 万元不等,包括银饰的购置,一套完整的银饰和新娘服的价值不会少于 7 万元;婚礼喜宴的开销在 2 万元,与丧葬的费用不相上下,一场体面的葬礼在当地被认为是孝顺的表现;亲戚家有婚丧娶嫁这等大事时,村民还须送礼,所以这部分开支(估算为 1 万元)也必须计入总和。

教育:自九年义务教育普及以来,村民孩子早年的教育对农户家庭并不构成太大的负担:小学阶段可在塘都村小学完成;初中需要到距离塘都村 8 公里的重兴乡,学生可选择寄宿;高中阶段的教育就需要到县市中学,生活费每月 800 元,学杂费每年 2000 元。如果选择进一步的高等教育,在 800 元生活费的基础上每年还有 1 万元左右的学杂费。因此供养一个孩子完成大学需要家中储备 10.2 万元,这笔不菲的开销显然给农民家庭造成了很大压力,以致不少孩子一完成初中或尚未完成就放弃学业,开始在城镇中成为较为低端的劳动力。

住房:房屋修缮、改造、新建在村民的一生中总会或多或少出现。儿子继承父亲家宅后必要的维修不可少,如果只是将传统木房的木板拆换,保留原有结构的话,材料费和运费不会造成太大压力,通常在 1 万元内可以解决。但是如果选择新建的话,一栋新式木房的开销在 12~20 万元左右,这与新建现代砖房的开销基本持平。

医疗:医疗开销是一项浮动性很大的支出。村中目前的养老保险为 50 元,碰上重大疾病可有一部分报销金额。以 A 经历为例,他住院一次的开销除掉报销部分后为 1 300 元。而有的情况下,重大疾病没有上万元则无法医治。这时村民只能通过亲友和社会关系借钱救急,以后再一步步偿还。对于小病小伤,村民选择在村或镇的医务室解决。

综合以上几项,正常情况下一个家庭完成以上事务所需要的储备是 34.2 万元,如果把这一项费用平坦到农户 30 年的生活中,每月至少需要节省下 950 元才足以应付。塘都村民认为,对于一个 4~5 口人的家庭,3 000 的月收入可以将生活维持在中等水平。

B. 收入

如果完全依赖现有农业产业形态，能否保证其获得上述收入呢？答案是不能。塘都居民每人 0.7 亩地，粮食平均产量是 600 公斤/亩，意味着每人正常耕作的话一年可以获得 420 公斤的粮食，而人年平均粮食消耗量在 250 公斤，温饱已经解决并能有一定的粮食储备。

但是，塘都的农户就算有剩余的粮食也不会拿到市场去售卖，这是他们面对当前粮食价格偏低形式下最理性的选择。塘都村距离最近的重兴乡集市 8 公里，而这一段这并非宽敞便捷的高速路，而是颠簸蜿蜒的山路，尤其在 2015 年通村水泥路没有修好之前，路况之艰险不难想象。村民笑言："扛一袋的大米到集市，来回车费 80 元，出售大米 60 元，不赚还要赔。"对于谨慎的农民而言，家中多备一些大米，并非坏事。贵州虽然气候温和，但是旱灾水灾也不时会发生，多留一些粮食以防来年歉收是稳妥之举。另外，大米在塘都村也是一种礼仪交换的物品，每逢婚丧嫁娶等重大事宜，大家都会带上 20 斤大米到主人家表达心意，这也是源于稻作文化所形成颇有特点的地方习俗，大米的寓意非等值金钱所能取代。

是否尝试种植经济作物呢？部分农户在前几年响应政府的号召，利用农闲时期的水田种植太子参，但是推广当年的市场价格是 300 元/斤，到了塘都农户产出的时候收购价则变成了 50 元/斤，这令农户大失所望。而更为尴尬的是，种植太子参过后，土地性质改变，必须休耕一年才能种回水稻。这使得塘都的村民面对新的种植品种时，更加小心翼翼，不敢轻易尝试。

在养殖方面，塘都几乎每户都养一到两头猪或者禽类，多在过年时节宰杀。个别农户饲养马匹，供运输之用。家禽与农产品比较而言，投入市场所需要的环节与流程更为复杂。宰杀、加工、运输、贩卖，污水处理、检验检疫，这都不是个体农户可以一手操办，固然可以依靠外来人员收购，但是这种模式下农户处于生产链的最底端，得到的经济利益有限。

总之，由于塘都自产的农产品不参与市场交易因为粮食不用于售卖，如果一个家庭中没有成员从事务农以外的生产活动则不可能维持以货币形式结算的生计。这也迫使村民不得不外出务工，一般有两种形式，一种是季节性的短工，如周边的建筑工地，另一种是长期的固定工作，到贵州大型城市或东部沿海地区打工、参与城市基建或者小商品生产。目前劳动力的市场价格在每天 120~150 元，这刚好满足了村民的生活需求。一部分村民选择攒够积蓄后回家，而另一部分则选择了永久离开。

因此，对照银匠的收入，可以看出，如果不外出打工，留在村内的银匠如果每年能有 1.2 万元左右的盈余，则可满足生计需求，与外出打工人员的收入差不多，并没有显著的优势。可以说，留在村内以银匠为职业，最显而易见的好处是免去了离家的奔波之苦。但是，对于年轻人而言，这个"好处"与外出打工可能获得的机遇而言，太过微不足道。而且由于银饰打造工艺对技术要求很高，同时也有严格的师徒网络和家庭壁垒，不是每个人都有机会学习这项工艺。照此看来，传统工艺的中断也就不足为奇了。

C. 乡村公共服务的缺失

上文提到，一个导致年轻人不愿意留在村中而追逐城市生活的原因，是对整个传统社会生活方式的排斥。这种排斥当然有丰富多彩的城市生活更符合年轻人心理的缘故，但是，更深层的原因是城乡在公共服务体系上的巨大差异，导致农村至今无法提供可以和城市相匹配的基本服务。最为典型的一个现象是塘都村恶劣的环境状况。D 对塘都老一辈的生活习惯表现出明显的不认可，在访谈中，她不断抱怨村里遍地的垃圾："他们每天就这么乱扔垃圾，没素质！"在我们对村长、支书以及村医生的访谈中，他们都纷纷表示了对垃圾问题的无奈。塘都村没有垃圾处理系统是导致卫生环境每况愈下的客观原因。过去的垃圾以剩菜烂饭等有机物构成，大多可以被自然降解；最近一些年，随着塑料袋和食品塑料包装的迅速增加，白色污染日趋严重，而唯一的排污方式竟然是靠下雨，通过雨水冲到山下的河沟里，等于是"处理"掉了。

年轻人的这种抱怨当然有理。但如果只是把随地扔垃圾的行为诉诸道德批判，显然把问题简单化了，因为这是属于农村公共服务的范畴。赵燕菁认为，在今天的中国农村，比生计负担可能更重大的一种危害，就是农民根本没有基本公共服务。[①] 相比一些农村，塘都的处境更为严重，村委会行动力比较有限，基本只是起到了上传下达的功能，而在引导垃圾治理等方面没有起到任何实际效果。实际上，塘都的垃圾与环境问题，很难在村这一级别得到有效控制，没有一条乡镇级别处理运输垃圾的线路，塘都垃圾的清理也只是停留在治标不治本的程度。与此类似所缺失的基础公共服务还包括消防、

---

① 赵燕菁：《公共服务制度和盈利模式的设计，才是优秀乡村规划所应具备的精髓》，载爱思想网：http://www.aisixiang.com/data/97814.html。

医疗、教育等等。

因此,由于生计而出走,以及严重缺失的公共服务,直接导致了新的一代对于村落生活方式从骨子里的排斥。在这样的社会背景下,很难再指望他们认同传统手工艺,更不可能要求其学习和传承。

四、传统村落保护与发展的主要困境与解决策略

(一) 塘都村的问题

塘都村的保护与传承面临一系列问题。其传统木结构建筑比例逐步下降,村落文化景观受到了不小影响;其银饰等传统手工艺传承后继无人。那么,要解决上述问题,我们首先要问的是,塘都村是否一定要做旅游开发,才有可能发展?首先要看的,是塘都村是否具有旅游开发的潜力。村落与县城的距离在一定程度上会影响旅游开发,但不是决定因素,交通便捷性更起主要作用,而旅游景区的创立在很大程度上也会对道路建设有促进作用。塘都的通村道路虽已实现,但是路况不理想,在一定时期内会继续制约村落的发展。

有组织的旅游开发所选取村落一般会考虑景区周边的自然条件,通过生态环境与人文资源达到资源的整合,发挥综合效应。塘都周边没有突出的自然风景,但是通村公路沿线的农业景观保存较好,村落周边的梯田耕种也在继续,这些虽然未必能够成为景点但却也不乏看点,需给予必要的关注与维护。

村落发展离不开区域,村落人均收入不可能大额度超过周边村落而一枝独秀,往往是与周边村落发展水平处于同一阶段。从黄平县与贵阳乌当区的差距就可明显看出。因而塘都若要发展,离不开区域基础。另一方面,区域内某一个体的成长也可能拉动周边村落的经济,如西江之于控拜。在历史与文化层面,历史久远度是比较虚的概念,只能作为锦上添花,是一个有待认知和不断解释的过程,而与传统村落风貌能否保持的并不存在直接关系。

因此,旅游开发对于现实的塘都而言,并不是一个最优选择。该村目前最需要的,是对各类产业进行综合评估。塘都成年定居者统一的职业是农民,产业结构过于单一,尤其是第三产业发展滞后,制约了其经济的稳步发展,更制约了青壮年劳动力的发展空间,造成剩余劳动力外流,村落空心化较为严重。

农业生产方面缺乏指导性。无论是粮食作物还是经济作物的种植,农科站和村委会发挥的作用非常有限,并没有根据市场需求引导农民耕作适宜的作物。农业生产季节性明显。农忙季节大量劳动力回流，此后便再次流入城市，因此农业生产自身无法留住青壮年劳动力。养殖活动有限。水田的大小与零碎性间接制约了饲养的规模，经济收益较低，多为农户自家消耗。另外，土地效益过低。为了平衡各户利益，致使土地分配过于零碎。许多距离村较偏远的土地，由于耕作的时间成本投入太大，不可避免地被荒废。土地流转制度由于农户意见难以统一，很难实现操作。

同时，塘都村不适宜开展第二产业。目前有一户村民自主经营砖厂。砖厂所产生的经济效益很低，且并没有解决就业问题，不论是对农户还是对塘都村的经济拉动都极其有限。相比之下，它对环境的影响却非常显著，最明显的是废料还有噪声污染，并且导致村落景观的改变。在第三产业方面，塘都村目前服务业规模小，无法吸纳剩余劳动力。现有服务业尚未与特色手工艺产品相结合，无法将其有效宣传、推广、销售到村外乃至外省市。

所以，综合考量，塘都村最为适合的道路是以第一产业为主，适度开发经济作物种植，并与第三产业相结合。在基础设施完善、村落环境改观的基础上，适度开展旅游业，但不适宜引入大规模资金进行改造，而是要与周边村落相结合，形成一体的文化产业体系。合适的农产品会有效地提高村民收入，与乡村旅游互为补充，达到产业多元化，但前提是有完整的供销渠道。

要实现上述目标，政府的政策扶植和资金扶植至关重要。但应如何扶植，又牵涉到政府角色的问题。政策的扶植，在开始时可能是乡村发展的助推剂，但是效力是否持久却并不能保证，有些村落可以发展但有些却会倒回原来的状态。村落只有找到符合自身的产业良性循环模式才能摆脱贫困。政府有时并非能找准这一模式，与其在财力与物力上高额投入，不如去培养更为完善的村落集体行动体系，真正做到由村民去建设村落。

（二）传统村落保护与发展的核心要素

传统村落文化保护与传承的背后，是更为深层且迫切的经济和社会要素。这些经济和社会要素，是导致优秀的传统文化——包括物质文化遗产和非物质文化遗产——传承困境的根源。因此，要解决传统村落文化保护与发展的问题，本质上是要解决这些经济与社会问题。由此，为了保护传统村落而专门设立的300万/村的保护资金，必须能够在一定程度致力于解决经济与社会的问题，才能达到实际效果。本节所讨论的话题，虽然是以塘都村为例的发现，但同样可以作为普遍意义的中国传统村落所面临的问题而引发人们的思考。

1. 公共服务

和当下中国基层农村面临的普遍挑战一样，塘都村最为严重的社会问题，是公共服务的缺失，以致现今仍未形成有效的垃圾处理体系，仅仅凭借从山坡上下来的泄洪渠进行垃圾"冲刷"。正如上一节所提到的，村中的年轻人在享受过城市里干净完善的生活后，根本没有意愿回到这个环境恶劣的农村环境。环境的恶劣还只是明面上的问题，公共服务缺失所导致的村级各类工作无法开展，则是更为影响村落发展的瓶颈。由于村级财政的溃败，我们发现，在塘都村的村委会仅仅起到一个将上级通知传达给村民的功能，基本没有形成有效的治理体系。村中的集体领导力和行动力都非常有限。在这样的条件下，我们担心，即使制定了一定关于文物保护、修缮的村民公约，能否得到有效执行？

公共服务的缺失的根源，是村一级在公共服务资金方面的匮乏。2002年全国农村税费改革，取消乡统筹和农村教育集资等专门向农民征收的行政事业性收费和政府性基金、集资；取消屠宰税和统一规定的劳动积累工和义务工；取消了"三提五统"——公积金、公益金、管理费提留和五项乡镇统筹（教育附加、计划生育费、民兵训练费、民政优抚费、民办交通费），村级财政一落千丈，公共服务因此而面临困境。同时，兴修农田水利、村村通水泥路项目贷款、道路修建养护、农村教育、救济等费用，众多乡镇积累了巨额债务。农村学校实行了"一费制"，取消了教育集资，使得农村教育投入严重不足。为数不多的工商税，工资补助都没保证，干部思想不稳，集体公益事业难议、难做。导致农田基础设施废弛，垃圾遍地，污水横流。

村级领导力和集体行动力的下降，直接导致了村落规划本身的可操作性大打折扣。现在已经有不少传统村落委托设计规划机构制定了村落发展规划。但是，这些规划如何落实，谁来落实，都面临各种现实的问题。因为，在城市，政府是非常明确的规划的执行者；而在农村，规划的真正委托人很难定义，村级政府不具备执行能力。因此，乡村治理水平的提高，就是集体行动能力的提高。只有当集体行动达到一定水平，规划本身才有意义。因此，乡村规划的核心，并不是规划设计本身，而是设计被村民接受的新的制度。

重建农村公共服务，既是钱的问题，又不仅是钱的问题。在根本上，是村落如何实现可持续的自身造血功能。换句话说，一个村落是否能支持一定水平的公共服务，关键看能否找到支付公共服务的现金流，而不是一次性的财政支持。因此，村庄规划的最重要的工作，就是给村民设计出能持续产生的现金收入的商业模式。在塘都村,村民们的主要诉求在于生计。对于文化遗产,村民们有着非常清晰的认同,但最终目标,毕竟是如何通过文化遗产的保护与传承解决实际的生计困境。如何创造可持续的、能够惠益与大多数村民的盈利模式,是塘都村乃至是中国传统村落未来是否存续的核心。

因此,需要对农村的价值进行重新评估,尤其是对村落的文化价值进行细致的分析和评判。哪些村庄可以通过城市消费升级带动农家乐、乡村游?哪些村庄可以通过生态环保产品消费的营销创造更大的附加值?哪些村庄可以通过互联网降低城乡交易的门槛带来新的需求?

2. 文物工作者应关注的问题

那么,文物工作在这个过程中应该扮演什么角色?首先,文物工作者应是村落价值的重要评估者。尤其是在评估文化价值时,应考虑到村落的综合特性,不应就建筑论建筑,或是就非遗论非遗,而是要将村落置于一个整体的环境中去考量其价值,做出客观的判断。村落价值的评估,往往是村落未来发展的基石,文物工作者应在其中发挥重要的作用。尤其是当地方政府和村民们对于其文化价值有过度自信的倾向时,文物工作者应理性判断,充当一个缓冲者的角色,避免因过度旅游开发而导致的负面影响。

其次,应该如何使用每个传统村落所获得的由财政部拨付的 300 万的村落保护资金?我们认为,在村级财政匮乏的困境还将长期存在这样的前提下,提升村民的集体行动力,形成良性的集体治理的机制是关键。首先应该解决的实际问题,是村落环境的治理,比如垃圾处理体系(建设垃圾池、施行垃圾治理包干制度并设立经费进行奖惩等方式)。另外,上下水系统的维护,公路的维护等基础设施工作,也可以通过专项资金来实现。总之,300 万资金的使用必须有的放矢,同时不能过于死板,要根据村落具体情况有针对性的使用。

第三,也是更为根本的,是要文物工作者更加明确传统村落保护的意义并能够准确地向社会表述或传达。村落中的文化遗产要素,其基础是更宏观层面的经济生活和社会变迁的结构,如果脱离经济与社会的视角,单纯就遗产论遗产,无助于问题的解决。

传统村落保护本身并不是终点,而是为解决更广义上的三农问题提供另一种途径,也是全面奔小康的"脱贫攻坚战"的重要举措之一。传统村落的保护和城市化并非矛盾体,其目标都应是在社会转型过程中解决农村剩余劳动力,提高农民收入水平,改造农村社会结构,发展可持续农业。

传统村落的保护，是中国社会快速城市化、城镇化进程中的一个副产品。在学理层面，城市化进程中的村落的命运，或者说是"村落的终结"，是一个普遍性的问题，而传统村落文化遗产只是其中的一个方面；在实践层面，政府所面对的村落的终结命题，不仅包括文化遗产的终结，更包括村落政治、经济、环境、社会、人口等各个构成要素的勾连与脉络的走向。

当我们讨论传统村落文化遗产消失时，即使关注到"人"的问题，也不能仅仅停留在呼吁"留住人"的层面，而要深入考察人口流出的根本原因。同时，当我们讨论年轻人因为外出打工、学习接触到外面的文化，进而对传统村落的生活方式不再感兴趣时，也不能仅仅呼吁他们重新"拾回兴趣"，而是要去理解他们离开村落的根本机制。

（本部分执笔人：燕海鸣　安磊　杜骞）

新疆库木土喇千佛洞石窟泥塑修复　中国文化遗产研究院供图

附录：全国文物业基本情况调查数据汇总

表1 机构及人员[①]

	机构数（个）				从业人员（人）			
	文物系统	非文物系统	合计	文物系统所占比例	文物系统	非文物系统	合计	文物系统所占比例
文物主管部门	1127	–	1127	100%	14 476	–	14 476	100%
文物科研机构	122	–	122	100%	5 217	–	5 217	100%
文物保护管理机构	3 237	70	3 307	97.88%	28 972	3 058	32 030	90.45%
博物馆	2 981	871	3 852	77.39%	73 821	15 312	89 133	82.82%
文物商店	63	6	69	91.30%	1 248	218	1 466	85.13%
其他文物机构	1 272	54	1 326	95.93%	17 518	734	18 252	95.98%
总计	8 802	1 001	9 803	89.79%	141 252	19 322	160 574	87.97%

① 此表根据《全国文物业统计资料（2015年度）》汇总整理。

表2 文物保护资质①

省份	文物保护工程勘察设计甲级资质	文物保护工程施工一级资质	文物保护工程监理甲级资质
北京	26	29	6
天津	1		
河北	4	9	2
山西	9	12	2
内蒙古	4	2	1
辽宁	3	4	1
吉林			1
黑龙江	1	1	
上海	5	2	1
江苏	5	14	1
浙江	3	16	1
安徽	1	2	2
福建	3	6	1
江西	1	3	1
山东	2	5	
河南	5	9	1
湖北	2	3	
湖南	2	8	1
广东	5	10	1
广西	1	1	
海南		1	
重庆	2	5	1
四川	4	8	3
贵州	1	3	
云南	1	5	2
西藏	2	10	1
陕西	5	6	2
甘肃	6	5	2
青海		2	
宁夏			
新疆	1	2	1
合计	106	183	36

① 此表为截至2015年的统计数据,数据根据国家文物局官网http://www.sach.gov.cn及国家文物局文物保护与考古司资料汇总整理。

表3 不可移动文物和可移动文物①

	不可移动文物（处）				文物藏品（件/套）			
	总计	国保	省保	市县保	总计	一级	二级	三级
中央					3 282 593	21 029	403 322	1 251 359
北京	3 840	126	216	659	3 678 397	942	10 909	72 224
天津	2 082	27	212	150	1 025 328	1 043	5 367	134 187
河北	33 943	273	652	2 880	613 234	1 375	13 254	60 767
山西	53 875	451	309	12 491	1 197 673	3 706	9 199	78 659
内蒙古	21 099	139	511	2 212	572 423	2 266	6 003	12 731
辽宁	24 115	126	472	2 102	754 521	2 024	13 971	136 605
吉林	9 017	74	373	2 644	461 091	567	4 527	19 381
黑龙江	10 759	47	361	2 000	773 220	2 990	6 793	47 078
上海	4 422	29	238	402	3 850 202	2074	51 400	193 755
江苏	20 007	224	833	4 000	2 601 976	4 034	18 405	466 821
浙江	73 943	229	624	4 824	1 331 284	4 141	12 125	79 512
安徽	25 005	128	708	2 990	1 021 742	2 608	5 618	59 987
福建	33 251	137	674	4 051	561 053	1 083	3 044	98 267
江西	32 831	127	265	2 000	609 512	4 053	7 596	59 072
山东	33 551	190	1 711	8 216	2 090 547	12 641	15 412	96 581
河南	65 519	357	1 231	7 409	2 101 398	2 461	17 257	294 458
湖北	36 473	148	850	6 687	1 947 865	6 797	10 788	102 080
湖南	20 366	183	866	4 000	985 246	1 910	6 820	63 762
广东	37 156	98	611	4 133	1 283 237	1 380	14 974	67 141
广西	10 495	66	356	1 937	508 649	382	5 395	67 023

① 此表根据《全国文物业统计资料（2015年度）》汇总整理，仅不可移动文物总计一列源自《第三次全国文物普查资料手册（内部资料）》。国保、省保、市县保分别指全国重点文物保护单位、省级文物保护单位和市县级文物保护单位。国保、省保、市县保总和不等于不可移动文物总量，因为大量不可移动文物未定级。一级品、二级品、三级品总和不等于可移动文物总量，因为大量可移动文物未定级。

续表

	不可移动文物（处）				文物藏品（件/套）			
	总计	国保	省保	市县保	总计	一级	二级	三级
海南	4 274	24	192	563	45 155	117	436	1 805
重庆	25 908	55	282	1 727	689 914	2 362	2 949	27 982
四川	65 231	229	969	6 400	3 679 655	7 979	12 827	127 937
贵州	14 852	70	342	14 439	139 048	699	2 219	5 763
云南	14 704	131	333	3 741	1 301 043	968	2 272	17 957
西藏	4 277	55	391	978	262 984	3 150	18 194	33 620
陕西	49 058	233	811	3 217	2 885 836	8 612	15 068	87 292
甘肃	16 895	129	625	4 726	609 895	3 655	12 954	106 246
青海	6 411	44	415	888	179 008	560	1 164	1 731
宁夏	3 818	34	125	345	103 783	367	3 752	8 716
新疆	9 545	113	558	4 317	241 046	717	1 353	4 092
合计	766 722	4 296	17 116	117 128	41 388 558	108 692	715 367	3 884 591

表4 国家级历史文化名城、名镇、名村①

省份	历史文化名城（个）	历史文化名村（个）	历史文化名镇（个）	总计（个）
北京	1	5	1	7
天津	1	1	1	3
河北	5	12	8	25
山西	6	32	8	46
内蒙古	1	2	4	7
辽宁	1		4	5
吉林	2	1	2	5
黑龙江	2		2	3

① 此表为截至 2015 年的统计数据，数据根据国家文物局官网 http://www.sach.gov.cn 及国家文物局文物保护与考古司数据汇总整理。

续表

省份	历史文化名城（个）	历史文化名村（个）	历史文化名镇（个）	总计（个）
上海	1	2	10	13
江苏	12	10	27	49
浙江	9	28	20	47
安徽	5	19	8	32
福建	4	29	13	46
江西	4	23	10	37
山东	10	5	2	17
河南	8	2	10	20
湖北	5	7	12	24
湖南	3	15	7	25
广东	8	22	15	45
广西	3	9	7	19
海南	1	3	4	8
重庆	1	1	18	20
四川	8	6	24	38
贵州	2	15	8	25
云南	6	9	7	22
西藏	3	3	2	8
陕西	6	3	7	16
甘肃	4	2	7	13
青海	1	5	1	7
宁夏	1	1		2
新疆	5	4	3	12
总计	129	276	252	646

表5 文物保护相关法律法规及标准①

类别	名称	颁布时间	实施时间	颁布机关	废止时间
法律	中华人民共和国文物保护法	1982-11-19	1982-11-19	全国人民代表大会常务委员会	
		1991-06-29	1991-06-29	修正	
		2002-10-28	2002-10-28	修订	
		2007-12-29	2007-12-29	修正	
		2013-06-29	2013-06-29	修正	
		2015-04-24	2015-04-24	修正	
行政法规	中华人民共和国文物保护法实施条例	2003-05-18	2003-07-01	国务院	
		2013-12-07	2013-12-07	修正	
	中华人民共和国水下文物保护管理条例	1989-10-20	1989-10-20	国务院	
		2011-01-08	2001-01-08	修正	
	长城保护条例	2006-10-11	2006-12-01	国务院	
	历史文化名城名镇名村保护条例	2008-04-22	2008-07-01	国务院	
	博物馆条例	2015-02-09	2015-03-20	国务院	
	中华人民共和国考古涉外工作管理办法	1991-02-22	1991-02-22	国家文物局（国务院批准）	
		2011-01-08	2011-01-08	修订（国务院）	
部门规章	文物保护工程管理办法	2003-04-01	2003-05-01	文化部	
	文物行政处罚程序暂行规定	2005-01-24	2005-01-24	文化部	
	博物馆管理办法	2005-12-22	2006-01-01	文化部	
	古人类化石和古脊椎动物化石保护管理办法	2006-08-07	2006-08-07	文化部	
	世界文化遗产保护管理办法	2006-11-14	2006-11-14	文化部	

① 此表资料根据国家文物局官网 http：//www.sach.gov.cn 及国家文物局政策法规司资料汇总整理。

续表

类别	名称	颁布时间	实施时间	颁布机关	废止时间
部门规章	国家级非物质文化遗产保护与管理暂行办法	2006-11-02	2006-12-01	文化部	
	文物进出境审核管理办法	2007-07-13	2007-07-13	文化部	
	文物认定管理暂行办法	2009-08-10	2009-10-01	文化部	
	大运河遗产保护管理办法	2012-08-14	2012-10-01	文化部	
	考古调查、勘探、发掘经费预算定额管理办法	1990-04-20	1990-04-20	国家文物局	
规范性文件	世界文化遗产申报项目审核管理规定	2010-07-06	2010-07-06	国家文物局	
	文物商店工作条例	1981-07-17	1981-07-17	国家文物局	
	近现代文物征集参考范围	2003-05-13	2003-05-13	国家文物局	
	近现代一级文物藏品定级标准（试行）	2003-05-13	2003-05-13	国家文物局	
	文物拍卖管理暂行规定	2003-07-14	2003-07-14	国家文物局	
	文物保护科学和技术研究课题管理办法	2003-09-11	2003-09-11	国家文物局	
	国家文物局突发事件应急工作管理办法	2003-11-21	2003-11-21	国家文物局	
	文物保护科学和技术研究课题招标评标暂行办法	2003-11-21	2003-11-21	国家文物局	
	全国重点文物保护单位记录档案工作规范（试行）	2003-12-03	2003-12-03	国家文物局	
	文物保护科学和技术创新奖励办法（试行）	2004-07-06	2004-07-06	国家文物局	
	全国重点文物保护单位保护规划编制审批办法	2004-08-02	2004-08-02	国家文物局	
	国家文物局重点科研基地管理办法（试行）	2004-08-13	2004-08-13	国家文物局	

续表

类别	名称	颁布时间	实施时间	颁布机关	废止时间
规范性文件	文物保护行业标准管理办法（试行）	2004-09-03	2004-09-03	国家文物局	
	文物出境展览管理规定	2005-05-27	2005-05-27	国家文物局	
	国家文物局机关行政许可过错责任追究暂行办法	2005-05-31	2005-05-31	国家文物局	
	文物保护特批项目经费安排暂行规定	2005-08-25	2005-08-25	国家文物局	
	全国重点文物保护单位保护规划编制要求	2004-08-02	2004-08-02	国家文物局	
	全国重点文物保护单位保护规划编制审批办法	2004-08-02	2004-08-02	国家文物局	
	文物保护工程施工资质管理办法	2005-08-22	2005-08-22	国家文物局	2014-04-08
	文物保护工程施工资质管理办法（试行）	2014-04-08	2014-04-08	国家文物局	
	文物保护工程勘察设计资质管理办法	2005-08-22	2005-08-22	国家文物局	2014-04-08
	文物保护工程勘察设计资质管理办法（试行）	2014-04-08	2014-04-08	国家文物局	
	文物保护科学和技术研究课题评审程序暂行规定	2005-08-23	2005-08-23	国家文物局	
	文物保护科学和技术评审与咨询专家管理办法（试行）	2005-08-23	2005-08-23	国家文物局	
	大遗址保护专项经费管理办法	2005-08-25	2005-08-25	国家文物局	2013-06-09
	国家文物鉴定委员会管理规定	2006-01-12	2006-01-12	国家文物局	
	中国文化遗产标志管理办法	2006-02-06	2006-02-06	国家文物局	
	国家文物局高级专业技术资格评定管理办法	2006-08-09	2006-08-09	国家文物局	

续表

类别	名称	颁布时间	实施时间	颁布机关	废止时间
规范性文件	中国世界文化遗产专家咨询管理办法	2006-12-08	2006-12-08	国家文物局	
	中国世界文化遗产监测巡视管理办法	2006-12-08	2006-12-08	国家文物局	
	文物保护工程监理资质管理办法（试行）	2007-04-16	2007-04-16	国家文物局	2014-04-08
	文物保护工程监理资质管理办法（试行）	2014-04-08	2014-04-08	国家文物局	
	文化遗产保护领域国家科技支撑计划课题第三方机构评估咨询管理暂行办法	2007-04-18	2007-04-18	国家文物局	
	文化遗产保护领域国家科技支撑计划课题管理暂行办法	2007-04-18	2007-04-18	国家文物局	
	国家文物局重点科研基地运行评估规则	2007-05-11	2007-05-11	国家文物局	
	可移动文物技术保护设计资质管理办法（试行）	2007-05-11	2007-05-11	国家文物局	2014-08-01
	可移动文物修复资质管理办法（试行）	2007-05-11	2007-05-11	国家文物局	2014-08-01
	可移动文物修复管理办法	2014-07-29	2014-08-01	国家文物局	
	文物出境审核标准	2007-06-05	2007-06-05	国家文物局	
	全国博物馆评估办法（试行）	2008-02-05	2008-02-05	国家文物局	
	博物馆评估暂行标准	2008-02-05	2008-02-05	国家文物局	
	国家文物局社会组织管理暂行办法	2008-07-21	2008-07-21	国家文物局	
	田野考古工作规程（试行）	1984-05-10	1984-05-10	文化部	2009-04-01
	田野考古工作规程	2009-04-01	2009-04-01	国家文物局	
	国家考古遗址公园管理办法（试行）	2009-12-17	2009-12-17	国家文物局	
	国家考古遗址公园评定细则	2009-12-23	2009-12-23	国家文物局	
	世界文化遗产申报项目审核管理规定	2010-07-06	2010-07-06	国家文物局	
	文物进出境责任鉴定员管理办法	2010-12-16	2010-12-16	国家文物局	

续表

类别	名称	颁布时间	实施时间	颁布机关	废止时间
规范性文件	文物拍卖企业资质年审管理办法	2011-01-05	2011-01-05	国家文物局	
	国家文物局行政许可项目说明	2004-06-12	2004-06-12	国家文物局	
		2011-01-20	2011-01-20	修订	
	文物复制拓印管理办法	2011-01-27	2011-01-27	国家文物局	
	国有文物保护单位经营性活动管理规定（试行）	2011-08-25	2011-08-25	国家文物局	
	文物消防安全检查规程（试行）	2011-09-20	2011-09-20	国家文物局	
	国家文物局文物安全案件督察督办管理规定（试行）	2011-09-22	2011-09-22	国家文物局	
	文物保护单位执法巡查办法	2011-12-20	2011-12-20	国家文物局	
	文物安全与行政执法信息上报及公告办法	2012-02-15	2012-02-15	国家文物局	
	国家考古遗址公园规划编制要求（试行）	2012-12-24	2012-12-24	国家文物局	
强制性标准	文物系统博物馆风险等级和安全防护级别的规定	1992-10-01	1992-10-01	GA27-1992	
		2002-06-01	2003-03-25	GA27-2002	
文物保护国家标准	文物保护单位标志	2008		国家质量监督检验检疫总局、国家标准化管理委员会	
	文物保护单位开放服务规范	2008		同上	
	文物运输包装规范	2009		同上	
	博物馆照明设计规范	2009		同上	
	博物馆讲解员资质划分	2010		同上	
	中国文化遗产标志	2010		同上	
	文物展品标牌	2013		同上	
	古代壁画保护修复档案规范	2013		同上	

续表

类别	名称	颁布时间	实施时间	颁布机关	废止时间
文物保护国家标准	古代壁画保护修复方案编制规范	2013		同上	
	古代壁画病害与图示	2013		同上	
	可移动文物修复室规范化建设与仪器装备基本要求	2013		同上	
	陶制文物彩绘保护修复技术要求	2013		同上	
	馆藏青铜质和铁质文物病害与图示	2014		同上	
	馆藏金属文物保护修复记录规范	2014		同上	
	馆藏砖石文物病害与图示	2014		同上	
我国签署的国际公约	武装冲突情况下保护文化财产议定书	1954-05-14	1954-05-14	联合国教科文组织	
	关于禁止和防止非法进出口文化财产和非法转让其所有权的方法的公约	1970-11-14	1970-11-14	联合国教科文组织	
	保护世界文化和自然遗产公约	1972-11-16	1972-11-16	联合国教科文组织	
	关于被盗或者非法出口文物的公约	1998-07-01	1998-07-01	国际统一私法协会	

（数据汇总整理：何流）

后 记

中国文化遗产研究院于 2012 年启动了对文物工作的系列研究。《聚焦 2012》是文物工作研究的一个尝试和探索，得到了较好的社会反响，国家文物局领导、文博领域专家学者均给予充分肯定，对我们来说是鼓励也是鞭策，是动力也是压力。

《聚焦 2015》是文物工作系列研究的第二部。编写组认真研究文物事业的发展脉络和文物工作的自身规律，准确把握并紧紧围绕 2015 年的热点和焦点事件展开研究，力争在思路上更加明确，观点上不断创新，方法上有所突破，将文物工作研究逐步引向深入。

国家文物局副局长、中国文化遗产研究院前院长刘曙光对该项研究高度重视，希望以此树立文物政策研究的品牌和学术高地。该书的框架设计、专题选定都得益于他的敏锐洞察。国家文物局政策法规司朱晓东司长、政策研究处岳志勇处长、中国文物报社李耀申社长、中国文化遗产研究院乔梁研究员悉心指导该书的编制工作，在思路确定、资料提供、书稿审阅等方面给予编写组最大程度的支持。

中国文化遗产研究院柴晓明院长和马清林、许言、詹长法三位副院长对该书的编写非常重视，多次提出重要修改意见，帮助编写组完善书稿。中国文化遗产研究院科研与综合业务处丁燕处长、全国文物保护标准化技术委员会秘书处李春玲副秘书长为该书的编写提供了可贵的支持和帮助！

国家文物局各司（室）、各省（自治区、直辖市）文物局为编写组提供了重要资料。中国文化遗产研究院文物研究所、文物保护工程所、中国世界文化遗产中心、文物保护修复所、文献研究室（图书馆）等部门为编写组提供了精美图片。中国文物报社报纸编辑部主任郭桂香、襄阳拾穗者民间文化工作群发起人李秀桦、天津建筑遗产保护志愿者团队召集人穆森、长城小站负责人张俊、云南省茶文化博物馆曾丽云也为编写组提供了宝贵资料和图片。

该书由刘爱河、于冰统稿，刘曙光审定。编写组成员包括中国文化遗产研究院研究人员：詹长法、于冰、刘爱河、郑子良、赵云、何流、燕海鸣、李大伟、彭蕾、安磊、张可、徐琪歆，还包括清华大学建筑学院吕舟教授，国家文物局水下文化遗产保护中心姜波研究员，故宫博物院研究室杨爱英副教授、杭州丝绸博物馆王毅副研究员、意大利都灵理工大学博士杜骞等。随着研究的深入，我们的研究团队还将不断发展壮大。

关于文物工作的系统研究刚刚起步，我们还将继续前行，不断健全研究团队，拓宽研究领域，以更为开阔的眼界，更加严谨的态度，更加务实的作风，尽力奉献出有深度、有内涵、有分量的研究成果，既要体现文物工作的发展脉络，也要厘清文物工作中一些根本性、基础性的问题；既要有理论高度，也要切实解决实际问题；既要服务政府决策、服务专家学者，也要服务社会公众。通过长期的关注和系统的研究，力争在文物政策理论研究领域有重大突破，不仅为文物政策理论研究开创出一片新天地，也为文物工作的创新发展摸索出一条新道路。

希望对此项研究有兴趣的专家学者加入我们的团队，共同为文物事业的持续发展出谋划策、贡献智慧，共同探索一条符合国情的文物保护利用之路。

编写组

2016 年 11 月